Владимир КУНИН

Владимир
КУНИН

ХРОНИКА ПИКИРУЮЩЕГО БОМБАРДИРОВЩИКА
ВОЗДУХОПЛАВАТЕЛЬ
СОШЕДШИЕ С НЕБЕС
СТАРШИНА

УДК 821.161.1
ББК 84 (2Рос=Рус)6
К91

Оформление С.Е. Власова

Подписано в печать 10.06.03. Формат 84×108^1/$_{32}$.
Усл. печ. л. 17,64. Тираж 5 000 экз. Заказ № 1481.

Кунин В.В.
К91 Хроника пикирующего бомбардировщика. Воздухоплаватель. Сошедшие с небес. Старшина: Сб. / В.В. Кунин. — М.: ООО «Издательство АСТ»: ООО «Транзиткнига», 2003. — 332, [4] с.

ISBN 5-17-017805-0 (ООО «Издательство АСТ»)
ISBN 5-9578-0057-0 (ООО «Транзиткнига»)

Перед вами — повести Владимира Кунина, по праву считающиеся классикой отечественной литературы.
«Хроника пикирующего бомбардировщика» — книга, ставшая культовой для десятков тысяч ценителей прозы о Великой Отечественной войне. **«Воздухоплаватель»** — лиричная и одновременно забавная история о первых русских авиаторах, и, конечно же, подлинные жемчужины Кунина — пронзительно-трагичные и удивительно искренние повести **«Сошедшие с небес»** и **«Старшина»**…

УДК 821.161.1
ББК 84 (2Рос=Рус)6

© В.В. Кунин, 2003
© ООО «Издательство АСТ», 2003

ХРОНИКА ПИКИРУЮЩЕГО БОМБАРДИРОВЩИКА

*Да, сделали все, что могли мы,
Кто мог, сколько мог и как мог.
И были мы солнцем палимы,
И шли мы по сотням дорог.
Да, каждый был ранен, контужен,
А каждый четвертый — убит,
И лично Отечеству нужен,
И лично не будет забыт.*

Борис Слуцкий

Пролог

Моросит мелкий дождь. Он прижимает к земле редкую степную траву и собирается в рябые лужицы...

Рядом с молодым леском на небольшом полевом аэродроме группами по три-четыре самолета стоят бомбардировщики Пе-2. Вдалеке виднеются оставшиеся от мирного времени колхозные бараки и наспех вырытые землянки.

Несмотря на плохую погоду, машины облеплены техниками, механиками и мотористами. Они копаются в моторах, чистят, латают, приводят в порядок боевые машины под аккомпанемент самых обычных звуков удивительно мирного ремонта. Нервно визжат ручные дрели, хрипят напильники, лязгают гаечные ключи. Где-то пробуют завести двигатель. Он то взрывается большими оборотами, то выстреливает выхлопными патрубками, то зачихает и вовсе заглохнет. И опять все сначала...

Чей-то спокойный голос говорит:

— Четвертый день идет дождь...

— Полетов нет, и слава Богу... Каникулы, — говорит другой голос.

— Правда, раз в сутки кто-нибудь вылетает на разведку, но это всего лишь один экипаж, а весь полк сидит и развлекает себя как может, — говорит голос третьего.

А вот и бомбардировщик с хвостовым номером 115.

У самолета возле шасси, нагнувшись, стоит человек в комбинезоне. Неподалеку от него на стремянке работает молоденький моторист.

— Наша машинка... — говорит первый голос.

— Пикирующий бомбардировщик Пе-2, — говорит второй.

— «Пешка», — говорит третий.

Тот, что у шасси, выпрямляется. Это пожилой человек с озабоченной физиономией.

— А это наш отец и благодетель — младший техник-лейтенант Кузмичов...

— А проще — Кузмич...

Кузмичов поворачивается к маленькому худенькому мотористу и что-то говорит ему. Судя по выражению лица Кузмича и виду маленького моториста, Кузмич ничего приятного тому не сказал. Маленький даже не пытается оправдываться.

— Добрейшей души человек Кузмич! — говорит первый.

— А его подопечный Осадчий — самый бестолковый моторист ВВС...

Кабина бомбардировщика. Приборная доска, кресло летчика с бронеспинкой, рога штурвала...

— Здесь сижу я — старший лейтенант Сергей Архипцев, — говорит первый голос.

В тесной кабине еще рация, пулемет и свободно движущееся глубокое сиденье.

— А здесь я — лейтенант Вениамин Гуревич, — говорит второй.

А вот наглухо отгороженная от пилотов кабина стрелка-радиста. Эта кабина не для долгих разговоров и медлительных раздумий. Здесь все очень строго, если не считать фотографии миловидной девушки на передатчике и небольшой репродукции картины Дега «Голубые танцовщицы», которая заботливо засунута за металлическую табличку-инструкцию аварийного выпуска шасси.

— Я стрелок-радист, старшина Евгений Соболевский, — говорит третий голос. — Здесь у меня радиостанция. И Лена. Это инструкция, которой никогда не придется пользоваться, а это просто Дега... Ну и, конечно, пулеметы. В общем, довольно уютно...

И опять мокрые «пешки», мотористы, механики и оружейники...

Человек шесть мотористов закончили работу и, перекинув сумки с инструментами через плечо, идут через все поле к баракам.

— А вон там, за санчастью, расположена вторая эскадрилья...

— Наш дом...

— Построенный в стиле баракко...

На фоне далекого приземистого строения медленно проползает «студебекер»...

День первый

«Студебекер» тащил большую платформу. На платформе возвышалась гора бомб в ящиках из деревянных реек.

Моросил дождь. Черные бомбы блестели сквозь белые рейки. Наверху, на бомбах, сидела команда оружейников. Пятеро парней накрылись куском брезента, хоронясь от дождя.

«Студебекер» с бомбами проползл мимо барака второй эскадрильи.

«Луч луны упал на ваш портрет...» — донеслись из барака звуки патефона.

Два молоденьких летчика расположились в углу барака возле патефона. «Луч луны упал на ваш портрет...» — грустно пел Утесов. Эта фраза повторялась много раз: один из летчиков все время ставил пластинку сначала, а второй записывал текст.

— Значит, так, — сказал в паузе тот, который пишет, — «Луч луны попал на ваш портрет, милый друг...»

— Не «попал», а «упал»!

— Ага! «Упал», значит, — пробормотал летчик.

И Утесов начал все сначала...

Посередине барака между рядами коек стоял стол, окруженный гурьбой летчиков.

Из-за стола вылез смущенный лейтенант.

— Это какой, Веня? — спросил сидящий на столе коренастый широкоплечий старший лейтенант с простоватой и умной физиономией. Это был Сергей Архипцев.

— Шестой, командир! — крикнул Гуревич, который в одних носках сидел на койке и играл на скрипке «Чижика».

— Следующий! — сказал Архипцев и ухмыльнулся.

Против него уселся здоровенный штурман Пастухов. Он осторожно взял в руку перышко.

Архипцев тоже взял перышко и со словами: «Держись, бугай!» — щелкнул им.

Перышко Пастухова оказалось накрытым.

— Седьмой! — крикнул Гуревич.

— Следующий, — спокойненько пригласил Архипцев.

Вокруг хохотали болельщики.

У окна в зимнем меховом комбинезоне и в шлеме, со страшно напряженной и вымокшей физиономией сидел Митька Червоненко. Он позировал расположившемуся в пяти шагах от него Женьке Соболевскому, который поставил себе на колени кусок фанеры с прикрепленным листом ватмана и быстро и уверенно рисовал Митьку.

— Я устал, Женька... — сказал Митька, не меняя все же выражения лица.

— Сиди, не крутись, — ответил Соболевский и запел: — «Луч луны попал на ваш портрет...»

— Жарко ведь, Женечка... — заныл Митька.

— Сиди, не скули... «Милый друг давно забытых лет...» — мурлыкал Соболевский.

— Так я ничего и не говорю, — жалобно отозвался Митька. — Я же только говорю — жарко очень...

— Нечего было комбинезон зимний напяливать, пижон! Сиди, Митька, не ной. Сейчас закончу. Замри на пять минут.

Митька замер.

— Молодец, — похвалил Женька. Он внимательно всмотрелся в Митьку и, усмехнувшись, подпел Утесову: — «И на миг как будто ожил он...»

— «И на миг смешались явь и сон...» — продолжил Утесов.

...В одном из залов Русского музея Женька рисует скульптуру Антокольского. Рука его движется быстро и уверенно. Изредка он откидывается назад, прищурив глаз, смотрит на Мефистофеля, затем на рисунок, подмигивает Мефистофелю и опять рисует.

Подходит экскурсия. Люди становятся полукругом у скульптуры.

Женька и Мефистофель оказываются в центре внимания. Сюда же в полукруг входит девушка-экскурсовод.

Она не глядя берется рукой за спинку Женькиного стула и устало говорит экскурсантам:

— Прошу вас, товарищи, подходите, не задерживайтесь...

Женька с нескрываемым интересом разглядывает руку на спинке своего стула.

— Простите, пожалуйста, — смутилась девушка.

— Охотно, — улыбнулся Женька.

Экскурсанты заглядывают Женьке под руку. Женька недовольно морщится, отходит на шаг от рисунка и небрежно делает несколько штрихов карандашом. И уже совсем театрально, с невероятным фасоном приставляет к глазу кулак и профессионально разглядывает одному ему ведомые детали.

Девушка посмотрела на Женьку и улыбнулась.

Смотрит Женька сквозь кулак на Мефистофеля, переводит руку и нахально начинает рассматривать девушку.

Взгляд Женьки скользит по фигуре девушки и останавливается на ее ногах. Затем медленно возвращается к лицу.

А девушка в упор смотрит на Женьку, и тот начинает преувеличенно серьезно работать над рисунком.

— В годы пребывания в Риме и Париже, во время тяжелой болезни, — рассказывает девушка, — Антокольский обращается к темам морально-философского содержания...

Соболевский с интересом смотрит на девушку.

Но девушка демонстративно отворачивается.

Вестибюль музея. Рядом с кассами окошко с надписью: «Прием заявок на коллективные посещения музея».

У окошка стоит Женька. Он наклоняется и говорит:

— Здравствуйте! Мне нужно организовать экскурсию!..

— Меньше тридцати человек в заявке не принимается, — говорит женщина в окошке.

— А сколько это будет стоить? — спрашивает Женька.

— Наличными или перечислением?

— Что? — не понял Женька.

— Как оплачивать будете? — раздраженно спрашивает женщина.

— А... Наличными, наличными...

— Тридцать рублей.

Женька лезет в карман, вытаскивает деньги и отсчитывает их под окошком. Собственно говоря, он не отсчитывает деньги, а пересчитывает их.

Он оставляет себе пять рублей и робко спрашивает женщину:

— А человек двадцать пять можно?
— Нет, — отвечает женщина. — Не меньше чем тридцать!
Женька вздыхает и докладывает пятерку. На секунду он задерживает руку с деньгами и говорит в окошко:
— Только нам нужен экскурсовод... этот... который... блондинка.
— Елена Дмитриевна? Ратцева?
— Да.
— Пожалуйста! От какой организации экскурсия?
— Василеостровский кооператив извозчиков!
— Ваши все здесь? — спрашивает женщина, пытаясь выглянуть.
— Наши? Все! — твердо говорит Женька и вплотную придвигается к окошку.

Женька стоит и крутит в руках квитанцию.
По широкой лестнице спускается Лена Ратцева. Она замечает Женьку и узнает его.
Женька читает квитанцию и со вздохом прячет ее в карман.
Лена останавливается на лестнице и, улыбнувшись, говорит Женьке:
— Товарищ, вы от кооператива извозчиков?
— Я? — растерялся на мгновение Женька. — От кооператива...
— Где же ваши люди?
— Люди?.. Дело в том... — Женька вдруг решается. — Дело в том, что люди — это я!
— Так, — сухо говорит Лена. — Позвольте вашу квитанцию.
Женька показывает ей квитанцию.
Лена посмотрела и совершенно спокойно говорит:
— Ну что ж... Раз вы все в сборе, — она критически оглядывает Женьку, — мы можем начать экскурсию. Прошу вас, товарищи извозчики!
Лена поворачивается и идет вверх по широкой лестнице Русского музея. Женька плетется за ней...

* * *

— Младший лейтенант Червоненко! В штаб! С экипажем! — прокричал кто-то зычно...

Захлопнулась дверь за связным в бараке второй эскадрильи.

Червоненко вскочил со стула и стал быстро стягивать меховой комбинезон.

— Ну что, мученик? Сеанс окончен? — спросил Женька, складывая карандаши.

— Увы! — радостно ответил Червоненко.

— Ах, Веня, ты даже не представляешь себе, какой нынче натурщик слабый пошел!.. — пожаловался Соболевский Гуревичу. — И как он еще летать умудряется?!

Митька взял в руки рисунок, с удовольствием посмотрел на него и, широко улыбнувшись, сказал:

— Летать же легче, чудак! — Он с сожалением отложил рисунок, крикнул: — Короли воздуха, за мной! — И вышел из барака в сопровождении здоровенного Пастухова и того, который списывал текст с пластинки.

Не успела закрыться за ними дверь, как в барак просунулась голова Осадчего — моториста сто пятнадцатой «пешки». Он кого-то поискал глазами и наконец, увидев Гуревича, сделал ему таинственный знак.

Гуревич надел сапоги и вышел к Осадчему на крыльцо. Осадчий проверил, плотно ли закрыта дверь, и что-то тихо прошептал на ухо Гуревичу.

— Понятно, — сказал тот.

Он приоткрыл дверь и крикнул:

— Соболевский! На выход! — И потом снова повернулся к Осадчему: — Молодец! Тикай.

Осадчий исчез с сознанием выполненного долга.

На крыльце появился Женька.

— Слушаю, ваше благородие!

— Выпить хочешь?

— Венька! — изумился Соболевский. — Откуда ты знаешь?!

— Айда, — шепнул ему Венька и первый спрыгнул с крыльца.

Перед столом, закрытым огромной картой, в штабе полка навытяжку стоял экипаж Червоненко.

Говорил коренастый полноватый майор — начальник штаба:

— В радиусе действия нашего полка появилась сильная часть истребителей «фокке-вульф». Нам только что радировали их приблизительные координаты.

Командир полка подполковник Дорогин курил и молча разглядывал сосредоточенные лица Червоненко, Пастухова и стрелка-радиста. Замполит — штурман полка майор Семочкин — изучал карту.

— Их перебазирование, видимо, связано с необходимостью блокировать стратегический железнодорожный узел... — продолжал начштаба и показал это место на карте. — Разведка наземных войск сообщила, что сюда стянуто большое количество составов с цистернами.

В разговор вступил Дорогин:

— Такова ситуация в общем... Чтобы вы были в курсе. Теперь наша конкретная задача: произвести визуальную доразведку железнодорожного узла и фоторазведку немецкого аэродрома по имеющимся пока приблизительным координатам. Ясно?

— Пошукаем, товарищ подполковник, — спокойно ответил Червоненко.

— И поточнее, — строго добавил начштаба. — Недавно генерал звонил. Приказал при содействии наших соседей-истребителей обнаружить этот аэродром и ликвидировать.

— Ни во что не ввязывайтесь, ни на что не отвлекайтесь. Напоретесь — уходите немедленно. Нам эти данные сейчас во как нужны! — сказал Семочкин.

Из репродуктора, стоящего у койки Дорогина, послышались позывные. Все повернули головы к репродуктору.

— Внимание! Говорит Москва! Приказ Верховного главнокомандующего. Сегодня, 15 июля 1944 года, войска Третьего Белорусского фронта, продолжая победоносное наступление...

Полковая лавка военторга представляла собой обычный фургон, смонтированный на грузовике ЗИС-5.

Венька и Женька уныло стояли у прилавка и смотрели на старичка-продавца.

— Какой идиот вам сказал, что у меня есть вино?! — кипятился старичок.

— Почему «идиот»? — обиделся Венька. — Осадчий сам видел ящики с бутылками.

— Бутылки?! — взвизгнул старик. — А с чем эти бутылки он видел?

— Да, правда, с чем? — заинтересованно спросил Женька.

— С сиропом! С малиновым сиропом на прекрасном сахарине! На, смотри!

Старик поднял с пола ящик с бутылками и грохнул его на прилавок.

Женька и Венька вперились глазами в этикетки.

Женька для верности посмотрел бутылку на просвет, потом сплюнул и с размаху воткнул ее в ящик.

— Хотел бы я знать, на кой хрен нам в полк эту муру прислали, — презрительно процедил он.

— Спросите у вашего Осадчего, — ехидно сказал старичок. — Он все знает, он вам ответит...

— Пошли, Венька, — позвал Соболевский и направился к дверям. — Этот почтенный маркитант со своим малиновым сиропом начинает действовать мне на нервы.

— Я тебе покажу «маркитант»! — закричал старик-продавец. — Я на тебя сегодня же замполиту рапорт напишу!

Оставшись один в лавке, старик вынул из ящика бутылку с сиропом, понюхал зачем-то, презрительно сплюнул и так же, как Женька, с размаху воткнул ее в ящик...

За дверью лавки Венька и Женька остановились в раздумье.
— Ну, что делать будем? — спросил Венька.
— Вообще-то у меня есть идейка...
Соболевский кратко изложил Гуревичу свою идейку и напутствовал его:
— ...и пусть твой Осадчий всю канистру с этой гидравлической смесью тащит. Понял? Иначе, скажи, я ему голову оторву за ложные сведения!
Гуревич убежал, а Женька снова открыл дверь лавки.
— Александр Михайлович?
Старик обернулся, увидел Женьку и не ответил.
— Дядя Саша!.. — просительно позвал Женька.
— Все равно не прощу! — отозвался старик. — Кто тебе, сопляку, позволил меня оскорблять при исполнении служебных обязанностей?
— Я больше не буду, — очень искренне сказал Женька.
— И пьете вы в своем поросячьем возрасте совершенно напрасно!..
— Я и пить больше не буду, — заверил Женька.
Старик удивленно обернулся.
— Я даже могу на ваш малиновый сироп перейти! — предложил Женька.
— Трепло!
— Я трепло?! — воскликнул Женька. — Давайте десять бутылок этого сиропа!
И Женька протянул старику деньги...

С крыльца штабного барака весело скатился экипаж Червоненко.

Здоровенный Пастухов внезапно ухватил Митьку за руки, а стрелок-радист — за ноги, и вот они оба уже пытаются качать его. Но им так и не удалось подбросить Митьку в воздух. Он вырвался и побежал через все поле к своему самолету. Пастухов и радист помчались за ним.

В старой заброшенной землянке Веня и Женька самозабвенно перегоняли гидравлическую смесь сквозь противогазные коробки.

Наполнив несколько котелков отфильтрованной жидкостью, они открыли бутылки и вылили сироп в котелки.

Венька понюхал жидкость, передернулся и сказал:

— Неужели действительно под давлением этой дряни выпускается шасси у такого прекрасного самолета, как наша «пешка»?

Женька подобрал на полу какую-то палочку, разломил ее пополам и протянул одну половину Веньке:

— На, Венька, размешивай.

Гуревич с отвращением стал помешивать жидкость.

— Ну-с, что же у нас, ваше благородие, получилось? — задумчиво спросил Женька.

— Сейчас скажу... — Венька поднял глаза в потолок. — Процентов семьдесят спирта, остальное сироп...

— Там еще глицерина и сивушных масел хоть отбавляй!

— Неужели сироп не перебьет? — с надеждой спросил Венька.

Женька разлил в две алюминиевые кружки густое питье.

— Пробуем?

Мгновение они нерешительно смотрели друг на друга, обреченно чокнулись и залпом выпили.

И тотчас физиономии обоих расплылись от счастья.

— Блеск!.. А? — восхищенно сказал Венька.

— Ну, Венька, поздравляю! Напиток богов!..

— Как ликер! — счастливо улыбнулся Венька.

— Точно! Ликер... «Шасси»! Звучит?

— Ого! Давай еще? По маленькой...

Женька решительно накрыл Венькину кружку рукой:

— Создатели не должны замыкаться в лабораторных условиях! Все великие открытия принадлежат народу! В народ!!!

Вечером «гуляла» вторая эскадрилья.

На столе стояли котелки с ликером «Шасси».

У дверей торчал дежурный: вдруг начальство нагрянет.

Гуревич обнимал Женьку за плечи и говорил:

— Не могу я пить, Женечка! Не могу!.. Вот спроси у командира, спроси. Сережа, скажи ему...

Сергей махнул рукой.

— Ладно, Венька, не пей, — великодушно позволил Соболевский. — Закусывай!

— Это я могу, — сказал Гуревич. — Я для тебя, Соболевский, все могу...

Молоденький лейтенант протянул руку к котелку с «ликером», стоящему в стороне.

Женька отодвинул от него котелок и строго сказал:

— Не трожь, это Митькина рюмочка! Он сегодня именинник! — И, обратившись к Архипцеву, сказал: — Командир! Прошу слова!

— Валяй! — разрешил Архипцев.

Женька встал и торжественным голосом в знакомой левитановской манере произнес:

— Товарищи офицеры и старшины! А также сержанты и генералы! Сегодня, 15 июля 1944 года, войска Третьего Белорусского фронта, продолжая победоносное наступление, овладели городом Пинском, родным городом младшего лейтенанта Митьки Червоненко! За победу! Ура!!!

— Ура-а-а!.. — грянула вторая эскадрилья.

Архипцев поднял руку и крикнул:

— Тихо!

На Архипцева никто не обратил внимания. И тогда он заложил четыре пальца в рот и пронзительно засвистел.

Шум мгновенно стих. Все повернулись на свист.

— Товарищи! — спокойно проговорил Архипцев. — Я предлагаю поднять бокалы за создателей чудесного напитка — ликера «Шасси» младшего лейтенанта Гуревича и старшину Соболевского.

— Ура-а-а! — крикнул молоденький лейтенант.

Распахнулась дверь барака, и внезапно появившийся Кузмичов тревожно крикнул:

— Червоненко на посадку заходит!

Он прокричал это таким голосом, что все сразу вскочили из-за стола.

Скользя на крыло, «пешка» шла на посадку. Моторы то затихали, то снова взрывались, и всем на аэродроме было ясно, что что-то произошло.

К месту посадки бежали люди и, обгоняя их, мчалась пожарная машина.

Рядом со штабным бараком шофер «санитарки» пытался завести свою машину. Капитан медслужбы натягивал халат и что было силы материл шофера.

Самолет ударился колесами о землю, несколько раз подпрыгнул и, переваливаясь с боку на бок, покатился прямо на бегущих людей. Все бросились врассыпную.

Наконец самолет остановился, и парни второй эскадрильи окружили изрешеченную «пешку».

Открылся нижний люк, и из кабины послышался усталый голос Митькиного штурмана Пастухова:

— Эй, кто-нибудь! Помогите... Митьку убили...

И несмотря на то что все уже ждали несчастья, фраза штурмана прозвучала так неправдоподобно устало и спокойно, что никто из стоящих рядом с самолетом не двинулся с места...

— Архипцев, — послышался опять голос Пастухова, — ты здесь? Помоги...

Архипцев потряс головой, словно отгоняя от себя кошмар, и полез в кабину.

Все стояли подавленные и растерянные.

— Подожди, — сказал Архипцев. — Так не получится. Нужно снять с него парашют.

Из кабины на землю вывалился Митькин парашют, залитый кровью.

Все смотрели на парашют.

— Планшет сними тоже, — попросил штурман, и на землю упали планшет и пистолет в кобуре.

Из самолета выпрыгнул Архипцев.

— Давай... — сказал он в люк.

Из люка показалась запрокинутая голова Митьки без шлема. Архипцев подхватил тело Митьки под плечи, посмотрел на Веню и Женьку.

Они приблизились к Архипцеву.

Втроем приняли мертвого Митьку и неловко стали вытаскивать его из кабины. И когда все тело Митьки оказалось на руках Сергея, Вени и Женьки, из кабины неуклюже вылез штурман.

Он бессмысленно оглядел всех вокруг и вдруг хрипло сказал Сергею:

— Вот, понимаешь, какая история...

Митьку положили, а штурман стянул шлемофон с головы на лицо и сел на Митькин парашют.

Митька лежал на земле, и голова его свалилась набок, а гимнастерка была расстегнута...

С совершенно отрешенным лицом Женька присел на корточки и зачем-то стал застегивать пуговицы на Митькиной гимнастерке. Руки у него тряслись, и он долго не мог попасть пуговицей в петлю.

Архипцев наклонился и, отстранив Женьку, застегнул все пуговицы на Митьке.

Стояли вокруг ошеломленные парни. Трезвые. Испуганные...

На «виллисе» подскочил Дорогин.

Кто-то толкнул Пастухова. Пастухов поднял голову, увидел Дорогина и встал. Дорогин снял с головы фуражку и тихо спросил:

— Как же это так?

— Товарищ подполковник! — сказал Пастухов, глядя на мертвого Митьку. — При выполнении задания были атакованы истребителями. Пытались уйти...

— Фотографировали?

— Так точно... И станцию, и аэродром.

— И аэродром? — переспросил Дорогин.

Штурман кивнул.

Дорогин повернулся к двум девушкам в военной форме:

— Снимите фотоаппарат... Кассету в проявку, результаты в штаб...

Подъехала запоздалая «санитарка». Капитан в белом халате на ходу соскочил с подножки.

Дорогин повернулся к нему и молча сделал профессиональный жест летчиков «все выключено». Просто скрестил над головой руки...

Вечером в бараке было тоскливо и тихо. Кто-то валялся на койке, кто-то пытался играть в шахматы.

Лысоватый капитан пришивал подворотничок.

В углу, у окна, сидел младший лейтенант и пощипывал струны гитары.

Венька лежал на койке и смотрел вверх, над головой у него висели футляр скрипки, планшет и пистолет в кобуре.

Женька вытащил из альбома портрет погибшего Митьки, принес его к столу и бесцеремонно сдвинул в сторону шахматы.

— Ну-ка, подвиньтесь... — сказал он и приколол рисунок кнопками к столу.

Шахматисты пересели. Женька поставил на стол стакан с водой и рядом положил широкую мягкую кисть.

— Сахар есть у кого-нибудь? — спросил он, обводя всех взглядом.

Человек пять-шесть подошли к столу и остановились, разглядывая рисунок.

— Сахар есть у кого-нибудь? — повторил Женька.

— А ты что, чай пить с ним собрался? — зло отозвался кто-то.

Не обращая ни на кого внимания, Женька сказал еще раз:

— Я спрашиваю, сахар есть у кого-нибудь?

— Подожди, Женя, — послышался из-за его спины голос Архипцева. — У него самого сахар был. Он его ложками ел...

Архипцев подошел к Митькиной койке, сел на корточки, достал потрепанный чемоданишко и стал выкладывать из него на одеяло все содержимое.

На кровать легли финский нож, новая фуражка, довоенная фотография Митьки в форме ремесленника, спущенный футбольный мяч, альбомчик и кулек сахару.

— На, — протянул Архипцев Соболевскому кулек и аккуратно положил все вещи в чемодан. Последней он положил фуражку, предварительно потерев околыш рукавом гимнастерки.

Соболевский насыпал в стакан с водой сахар и долго размешивал его кистью. Когда сахар почти полностью растворился в воде, Женька вынул кисть и стал покрывать портрет Митьки сладкой водой.

— Зачем это, Женя? — спросил лысоватый капитан. Женька повернулся к капитану, благодарно посмотрел на него.

— Понимаете, — сказал он только ему одному, — это нужно для того, чтобы рисунок дольше жил... Чтобы не смазался или не осыпался карандаш...

День второй

Опять медленно ползет «студебекер» с бомбами.

На бомбах сидят пять оружейников. Один другому дает прикурить, все время переругиваясь с третьим...

На большой высоте идут пикирующие бомбардировщики.

В головной машине на флагмане за штурвалом сидит командир полка Дорогин. Рядом с ним штурман полка.

Кабина Архипцева и Гуревича... В отсеке стрелка-радиста — Женька Соболевский...

Затянутые в шлемофоны, запакованные в подвесную систему парашютистов, эти мальчишки вдруг стали какими-то очень взрослыми. Серьезные лица, внимательные глаза и короткие отрывистые разговоры по радио сделали их совершенно непохожими на тех парней, которые еще совсем недавно изнывали от безделья и трепались в бараке.

Внизу впереди показались тоненькие ниточки перепутавшихся железнодорожных путей. Там, где нити рельсов стягивались в один плотный клубок, станция была забита товарными составами и цистернами.

Завалилось в пике первое звено... В рев моторов начал вплетаться вой сирен.

Отрываются бомбы... Какое-то мгновение они продолжают путь самолета, потом тихонько опускают носы и уже совершенно отвесно продолжают свое падение в гуще вагонов, цистерн и маленьких домиков, похожих на спичечные коробки.

Черные кустики взрывов отмечают места падения бомб.

Выходит из пикирования первая машина, потом вторая, третья. Звук моторов меняется, становится ровнее, спокойнее.

Идет в пикирование вторая тройка.

Снизу, с земли, навстречу ей тянутся красивые ленты трассирующих пуль и снарядов.

* * *

В своей кабине Венька положил руку на плечо Сергея. Другой рукой Венька опустил два тумблера справа — закрыл шторки водорадиатора, выпустил тормозные решетки.

И тут же почти одновременно хлопнул Сергея по плечу:
— Ввод!

Сергей плавно и сильно отжал от себя штурвал, переводя машину в пикирование.

Слева, на прозрачной стенке фонаря кабины, пучок красных радиальных линий. Краем глаза Сергей посматривал на эти линии. И вот горизонт совместился с одной из линий.

Глаза Веньки прикованы к бегущей стрелке высотомера и указателю скорости.

Отдаляются от самолета бомбы...

Правой рукой Венька резко хлопнул Сергея по плечу:
— Вывод!

Сергей нажал кнопку автомата вывода из пикирования и начал сам вытягивать штурвал.

Горизонт опускался, сползая с радиальных линий на стекле фонаря кабины...

В кабине стрелка Женька Соболевский уперся ногами и руками, стараясь преодолеть перегрузки вывода...

Машины вышли из пике, развернулись с набором высоты и резко ушли вверх и в сторону от цели.

Огненные ленты, собранные в пучок на земле и расходящиеся в воздухе страшным гигантским веером, скользнули между стремительно падающими «пешками».

Край веера задел одну из машин, и самолет, теряя управление, стал падать, окутываясь черным дымом.

Две оставшиеся машины продолжали набирать высоту. На одной из них хвостовой номер — 115.

Машина только что вышла из пикирования, и Гуревич, внимательно вглядываясь в землю, нажал на тумблеры, открывая шторки водорадиатора.

Архипцев прибавил обороты обоим двигателям и приказал Соболевскому:

— Сообщи: накрыли! Заходим вторично. Сбит двести третий... Все.

— Понял, — отозвался Женька в своей кабине.

Лицо у него исказилось, как от зубной боли. Он яростно выматерился и резко включил передатчик. Отпихнув ногой пулемет, он невидяще уставился в «Голубых танцовщиц» и стал бешено выстукивать ключом.

Архипцев ввел второй раз машину в пикирование и крикнул Гуревичу:

— Венька! Вывод метров на триста! А то эти суки уже пристрелялись к нам!..

— Пошел!.. — закричал Венька.

И сто пятнадцатый спикировал чуть ли не до земли. Со страшным воем он прошел над головами зенитных батарей и мгновенно исчез из виду.

Кабина самолета командира полка.

За штурвалом подполковник Дорогин. Парашют надет прямо на гимнастерку. Подвесная система смяла погоны.

Дорогин вглядывается — не видит «сто пятнадцатую» и беспокойно начинает искать ее глазами...

— Где Архипцев? — нервно спрашивает он штурмана — майора Семочкина.

Семочкин посмотрел вниз и, покачав головой, показал Дорогину рукой в сторону.

Дорогин заложил вираж и посмотрел вниз.

— Вот нахал! — удивленно выругался он и закричал: — Я первый! Внимание! Всем набрать три тысячи! Повторить заход звеньями! Архипцев! Не фокусничай, мать твою в душу!.. Как слышите? Прием!

— Вас понял! — сказал Архипцев и без улыбки подмигнул Гуревичу.

* * *

И опять вечер...

Венька вошёл в столовую, снял шлемофон, пристегнул его к поясу и стал медленно пробираться к своему столику. Несколько столиков было занято. Со всех сторон раздались голоса:

— Гуревич, здорово!
— Веня, Соболевский придёт?
— Придёт, — ответил Гуревич.
— Веня! Где командир?
— В штабе, — сказал Гуревич, расстегнул комбинезон и сел за столик, над которым висела табличка «Экипаж Архипцева». Внизу была пририсована палитра и квадратный корень извлекался из скрипичного ключа.

От нарастающего рёва задрожало стекло. Венька посмотрел в окно и увидел, что мимо столовой медленно ползёт «студебекер» с бомбами. Потом он порылся в планшете и достал оттуда букетик мокрых полевых цветов. Расправляя букетик, он не заметил, как из-за его спины к столу подошла маленькая рыжая официантка. Она посмотрела через Венькино плечо на мокрый букетик и мягко улыбнулась. Официантка тронула Веньку за рукав и негромко сказала:

— Здравствуйте, Венечка! Почему вы один?..

Венька вздрогнул, вскочил и сунул букетик в шлемофон.

— Здравствуйте, Катя... Не беспокойтесь, ребята сейчас подойдут.

— А я и не беспокоюсь. Я могу вас и одного накормить...
— Нет-нет, я подожду.

Откуда-то раздался крик:

— Катя! Компот!

Катя повернулась и ответила ледяным тоном:

— Сейчас.

Она снова наклонилась к Веньке и, опершись на стол, очень нежно, как-то совсем по-бабьи жалостливо спросила:

— И чтой-то вы исхудали так, Венечка?..

— Катя! Компот! — опять раздался крик.

Катя резко и зло повернулась. Сейчас она им скажет! Венька робко коснулся ее руки и, показывая на столик, из-за которого доносился крик, тихонько сказал:

— Катя. Компот...

Катя вздохнула, заглянула в шлемофон, откуда выглядывали цветы, и ушла за компотом.

Она шла между столиками, сохраняя то чудесное, нежное выражение лица, которое было у нее при разговоре с Венькой. Проходя мимо того места, откуда несся крик, она на секунду как бы сняла с себя эту нежность и, облив презрением сидящих за столом, прошла дальше — опять мечтательная, влюбленная маленькая женщина...

Летчик, требовавший компот, напуганный ее взглядом, растерянно сказал приятелям, сидящим с ним за одним столом:

— Братцы! Чего это она?.. Я же только компот попросил...

В столовую вошел Архипцев. Он прошел к своему столу и, заглянув в шлемофон Гуревича, увидел цветы.

— Где Женька? — спросил он.

— Сейчас придет.

— Сегодня Катя? — невинно поинтересовался Архипцев.

— Что «Катя»? — нервно переспросил Венька.

— Ужин подает Катя?

— Катя...

— Вот и все, — удовлетворился Архипцев.

Открылась дверь, и в столовую ввалился Соболевский, таща за руку пижонистого старшего техника-лейтенанта. Казалось бы, как можно быть пижонистым, нося одинаковую со всеми форму? Можно. Это чуть-чуть шире, чем у всех, галифе, это чуть-чуть короче, чем у всех, гимнастерка, это чуть-чуть ниже сдвинуты голенища сапог. Это все чуть-чуть не так, как у всех... Техник-лейтенант был неотразим и ходил по аэродрому под звон осколков разбитых девчоночьих сердец.

Бережно придерживая карман комбинезона, Соболевский уселся за свой столик.

— Салют! — поприветствовал техник.

— Салют, — эхом отозвался Венька.

Катя принесла тарелки и, ни на кого не взглянув, поставила их на стол. Старший техник-лейтенант посмотрел на нее и улыбнулся.

— Кушайте, Венечка, — сказала Катя и ушла.

— Спасибо, — ответил Венька и покраснел.

Женька подмигнул Архипцеву, тот подмигнул Женьке. Техник указал глазами на уходящую Катю и смачно произнес:

— Ух, ребята, я вам сейчас историю расскажу! Женька! Наливай!..

Каждый взял со стола стакан и опустил руку со стаканом под стол. К четырем рукам, держащим стаканы, прибавилась пятая с бутылкой.

Над столом раздался шепот Гуревича:

— Разбавленный?

— А как же! — ответил шепотом Соболевский. — Кто же тебя чистым поить будет!..

Совершенно спокойно три человека ковырялись в тарелках, а четвертый, у которого были чем-то заняты руки, невинно поглядывал по сторонам. Под столом рука, держащая бутылку, уверенно разливала по стаканам спирт.

Не вынимая из-под стола руку со стаканом, Соболевский тихо сказал:

— Помянем... Митьку...

— А-а-а.. — протянул техник.

Все мгновенно вытащили стаканы из-под стола и выпили.

Женька проглотил кусок котлеты и повернулся к технику-лейтенанту:

— Ну, рассказывай, что там у тебя за история...

* * *

По залу навстречу Кате шла высокая полная официантка с подносом. Она посмотрела на стол Архипцева и ехидно сказала:

— Глянь-ка, Катерина. Кавалеры твои любезничают...

Катя с ненавистью посмотрела на полную официантку и вздохнула.

А в это время старший техник-лейтенант, захлебываясь, рассказывал свою историю:

— ...И тэдэ и тэпэ. Выходим из клуба, я ее в «юнкерс» тащу. Помните, он за рембазой на брюхе лежал? А она мне: «Ленечка, мне же в другую сторону...» А я ей: «Что вы, Катенька, нам теперь с вами всю жизнь в одну сторону!..»

Архипцев, Соболевский и Гуревич замерли, не поднимая голов от тарелок. Гуревич наклонился, глаза зажмурены.

— Ну конечно, потом слезы, то, се, пятое, десятое... — закончил старший техник-лейтенант.

— Сука, — сказал Архипцев.

— Это точно, — с удовольствием подтвердил старший техник-лейтенант. — Все они суки!..

— Это ты сука, — уточнил Соболевский.

Гуревич сжал зубы, отложил вилку и стал приподниматься.

Архипцев быстро встал из-за стола, положил руку на плечо Веньки и надавил, усаживая его на место.

Затем другой рукой он рывком поднял старшего техника-лейтенанта за шиворот и повел его к двери. Толкнув дверь ногой, он вышвырнул техника в дождь, вернулся за стол и, ни к кому не обращаясь, неуверенно произнес:

— Врет он все, подлец...

У ступенек, ведущих в столовую, стоял старший техник-лейтенант, зло и нервно соскребал с себя грязь.

Из пелены мелкого моросящего дождя послышались чьи-то шаги. Техник вгляделся и увидел направляющегося к столовой Кузмичова.

Кузмичов остановился, посмотрел на техника и участливо спросил:

— Где это вы так, товарищ старший техник-лейтенант?

Техник с ненавистью посмотрел на Кузмичова.

— Тебе-то что?.. — крикнул он со слезами в голосе. — Это все твои сволочи!.. Интеллигенты вонючие! Подумаешь, ангелы!.. Трое на одного! Сегодня же рапорт в штабе будет!!!

Кузмичов ничего не понял. Ему было ясно только, что ругали его ребят. Его ребят!

Он вплотную подошел к старшему технику-лейтенанту.

— Врешь ты все, сукин сын! — с яростью прохрипел Кузмичов, забыв про субординацию. — Нашкодил чего-нибудь, душа из тебя вон!..

Старший техник-лейтенант оторопело посмотрел на Кузмичова. А тот сжал зубы, перевел дыхание и, опомнившись, приложил руку к пилотке:

— Разрешите идти?

— Идите... — машинально ответил старший техник-лейтенант.

Кузмичов повернулся и зашагал в сторону землянок.

В столовой за столом Архипцева длилось тягостное молчание.

Женька посмотрел на Сергея и Веньку и, решив перевести все настроение в другую плоскость, громко и весело крикнул:

— Катюша! Компот!

Катя несет на подносе три стакана с компотом. Только три стакана стоят на подносе...

Венька повернулся к Соболевскому:

— Ты что?

— Заткнись! — зло бросил Соболевский Гуревичу и опять широко улыбнулся навстречу Кате: — Катюша, кормилица наша!..

Катя молча поставила стаканы на стол. Первый Архипцеву, второй Соболевскому, третий Гуревичу...

Венька тихо встал из-за стола и, не глядя на Катю, направился к выходу. Сергей поднялся вслед за ним. Женька вскочил, стоя выпил компот и побежал за ребятами.

Уже вместе они вышли из столовой.

По дороге Гуревич полез в карман комбинезона за спичками, и его рука наткнулась на шлемофон, из которого торчал поникший букетик цветов. Он осторожно вытащил цветы, отбросил их в сторону и вытер мокрую руку о штанину комбинезона.

А на крыльце столовой стояла Катя и смотрела им вслед...

Аэродром спал.

У барака второй эскадрильи, задумавшись, сидел Венька и пощипывал струны скрипки, словно струны гитары...

...К Венькиной кровати подходит дед и, осторожно стягивая с него одеяло, начинает монотонно бубнить:

— Веня, вставай, Веня... Веня, ты опоздаешь в школу, что из тебя будет? Веня, последний раз я тебе говорю, Веня... Или ты встанешь, или я тебя будить больше никогда не буду... Вставай, петлюровец! — взвизгивает дед и сдергивает с Веньки одеяло.

Венька садится на кровать и, не открывая глаза, старается попасть ногами в обе штанины сразу.

— Иди умывайся, байстрюк, — говорит дед и уходит на кухню готовить Веньке завтрак.

Подавая завтрак на стол и нарезая хлеб, дед поет:

> Я помню чудное мгновенье,
> Передо мной явилась ты...

Рядом в умывальнике моется Венька.

— Ты так безбожно врешь, дедушка...

— Кстати! — говорит дед. — Когда я отдавал тебя в музыкальную школу, так я думал, что ты научишься только на скрипке врать. Но ты талантливый ребенок... Ты вундеркинд! Ты не ограничился скрипкой и теперь врешь по любому поводу! Где ты вчера шлялся до двенадцати часов ночи, мерзавец?!

— Но, дедушка! Я же был...

— Я спрашиваю, куда уходят деньги, которые я плачу за твое образование на скрипке, куда? Ты знаешь, сколько стоит играть на скрипке? Нет, ты этого не знаешь! Это я знаю...

— Дедушка...

— Довольно! — говорит дед. — Завтракай и убирайся в школу! — Дед отсчитывает несколько монет. — На большой перемене выпьешь стакан молока, понял?

По тому, как Венька страдальчески поднимает глаза к потолку, видно, что он молоко терпеть не может.

Не успевает Венька отойти несколько шагов от дома, как дед открывает форточку и, высунув полбороды на улицу, кричит на весь квартал:

— Веня!!! Веня, стой, тебе говорят!

— Ну что тебе? — останавливается Венька.

Дед критически оглядывает Веньку с головы до ног.

— Ты все взял? Ты ничего не забыл? — вполголоса спрашивает дед.

— Все, дедушка, все!

— Сейчас я покажу тебе, как ты все взял, босяк... — говорит дед и с треском захлопывает форточку.

В домашних туфлях дед выходит из ворот.

— На... — Дед протягивает Веньке маленькую круглую коробочку. — В первый же день, когда ты не забудешь свою канифоль, я смогу спокойно умереть...

— Спасибо, — вяло отвечает Венька.

— Подожди, не беги... Я провожу тебя... — Дед просительно смотрит на Веньку.

— Дедушка!..

— Ну хорошо, по другой стороне можно? — спрашивает дед.

По одной стороне улицы быстрым шагом идет Венька со скрипкой. По другой семенит дед. Он уже отстал и теперь почти бежит за Венькой, задыхаясь и теряя на ходу шлепанцы.

Перед длинным трехэтажным зданием с надписью «Городское музыкальное училище» одинокий дворник подметает тротуар. Дед церемонно здоровается с дворником, и дворник начинает жаловаться на качество метлы. Дед и дворник — старые приятели. Дед придирчиво разглядывает метлу и возвращает ее дворнику.

Из открытых окон несутся скрипичные упражнения, быстрые арпеджио фортепьяно, гаммы тромбона...

Медленно продвигаясь, дед заглядывает в каждое окно первого этажа. Дворник осторожно ступает за ним. Вдруг дед останавливается и жестом приглашает дворника заглянуть в окно. Они становятся на цыпочки и, держась за подоконник, заглядывают в класс, откуда несутся скрипичные упражнения.

У рояля стоит Венька и играет на скрипке.

И каждый раз, когда скрипка доходит до какого-то очень быстрого и, наверное, очень трудного места, упражнение захлебывается и Венька начинает все сначала.

Дед поворачивается к дворнику и через плечо большим пальцем показывает на окно:

— М-м-м? — гордо спрашивает дед.

— М-да! — с уважением кивает дворник.

Венька замечает деда и делает ему страшные глаза. Дед отшатывается от окна и виновато берет дворника под руку.

— Идемте, Степа, — смущенно говорит дед.

И они уходят вверх по лестнице, и до самого поворота дед что-то объясняет дворнику, отчаянно жестикулируя, и дворник смотрит на него, покорно кивая головой в такт каждому взмаху...

Все спали. Темно было в бараке второй эскадрильи. И только один молоденький летчик в трусах читал при свете карманного фонаря.

Два-три человека ворочались — не могли уснуть. Им мешала скрипка.

— О, черт... — вздохнул кто-то. — Да скажите вы ему что-нибудь!

— Спокойно! проговорил молоденький летчик. Он сунул ноги в сапоги, набросил на плечи кожаную куртку и вышел из барака на крыльцо.

На ступеньках он зевнул, потянулся и, подхватив сползающую с голых плеч куртку, ласково произнес:

— Веня, чтоб ты сдох с этой музыкой!

Венька поднял голову.

— Я в детдомовском оркестре на бейном басу играл, — сказал летчик и показал, как он это делал. — Ты представляешь, если я где-нибудь разживусь таким басом и начну по новой репетировать?

— Представляю, — глухо отозвался Венька.

— Я так и думал, — удовлетворенно кивнул летчик. — Ты же у нас умница! Складывай свою виолину и, как говорят в детском садике, — на горшочек и бай-бай... Понял?

— Понял.

Летчик озабоченно вгляделся в темноту и почти серьезно сказал:

— Вот только с этим самым у нас дело дрянь! Бегать приходится черт знает куда!

И летчик, неуклюже спрыгнув со ступенек, тяжело потопал в темноту...

День третий

Медленно двигался «студебекер» с бомбами. Он полз мимо землянок к стоящим вдалеке самолетам.

По дороге шли четверо. Впереди командир бомбово-артиллерийского отдела (БАО) — прихрамывающий майор, сзади понуро брели Архипцев, Соболевский и Гуревич.

У окна штабной комнаты стояли начштаба, штурман полка и командир полка подполковник Дорогин. Они наблюдали, как «ведут» экипаж «сто пятнадцатого».

— Судить их, подлецов, надо! — сказал начштаба. Он вынул расческу и стал причесывать свои редкие волосы.

Дорогин удивленно ухмыльнулся и покачал головой. Он слегка заикался и, как все люди, страдающие этим недостатком, был человеком немногословным и застенчивым.

— Ну-ну, уж и судить сразу... — протянул Дорогин. — Смотри, к-какой ты к-к-кровожадный... Это н-надо же! Их и на губу-то сажать противопоказано. Сам знаешь — офицеров не сажают. Это уж наша с тобой педагогическая вольность. А тебе все мало...

— Ничего я не кровожадный! То «виллис» у замполита угнали, то это пойло изобрели, то теперь драку в столовой затеяли!

— Так они же вернули «виллис»! Съездили на озеро, выкупались и вернули, — сказал замполит Семочкин.

— А все это отчего? Грамотные очень!.. — убежденно продолжал свое начштаба.

Дорогин ухмыльнулся:

— Как в трамвае...

— При чем тут трамвай?! — опешил начштаба.

— А вот так всегда в трамвае говорили: «Грамотный очень! А еще шляпу надел!» — пояснил Дорогин и в упор посмотрел на начштаба. — Эт-то все знаешь почему? От п-погоды... Полетов не было — энергию девать некуда. Тут тебе и «виллис», тут тебе и ликер. Как его, «Шасси», что ли?.. — И Дорогин, улыбаясь, покачал головой.

— Интересная уха! — возмутился начштаба. — Чего же ты сам-то сидишь? Хватай чужой «виллис» — дуй купаться... Выкачай всю гидравлическую смесь из своего самолета и гони самогонку! А то еще лучше: морду кому-нибудь набей!..

Дорогин не отрываясь смотрел на начальника штаба. Когда тот закончил говорить, Дорогин покачал головой и сказал:

— Тоже сравнил, чудило... Сколько мне и сколько им? Они же еще пацаны. Им же на круг по двадцать. А этот, пострадавший твой... Может, он сам чего напакостил, а?

— Вот как раз ему-то я верю!

— Ну-ну...

Дорогин подошел к окну и тихонько замурлыкал: «Раскудрявый клен зеленый — клен зеленый, лист резной...», потом резко оборвал песню, посмотрел на серое небо и низко висящие облака и признался неожиданно:

— Мне, может, самому иногда охота что-нибудь еще почище ликера выкинуть... — Он помолчал секунду и повернулся к начальнику штаба: — Давай, Михалыч, вызывай всех... Надо с последним вылетом разобраться.

Веня, Женька, Сергей и их провожатый подошли к старой, заброшенной землянке. Майор спустился в землянку первым, за ним проследовали остальные. Внутри землянка была разгорожена фанерным щитом на два отсека.

— Ну вот мы и дома, — сказал майор. — Сами понимаете, время военное, гауптвахты как таковой у нас нет, так что не взыщите...

— И за это спасибо, — мрачно откликнулся Женька.

— Нет, ничего помещеньице... — по-хозяйски оценил Архипцев.

— По-моему, тоже вполне приличное, — поддержал майор. — Вот это будет камера сержантского состава. — Он показал на левую сторону щита. — А это камера офицерского состава. — Майор махнул на правую половину.

— Претензии есть?

— Есть! — неожиданно сказал Архипцев. — Вы же знаете, что согласно уставу офицеры подвергаются только домашнему аресту...

— И вы знаете, — подхватил Венька, — что сажать нас на губу не положено!

— Виноват, товарищ лейтенант... Разрешите? — вежливо обратился Женька к Гуревичу, вступая в игру. — И разве можно сажать старшего сержанта рядом пусть даже с младшим офицером? Разве это не грубое нарушение устава, товарищ майор? По-моему, офицер, сидящий на гауптвахте на глазах подчиненного ему сержанта, теряет в глазах последнего весь свой авторитет! Будь я менее дисциплинированным... — Женька вытянулся и прижал руки по швам, — я мог бы при случае сказать Архипцеву: «Брось, командир! Помнишь, как мы с тобой на губе сидели!» Ну разве это положено?!

Майор пытался разобраться, шутят они или говорят серьезно, и на всякий случай сказал:

— А безобразить? Положено? Драться, понимаешь... Ликер гонять... Еще хорошо отделались — всего трое суток.

— Ах, всего трое?! — уточнил Женька. — Так чего мы так долго разговариваем!

— Вот и прошу по камерам без разговоров, — оживился майор.

— Есть! — отчеканил Женька и преувеличенно покорно пошел за перегородку.

Майор направился к выходу. Потом обернулся к Архипцеву и приказал:

— Старший лейтенант, ко мне!

Архипцев подошел, а майор, посмотрев вслед ушедшему Женьке, наклонился и тихонько спросил:

— Слушай, Архипцев... ты не помнишь, сколько на литр смеси должно идти этого сиропа?..

Около столовой летного состава стояли мрачный Кузмичов и растерянный Осадчий. Рядом с высоченным Кузмичовым Осадчий казался совсем маленьким.

Из столовой выскочила Катя. Она подала Кузмичову котелки с обедом и, глядя на него снизу вверх, с виду безразлично спросила:

— Как они там?

Кузмичов заглянул в котелки, доверху набитые едой, которой хватило бы на десятерых, и ответил:

— Теперь выживут...

В штабе собрался весь командный состав полка. Стол, накрытый картой, завален всякой всячиной: пепельница, папиросы, навигационная линейка, транспортир... Разбор полета подходил к концу, и сейчас говорил начштаба:

— Действительно, обстановка в воздухе сейчас сложилась таким образом, что «фокке-вульфы» блокировали почти весь наш район полета. Работать нашим летчикам стало трудно. А новых данных о местонахождении аэродрома немцев ни наземная разведка, ни разведка истребителей, ни наша не имеют. Правда, теперь точно установлено, что немцы, меняя площадку, оставляют на прежнем месте фальшь-макет, как это и было в случае с Червоненко. Больше того: есть все основания предполагать, что они действуют со скрытых аэродромов-засад. Тогда искать их нужно или рано утром, или к вечеру, когда они собираются на свой основной аэродром, чего мы, собственно, еще не делали...

Все молча стояли вокруг стола. Дорогин пододвинул к себе пепельницу и, придавив в ней окурок, спросил:

— Что скажете, с-стратеги?

К карте протиснулся Герой Советского Союза капитан Хабибуллин:

— Разрешите, товарищ подполковник?

— Давайте, Хабибуллин, — кивнул ему Дорогин.

— Мне кажется, нужно разбить по квадратам весь наш район полета и каждую эскадрилью обязать тщательным образом прочесать свои участки. А то Червоненко послали одного и... пожалуйста...

— Так, — сказал Дорогин, — к-кто еще?

— Правильно говорит Хабибуллин! — заявил кто-то.

— А по-моему, — спокойно проговорил Дорогин, — это будет преступное легкомыслие. Кончится затея Хабибуллина тем, что все эскадрильи вернутся с пустыми руками, а одна обязательно напорется на немцев и те наверняка их перещелкают. Надо поднять в воздух не весь полк, а опять одну машину.

— Но Червоненко же искал... — попытался возразить Хабибуллин.

— Я, конечно, ничего не хочу сказать про Червоненко, — начал Семочкин, — паренек он был неплохой. Только... Там знаешь, какие киты сидят! По почерку видно... Здесь больше головой искать нужно... — И Семочкин посмотрел на Дорогина.

— Правильно! — поддержал Дорогин. — И послать надо... Ну, скажем, Архипцева, командира «сто пятнадцатой». Ясно?

— Нет, — угрюмо ответил начштаба.

— Потом объясню. Вы свободны, товарищи...

Дорогин подождал, когда в комнате остались только Семочкин и начштаба, надел фуражку и тоже направился к дверям.

— Вы надолго? — спросил Семочкин.

— Нет. Я здесь на к-крыльце постою... Вы пока п-подработай-те задание Архипцеву, — ответил Дорогин и вышел из комнаты.

Начштаба посмотрел на Семочкина и, для верности оглянувшись на дверь, с осуждением покачал головой:

— У меня такое впечатление, что этот экипаж — его пунктик!

— Хорош пунктик! — с горькой усмешкой откликнулся Семочкин. — Посылать мальчишек к черту в зубы...

— Каждый любит как может... — сказал начштаба и засмеялся.

На гауптвахте по одну сторону щита, разгораживающего землянку, сидел Женька, по другую — Архипцев и Гуревич.

Стена, разгораживающая землянку на две комнаты, была расчерчена на квадраты, слева и сверху от которых нарисованы цифры и буквы. Шел «морской бой».

Женька старательно отмечал свои попадания и промахи на проверочном поле и бормотал себе под нос:

— В-7 мимо? Ясненько... Значит, В-4.

Сергей внимательно всматривался в проверочный квадрат, а Венька лежал на нарах и ныл:

— Серега, а когда же я опять играть буду?

— Когда круг кончится, — безжалостно ответил Сергей. — В этом вся прелесть олимпийской системы. Игра на вылет...

— «Луч луны упал на ваш портрет...» — печально засвистел Венька.

Он вгляделся в квадраты Сергея и вдруг почти незаметно перешел с утесовской мелодии на морзянку. Теперь он высвистывал точки и тире.

Женька удивленно прислушался, и его физиономия постепенно расплылась от счастья.

— Г-3! — закричал он.

— Попал, — ответил Сергей.

Венька продолжал как ни в чем не бывало высвистывать морзянкой номера квадратов друга.

— Г-4! — продолжал Женька.

— Попал, стервец! — удрученно вздохнул Архипцев. Он со вздохом отметил Женькино попадание и нечаянно встал так, что закрыл Веньке весь свой квадрат.

— Серега, прими немного вправо, — невинно сказал Венька.

Ничего не подозревая, Сергей отодвинулся.

Венька быстро и коротко просвистел одну букву и одну цифру.

Женька на своей половине принял морзянку и крикнул:

— Г-2!

— Убил, подлая душа... — сказал Сергей и вычеркнул «эсминец».

И тут впервые до Сергея донеслась морзянка. Он мгновенно все понял, повернулся к Веньке и очень строго сказал:

— Гуревич, не подсказывай! Выведу!..

Из-за стенки послышался «ученический» голос Соболевского:

— Мы больше не будем...

И так как Сергей не ответил, Женька постучал в перегородку и сказал:

— «Стреляй»! Чего ты думаешь?

А Архипцев стоял у своих квадратов и смотрел в упор на стенку.

— Я думаю, как это Митька так попался?! Самое обидное, что когда фотики дешифровали его пленку, оказалось, что это не аэродром, а фальшь-макет... Венька, подъем!

Венька вскочил.

— На, — Сергей протянул Веньке кусочек мела, — набросай район полета.

Венька удивленно посмотрел на Архипцева и стал быстро и уверенно рисовать рядом с квадратами «морского боя».

— Так... — приговаривал он. — Тут у нас идет «железка». Тут речушка чешет... Мост... Журавлевка... Мы... Торбеево... Кирпичный завод... Разгрузочная ветка... Разъезд семнадцатого кило́метра...

— Киломе́тра, — поправил ударение Архипцев.

— Ну, нехай километра... Поселок «Парижская коммуна», и все.

— А теперь смотри, — сказал Архипцев. — Мне Пастухов рассказал, как все это было. Только закончил фотографировать — «фоккеры», три штуки. Идут со снижением, будто садиться хотят. Митька по кромочке облаков за ними. Посмотреть хотел, куда сядут... «Фоккеры» — в облачность. Митька их потерял. Но в маленький просвет увидел аэродром ихний. Он пробивает облачность, чтобы отфотографировать и аэродром тоже. Все сделал и опять начал высоту набирать, его тут и перехватили. Они, суки, словно ждали его там... Он в облачность, и с приветом... Ну, а сажал уже Пастух...

Женька уже давно прислушивался ко всему, что происходило за стеной, и теперь тоже включился в разговор:

— Ребята! А откуда там взялись эти «фоккеры»?

— Откуда? От верблюда! Не говори глупостей... — ответил Венька.

— Я вот что думаю, — задумчиво проговорил Архипцев. — Просто они всю группу «фоккеров» рассредоточили по маленьким площадкам и долбают нас из-за угла да из-под бока.

— Значит, ты думаешь, что вообще нет основного аэродрома? — спросил Женька из-за перегородки.

— Есть.

Венька с уважением взглянул на Сергея.

— Есть у меня одна мыслишка...

Над штабной картой склонились три человека: командир полка, начальник штаба и штурман полка.

Дорогин задумчиво почесал карандашом кончик носа.

Начштаба отошел от стола, несколько раз развел руки в стороны.

— Действительно, вроде толстеть начал, — пожаловался он. — Слушай, Иван Алексеевич... Объясни, пожалуйста, почему именно Архипцев... А?

Дорогин промолчал, разглядывая карту.

Начштаба опять развел руками, сделал три глубоких вдоха, вынул маленькую расческу и стал причесывать свои редкие светлые волосы.

— Сознайся, что питаешь слабость к этому экипажу, а, командир?

— Не скреби по башке так, — лениво сказал Дорогин. — Нет у меня никакой слабости. К-какая еще может быть слабость...

— Брось, брось! — рассмеялся начштаба. — Ты им даже Кузмичова своего отдал...

— Слушай, М-михалыч, — протянул Дорогин, — вот В-витька Семочкин, он это правильно подметил... Х-хороший был парень Ч-червоненко... Только он был «ведомый». Он был к-классный «ведомый». А здесь, М-михалыч, нужен «в-ведущий». С-самостоятельно мыслящий, понял? Ну нравятся мне эти пацаны! Ну что ты со мной поделаешь?! Нравятся, и все тут!..

Дорогин ткнул в пепельницу окурок и с силой придавил его.

— Николай Михайлович! — сказал Семочкин. — Чем ты, ей-богу, недоволен? Отличный экипаж! Летчик — думающий, штурман — знающий, радист — дай Бог каждому!

— Ладно, ладно! — махнул рукой начштаба. — Вы вместе летаете, поэтому и песню одну поете...

— Это точно, — подтвердил Дорогин, — мы же экипаж. И ты наш экипаж. Только ты этого еще не понял.

— Верно, Иван Алексеевич, чего-то я тут не разберусь: люди на гауптвахте сидят, а ты, понимаешь...

— А вот ты и дай команду, чтобы их выпустили, — посоветовал Дорогин.

Начальник штаба недоумевающе посмотрел на Дорогина, мельком глянул на Семочкина и удивленно сказал:

— Не понял.

— Эксперимент окончен, понял? Как говорил один юрист: сам факт ареста — сильнодействующее средство. Короче — эти парни мне нужны.

Начштаба пожал плечами.

— Михалыч, — примирительно попросил Дорогин, — свяжись-ка с истребителями...

Они медленно шли через все поле.

— По-моему, разведка что-то путает... Немцы не могли поставить там аэродром...

— Почему? — спросил Гуревич.

— А потому... — Архипцев поднял свой планшет и ткнул в него пальцем. — Без горючего летать можно?

— Вопрос для идиотов, — согласился Соболевский. — Ну, нельзя.

— Правильно. Так вот на станции, которую мы вчера бомбили, уйма горючего. Для кого? Для чего, я вас спрашиваю? Отвечай, умница!..

— Для «фоккеров»? — предположил Женька.

— Значит, получается, что не «фоккеры» для станции, а станция для «фоккеров»? — удивился Гуревич.

— Они где-то должны быть совсем рядом со станцией. Транспортировка горючего от «железки» до взлетной полосы на большом расстоянии сразу бросилась бы в глаза. Значит, расстояние мизерное. Километра два-три...

— Айн момент! — возразил Гуревич. — Тебе же только что начштаба сказал, что службы засекли именно эти «фоккеры» черт знает где!

— Ну и что?

— Как «что»? Скорость «фоккера» — четыреста — четыреста пятьдесят километров в час. Запаса горючего у него на пятьдесят минут, да долой еще пятнадцать процентов на случай, если он ввяжется в драку... Сколько километров они могут пройти без посадки?

— Триста семнадцать, — мгновенно ответил Архипцев.

— Так, — сказал Гуревич. — Теперь дели пополам.

— Венька! Ты замечаешь, что в Сереге до сих пор сидит учитель арифметики? — вмешался в разговор Соболевский. — А кстати, почему пополам?

— А в тебе до сих пор сидит второгодник, — засмеялся Гуревич. — А пополам потому, что туда и обратно.

— Сто пятьдесят восемь километров... — подвел итог Архипцев.

— Так как же они, базируясь около станции, могут залетать так далеко?

— А о том, что они могут действовать не только с основного аэродрома, но и с аэродромов-засад, ты подумал? А ведь это намного увеличит их радиус! — спокойно ответил Архипцев.

Соболевский глянул на планшет Архипцева и возмутился:

— Тогда какого же черта мы должны искать этот аэродром на тридцать километров западнее?!

— Так я же и говорю, что разведка что-то путает, — улыбнулся Сергей.

Около «сто пятнадцатого» стояла машина-бензозаправщик, а под центропланом самолета возились оружейники и мотористы.

Вылезая из кабины пилота, Кузмичов увидел идущих к самолету Архипцева, Гуревича и Соболевского.

Впереди шел Женька Соболевский, перекинув парашют через плечо, как мешок с тряпьем.

Гуревич все время тыкал в планшет пальцем, что-то показывая Архипцеву, который то соглашался с ним, то отрицательно покачивал головой.

Когда они подошли совсем близко, Кузмичов вылез из-под брюха самолета и крикнул:

— Смирно!

Мотористы и оружейники выстроились у правой плоскости.

Соболевский пропустил Архипцева вперед и положил парашют на землю.

Кузмичов подошел к Архипцеву и откозырял ему по всей форме:

— Товарищ старший лейтенант! Самолет к полету подготовлен! Докладывает техник самолета младший техник-лейтенант Кузмичов.

— Вольно! — скомандовал Архипцев.

— Вольно, — бросил Кузмичов мотористам.

Архипцев подошел к технику и тихо спросил:

— Баки полные?

— Так точно, товарищ лейтенант!

— Боекомплект?

— В норме.

— Спасибо, Кузмич, — поблагодарил Архипцев и полез в кабину.

— Ты знал, что мы пойдем на задание? — спросил Венька.

— Ну, знал... — нехотя ответил Кузмичов.

— Откуда?

— Откуда, откуда!.. Вы еще на губе прохлаждались, а мне было уже приказано аэроплан к вылету готовить.

Гуревич рассмеялся, застегнул под подбородком шлемофон и полез в кабину. Соболевский надел парашют и критически оглядел Кузмичова.

— Кузмич, ты скучный, примитивный человек, — сокрушенно сказал он. — С тобой неинтересно. Тебя ничем не удивишь! Ты все знаешь... Я как стрелок-радист этого аэроплана обязан...

— Ты не стрелок-радист, а трепач! И обязан ты уже давно сидеть в самолете. Давай, Женька, давай, не доводи до греха! — рявкнул на него Кузмичов.

Через нижний люк Соболевский влез в свою кабину, открыл астролюк, высунулся до половины и крикнул Кузмичову:

— Не грусти, Кузмич! Скоро буду! Целую нежно, твой Евгений!

Он послал воздушный поцелуй и захлопнул за собой люк.

Чихнули моторы. Сначала один, затем другой, и вот уже их голоса слились в единый гул.

Сверкающие диски винтов вдруг странно заворожили Кузмичова. Он смотрел так, будто видел это впервые. Еле оторвавшись, он удивленно сплюнул, повернулся к шоферу бензозаправщика и крикнул ему в ухо:

— А ну давай, шпарь отсюда! Сейчас выруливать будем!!!

Бензозаправщик рывком тронулся с места и умчался, увозя с собой оружейников и мотористов.

Кузмичов повернулся лицом к самолету. Приоткрыв створку фонаря кабины, Архипцев выжидательно смотрел на Кузмичова.

— Давай!!! — беззвучно крикнул техник и, отступая назад, сделал жест обеими руками на себя. Потом он отошел в сторону и встал у левой плоскости.

Архипцев высунул из кабины руку, поднял ее и подмигнул Кузмичову. Тот в ответ махнул рукой вперед.

Задвинулась створка фонаря кабины. С еще большей мощью взревели моторы. Мгновение постояв, огромная птица рванулась и помчалась по взлетной полосе, с каждой секундой увеличивая скорость.

Прищурив один глаз, Кузмичов смотрел ей вслед. Вот она уже оторвалась от земли, начала набирать высоту. А он все стоял и стоял, медленно опуская руку.

* * *

«Сто пятнадцатый» заканчивал облет того места, где, по данным разведотдела, должен был находиться аэродром немцев.

— Вот на этом-то Митька и купился... — сказал Архипцев. — Здесь ни черта нет, одна бутафория.

Он показал вниз на фальшивый аэродром с макетами самолетов.

— Ты знаешь, командир, — засмеялся Гуревич, — это напоминает мне витрину гастронома: консервные банки из дерева и колбаса из папье-маше.

Архипцев выровнял машину и лег на обратный курс.

— Веня, надо искать у станции, рядом с железкой.

— Командир! Здесь леса, торфяник!

— Вот по краю леса, на границе торфяника, и надо пошарить!

— Здесь? — показал карту Гуревич.

— Да. Рассчитай!

Гуревич взялся за карандаш и транспортир.

Архипцев потянул штурвал на себя и, переходя в набор высоты, стал пробивать облачность.

— Соболевский, — сказал он спокойно, — передай домой обстановку и скажи, что мы продолжаем поиск.

— Есть, командир! — ответил Соболевский, включил передатчик и стал стучать ключом.

Работая на рации, Женька все время зорко поглядывал по сторонам. Он кончил передавать, переключил рацию на прием и взял карандаш. В течение нескольких секунд ожидания он успел посмотреть фотографию Лены, подмигнул ей и уселся поудобнее.

Запищала тоненькая морзянка, и Женька застрочил карандашом. Когда поток точек и тире прекратился, Женька засунул карандаш за ухо под шлемофон, огляделся по сторонам и сказал, безразлично уставясь на «Голубых танцовщиц»:

— Командир! Приказано вернуться домой. Наверное, получили новые данные. Что ответить?

Архипцев посмотрел на приборную доску, заглянул в карту Гуревича и, поймав его взгляд, произнес:

— Интересно, что это за новые данные? Может быть, они совпадают с нашими предположениями? Женька, отвечай... — Он поднял глаза на горизонт и вдруг увидел два идущих наперерез «фокке-вульфа». — Внимание! Слева спереди «фоккеры»! — крикнул он.

Мгновенно исчезли куда-то линейка, транспортир, карта — все, что держал в руках Гуревич. Он прирос к пулемету.

Архипцев развернул машину вправо и перешел в резкое снижение.

Один из истребителей вошел в пологое пикирование, другой попытался зайти снизу в хвост «сто пятнадцатому».

— Веня, бей!!! Женька, смотри!!!

«Сто пятнадцатый» сделал разворот.

Истребитель, идущий сверху, длинной очередью вспорол левую плоскость «сто пятнадцатого».

Короткими очередями бил Гуревич. Архипцев бросал машину то вниз, то вверх... Остервенело палил из крупнокалиберного пулемета Венька Гуревич.

— Они и Митьку поймали здесь! — сквозь зубы твердил он. — Они и Митьку здесь поймали!!!

«Фоккер» зашел сбоку в хвост «сто пятнадцатого» и никак не попадал в сектор обстрела Женькиного пулемета.

— Серега!!! Отверни вправо, я его плохо вижу!!! — крикнул Соболевский.

В ответ ему машина завалилась вправо, и он стал ловить в прицел немца. Поймал!

— Хорош! — сказал Женька и дал длинную очередь. — Хорош!!! — исступленно заорал он, в то время как «фокке-вульф» перевернулся через крыло и, кувыркаясь, пошел к земле, оставляя за собой столб черного дыма. — Красавец!

Второй немец зашел спереди и снизу.

— А, сволочь! — Архипцев спикировал на немца, нажав на гашетки пушек и пулеметов.

«Фокке-вульф» не выдержал и ушел в сторону.

И в это время из-за облаков вынырнули еще два «фокке-вульфа». Они тут же развернулись и пошли в атаку на «сто пятнадцатого».

— Серега! Надо уходить! — крикнул Гуревич.

— Спокойно, мальчики!.. — отвечал Архипцев.

«Фоккеры» вновь в атаке. Кажется, уже на пределе выли моторы «сто пятнадцатого».

В руках у Женьки трясся скорострельный переносной пулемет.

— Сейчас... Сейчас... — говорил Сергей. — Сейчас, миленькие! Сейчас нырнем пониже!..

А «фокке-вульфы» зашли на атаку и уже били по «сто пятнадцатому» из всех пушек и пулеметов.

— Сейчас мы им цирк устроим! — возбужденный боем, рычал Архипцев. — Внимание! Не стрелять! Сидеть на местах! Мы «сбиты»!..

Он потянул штурвал на себя и до отказа отжал правую педаль.

Задрав нос, самолет перевернулся через правое крыло, затем Архипцев выровнял педали в нейтральное положение и немного отдал штурвал от себя.

«Сто пятнадцатый» стал беспорядочно падать.

И когда «сто пятнадцатый» вошел в пике, «фокке-вульфы», празднуя победу, развернулись и ушли, не преследуя «пешку».

«Пешка» пикировала в сплошной облачности. Стрелка высотомера съедала сотни метров в секунду. Земля стремительно приближалась. Ревущий свист сверлил уши.

— Вывод! — резко скомандовал Гуревич.

Архипцев стал вытягивать штурвал, но угол пикирования был настолько велик, что ему пришлось закричать:

— Веня!..

Гуревич вскочил и из-за спины Сергея схватился за штурвал. Четыре руки нечеловеческим усилием вытягивали машину из пике.

Казалось, что облачность кончилась у самой земли. Буквально в нескольких метрах от верхушек деревьев «пешка» вышла в горизонтальный полет.

Сергея и Веньку со страшной силой вжало в сиденья.

— Ушли... — еле выговорил командир.

Венька расстегнул шлемофон и пощупал пальцами ушиб. Потом он удивленно посмотрел на свои окровавленные пальцы и сказал:

— Цирк, действительно...

В кабине стрелка-радиста обессиленный Женька почти лежал между рацией и пулеметами. Он отстегнул грудной карабин парашюта, глубоко вздохнул и сказал со слабой улыбкой:

— Здравствуйте, ребята...

Веня и Сергей тревожно переглянулись:

— Ты что, Женька? Что с тобой?

Женька расстегнул комбинезон и начал настраивать рацию.

— Между нами, девочками, говоря, я с вами уже давно попрощался... Поэтому и говорю: здравствуйте, мальчики!..

Архипцев улыбнулся:

— А-а-а... Ну, здравствуй, девочка.

«Сто пятнадцатый» вошел в облака. Гуревич посмотрел на пробитую плоскость.

— Ну как? — спросил он Архипцева.

— Дойдем помаленьку, — ответил Архипцев.

Он сдержал разворот самолета вправо и посмотрел на левую плоскость. Уменьшил обороты двигателя и сказал, повернувшись к Гуревичу:

— Ну так откуда они появились, штурман?
— С аэродрома-засады.
— То-то, сынок... Не спорь со старшими!

Архипцев поправил на шее ларингофоны и сказал, глядя вперед:

— Женя, передай, что мы идем домой.

— Есть, командир! — улыбнулся Соболевский и раскланялся перед «Голубыми танцовщицами».

В кабине пилота и штурмана Архипцев повторял одно слово, прислушиваясь к его звучанию.

— Домой... — сказал он еще раз и удивленно поднял брови.

...Маленькая чистенькая комнатушка.

У окна стоит письменный стол. Полочки для книг в комнате нет, и поэтому книги стоят прямо на столе.

Вот они эти книги: «Алгебра» и «Теория полета», «Педагогика» и «Аэронавигация», «Геометрия» и «Учебник авиамотора № 11» — книги учителя и летчика.

На краю стола большая стопка тетрадей. На стене висит фотография класса. Чинно застыли ужасно аккуратные мальчишки и девчонки, а в середине, с каменным лицом, — их учитель арифметики Сергей Иванович Архипцев.

Архипцев лежит, задрав ноги в туфлях на спинку кровати, и читает книгу Ассена Джорданова «Ваши крылья».

Два женских голоса быстро и тихо говорят под окном:

— Зойка! Ты чего, сбесилась? Дашка который раз прибегала! Айда быстрей!..

— Куды я Ваську-то дену? Ты подумала, голова еловая?

Сергей переводит глаза на окно.

— Куды, куды!.. — презрительно шепчет первый голос. — Сунь ты его постояльцу!

— Опять?

— А чего? Молодой, холостой, неженатый... Пущай привыкает! — Женщина озорно смеется.

Сергей вздыхает, откладывает книжку и спускает ноги с кровати. Он явно готовится к визиту. Вид у него покорный и обреченный.

— Слушай, Зойка! — слышится опять первый голос. — Мой раз из школы пришел и говорит: «Наш арифметик, Сергей Иванович, в аэроклубе летать учится!» Им чего, там платят хорошо, что ли?

— Ничего им там не платят, — раздраженно отвечает второй голос.

— А на кой ляд ему тогда это?
— Значит, есть интерес.
— Тоже мне, интерес... — смеется женщина.

Сергей качает головой, вздыхает и смотрит на дверь.

Дверь приоткрывается и в комнату наполовину просовывается квартирная хозяйка — женщина лет тридцати пяти с очень хитрой физиономией. На руках она держит белоголового мальчонку.

— Сергей Иванович! Голубчик!.. — говорит женщина и тут же ставит мальчишку на пол. — И что это вы в такую погоду дома-то сидите? Ведь суббота... В городе танцы, в «Рекорде» кино новое...

Мальчишка привычно лезет на подоконник, где лежит летный шлем с очками.

— У меня, Зоя Петровна, завтра день ответственный... — говорит Сергей, вставая.

— А у вас, Сергей Иванович, что ни день, то ответственный. Как у старика ровно... Или боитесь авторитет свой потерять? Не ровен час, ученики вас под ручку с кем увидают! — И хозяйка снова хохочет.

Васька уже успел надеть шлем и опустить летные очки, которые закрыли ему всю мордашку. Теперь он пытается забраться на кровать Сергея.

— Господи, горе ты мое!.. — кричит квартирная хозяйка. — Башмачки-то хоть сбрось! Нехристь!..

Сергей смотрит на Ваську и вдруг серьезно говорит:

— Уговорили, Зоя Петровна! Иду гулять!

Он даже протягивает руку к висящим на стене брюкам.

Хозяйка пугается, что переиграла, и торопливо пытается исправить положение:

— Сергей Иванович! А я чего попросить вас хотела...

— Пожалуйста, — говорит Сергей и кладет брюки на кровать.

— Сергей Иванович... Тут у Коваленко, у Дарьи Михайловны, именины сегодня. Знаете вы их! Так она, Даша-то, Дарья Михайловна, значит, уж так просила меня помочь ей, так просила...

Сергей снимает с брюк зажим и поворачивается к ней:

— Ну и что?

— Так, может, вы с Васькой с моим побудете маленько, а я, ну, крайний срок, через часик прибегу, а? А там гуляй, Сергей Иванович, на все четыре стороны! А, Сергей Иванович?

Сергей смотрит на хозяйку.

— Ладно, — вздыхает он, аккуратно защелкивает брюки в зажим и вешает их на место.

— Господи, Сергей Иванович, — суетится хозяйка. — Ни в жисть не забуду! Может, вам чего погладить к завтрему?

— Нет, — отвечает Сергей. — Ничего не нужно...

Позже на кровати, по-турецки поджав под себя ноги, сидят четырехлетний Васька и Архипцев. Васька в летном шлеме Сергея рычит, изображая шум мотора.

— Теперь заходи на посадку, — приказывает Сергей.

— Зачем? — недоумевает Васька.

— Как — зачем? Что же, ты так и будешь все время летать?

— Так и буду, — отвечает Васька.

— А у тебя бензин кончится...

— Ну и что? Пусть кончится, — говорит легкомысленный Васька.

— А без бензина летать нельзя, — наставительно произносит Сергей.

— Нет, можно!

— Нет, нельзя!

— Это тебе нельзя, а мне можно! — отрезает Васька и опять начинает рычать.

— Ну и летай себе на здоровье, — машет рукой Сергей.

— И буду!.. — упрямо отвечает малыш.

Венька глянул на приборы и сказал:

— Командир, горючее на пределе.

Сергей посмотрел на Гуревича, подмигнул ему и, вдруг рассмеявшись, бесшабашно сказал Васькиным тоном:

— Ну и пусть на пределе!

Венька обалдело посмотрел на Сергея, пожал плечами и удивленно заметил:

— Псих...

На стоянке все блестело от мелкого сыпучего дождя. Тонкая пленка воды покрывала металл, дерево, землю. Блестели даже стеганые моторные чехлы, под которыми, накрывшись, как палаткой, сидели Кузмичов и два его моториста.

Они смотрели на пустынную посадочную полосу, и тоненькие струйки воды, стекающие с чехлов, отделяли их от всего аэродрома. Струйки воды образовывали призрачную стену и вызывали ощущение тепла и уюта.

— У вас закурить нема, товарищ старшина? — спросил Осадчий.

Кузмичов протянул ему пачку папирос:

— Кури, только чехол не прожги. Что на обед было?

— Борщ с рыбой и перловка в гуляшом, — ответил ему второй моторист.

Осадчий прикурил и возвратил пачку Кузмичову.

— Каждый день перловка, перловка, перловка... Усю зиму пшеном душили, весной — капустой...

Кузмичов усмехнулся.

— Не, шо вы смеетесь? Як вам подадуть на первое капусту с водой, на второе — капусту без воды, а на третье — воду без капусты, дак вона вам ночью сниться будет! А зараз на нас с перловкой набросились!

— Не слушайте его, товарищ старшина! — перебил второй моторист. — Он эту перловку за милую душу лопает!

— А шо же мини, голодным сидеть, чи шо? — возмутился Осадчий. — Як в устави? Военнослужащий должен уси трудности превозмогать! Перловка дак перловка!

— Постой, не галди, — остановил его Кузмичов. Он прислушался, откинул чехол и встал. — Идут... — сказал он, улыбаясь.

Еле слышно где-то далеко пели моторы.

— Ну и что? — Кузмичов повернулся к Осадчему.

— Шо? — не понял тот.

— Ты чего-то про капусту говорил?

— Та ни, про перловку!

— А... Ну, вылезайте, пошли встречать... — сказал Кузмичов и направился к посадочной полосе.

Гул моторов все нарастал и нарастал, потом Кузмичов услышал, как уменьшились обороты двигателей, и из пелены дождя показался силуэт «сто пятнадцатого». С каждой секундой он вырастал и все больше и больше принимал реальные очертания.

Наконец он коснулся колесами земли и покатился мимо Кузмичова. В конце полосы он развернулся и запрыгал к месту стоянки.

Точно и расчетливо заруливая на стоянку, «сто пятнадцатый» занял свое место в строю мокрых «пешек».

Один за другим остановились винты.

Открылся люк кабины стрелка-радиста, и появился Женька Соболевский.

— Кузмич, соскучился? — крикнул он.

— Сегодня в столовой кино «Тетка Чарлея», — благодушно сказал Кузмичов.

— У нас у самих сейчас такое кино было! — округлил глаза Соболевский и стал снимать парашют.

Из первой кабины через нижний люк неуклюже выполз Гуревич.

— О, Кузмич! Если бы ты знал, на что способен твой агрегат! — сказал Венька и похлопал по фюзеляжу.

— Что за кино? — озабоченно спросил Кузмичов.

— Откуда ни возьмись навстречу «фоккеры» к нам! И ну топорщиться, пыхтеть и надуваться! Ну так и лезет в драку!..

— Говори ты по-человечески, — обиделся техник.

— Как с тобой трудно! — всплеснул руками Женька и спрыгнул на землю. — Нет в тебе элементарного чувства юмора! Ты — человек, который не смеется.

Спустился Архипцев.

— Не звони, Женька! — крикнул он, снял парашют и, расстегивая шлемофон, добавил: — А ты, Кузмич, плюнь на него... Не слушай. Я тебе сейчас все сам расскажу.

— Как моторы? — поинтересовался у него техник.

— Моторы в порядке, — ответил Архипцев. — Вот только крылышко прохудилось. Штопать придется. Пойдем посмотрим...

Все четверо собрались у левой плоскости, и Кузмичов огорченно сказал:

— Хорошенькое дело «штопать»! Легче новое сделать! Как это он вас, а?

— Да так уж...

— Ну а вы-то?

Архипцев поднял Женькину руку, как судья на ринге — боксеру-победителю.

— Маэстро, туш! — улыбнулся он.

Венька сделал вид, что играет на скрипке.

— Женька из него такой факел сделал, любо-дорого посмотреть было! — рассказывал командир.

— Слава Богу, — сказал Кузмичов. — Все сделаю, не сомневайтесь! Все будет в лучшем виде... Парашюты возьмите с собой на переукладку. Срок вышел.

— Я знаю, Кузмич... — тихо ответил Сергей и повернулся к Гуревичу и Соболевскому: — Пошли, ребята!

И они пошли, перекинув через плечо парашюты.

Соболевский на секунду остановился и, повернувшись к самолету, крикнул:

— Кузмич! Я на тебя место займу! Не опаздывай!

— Ладно! — махнул рукой Кузмичов в ответ. — Только подальше, а то я вблизи не вижу!

— Хорошо! — прокричал Соболевский и вприпрыжку бросился догонять Гуревича и Архипцева.

Навстречу им от штабного барака катился «виллис». Молоденький капитан, начальник разведки полка, выпрыгнул из машины и подбежал к Архипцеву:

— Ребята, давайте обстановку!

Все четверо остановились у «виллиса» и склонились над планшетом с картой. Начальник разведки внимательно записывал в блокнот новую информацию. Архипцев заканчивал доклад:

— ...Они поймали нас там же, где поймали Червоненко. Нужно полагать, что они взлетели с небольшой площадки-засады, рядом с фальшь-макетом... Сидят, собачьи морды, и ждут, когда мы на их приманку клюнем... Осталось только одно: шуровать около станции, ближе к источнику питания...

Капитан спрятал блокнот.

— Давай, Архипцев, лезь в машину! Сейчас все сам высокому начальству доложишь...

— Командир, замолви словечко за свой геройский экипаж! — крикнул Соболевский.

— Не оставь сироток без внимания... — сказал Гуревич.

Архипцев повесил свой парашют на Соболевского и попросил:

— Женька, отнеси укладчикам.

Он залез в «виллис» и уселся, свесив ноги за борт машины. «Виллис» рванулся и помчался к штабному бараку.

Женька и Гуревич шли молча. Женька то и дело подпрыгивал, стараясь попасть в ногу с Гуревичем.

— Сейчас куда? В столовую? — спросил он.

— В столовую, — ответил Гуревич и накинул свой парашют на Женькину шею. — Захвати и мой, я сейчас...

Женька поправил парашюты и сказал безразличным голосом:

— Штурман! Васильки слева за дорогой...

— Поди к черту... — огрызнулся Венька.

Женька вздохнул и потащился к бараку, фальшиво и демонстративно напевая: «Без женщин жить нельзя на свете, нет...»

Столовая временно превратилась в зрительный зал, набитый битком беспокойными зрителями. Все время стоит хохот.

Трещит проектор, стоящий прямо среди зрителей. Мелькает около него фигура киномеханика в погонах...

Хохот, крики, кто-то стонет от смеха... Идет «Тетка Чарлея». И как это обычно бывает в воинских частях во время концерта или фильма, зрительный зал еще живет второй, повседневной своей жизнью: кто-то выходит, кто-то приходит с наряда, кого-то вызывают... Все время происходит движение в зале, и луч проектора то и дело перекрывается согнувшейся фигурой, старающейся побыстрее просочиться к дверям...

Лица в зале освещаются отражением экрана. Стрелки-радисты, штурманы, летчики, метеорологи, техники, оружейники, прибористы... Все, кто вместе составляет авиационный полк.

Сидят Архипцев и Соболевский. Они оставили место Кузмичову между собой и теперь все время стараются удержать это свободное пространство. Их сдавливают, но они мужественно отстаивают каждый сантиметр кузмичовского места...

Хохот в зале то затихает, то взрывается с утроенной силой, с визгом, с криками, стонами...

Рядом с Соболевским сидит Венька. Каменное лицо, глаза прикованы к экрану. И непонятно, видит ли Гуревич что-нибудь происходящее на экране или нет. Даже тени улыбки нет на его лице.

А рядом сидит Катя с маленьким букетиком полевых цветов. Ее рука лежит в Венькиной руке, и Венька гладит ее руку, и ему сейчас наплевать на всех «Теток Чарлея»!

Весь зал стонет от хохота.

И только два человека, сидящие в этом шумном и веселом зале, не видят фильма и не смеются. По строгому и прекрасному лицу Кати текут слезы... Очень нежно гладит Венька Катину руку...

В столовую вошел Кузмичов. Он остановился в дверях, привыкая к темноте и стараясь разглядеть среди набившихся в зал своих.

Наконец он не выдержал и крикнул:

— Соболевский! Подай голос!

— Мы здесь, Кузмич! — привстал Женька и махнул рукой.

Кузмичов пробрался по рядам и плюхнулся между Архипцевым и Соболевским.

— Ну как? — спросил Сергей.

— Порядок, — ответил Кузмичов и, кивнув на экран, осведомился: — Это кто?

— Племянник.

— Чей?

— Теткин!..

— Я тебя серьезно спрашиваю! — обиделся Кузмичов.

— Плюнь ты на него, — спокойно сказал Архипцев. — Я тебе сейчас все объясню... Дело в том...

Кузмичов склонился к нему, не отрывая глаз от экрана.

Хохочет зал.

Сидит строгий Венька...

Счастливая грустная Катя прижалась осторожно к его плечу.

Распахивается дверь столовой, появляется солдат, который кричит в зал:

— Техсостав первой эскадрильи! К инженеру полка!

Чертыхаясь, выбираются со своих мест механики и техники первой эскадрильи. Вот кто-то задержался в дверях, кто-то подскочил к киномеханику.

— Завтра еще раз покажешь, понял?

— Баранов! — кричит кто-то в темноте. — Запоминай все! Рассказывать будешь потом.

— Не дрейфь! Наизусть продекламирую!..

На освободившиеся места усаживаются те, кто стоял у стен.

Хохочет зал...

Еле сдерживая смех, Архипцев объясняет Кузмичову происходящее на экране. Кузмичов внимательно прислушивается, морщась от напряжения. Лицо у него строгое, сосредоточенное.

— Ага... ага... ага... — все время кивает головой Кузмичов и ничего не понимает.

День четвертый

Через все летное поле движется «студебекер». Он тащит несколько платформ, доверху нагруженных бомбами ФАБ-100. Бомбы в круглых рейковых ящиках.

Напряженно урчит «студебекер», медленно и неумолимо продвигаясь к стоящим вдалеке бомбардировщикам...

* * *

В штабе у стола, на стульях и на койках расположился весь комсостав полка. Все смотрят на Дорогина, который говорит по телефону. Вернее, Дорогин не говорит, а слушает, молча кивая головой.

— Ясно... — наконец вставляет Дорогин. — Есть! Не повторится... Г-готовы. Через тридцать минут. Слушаюсь, товарищ генерал. Благодарю. Вас понял.

Дорогин положил трубку, потер ухо и посмотрел на всех:

— С-сильный голос...

Идет через все поле «студебекер» с бомбами.

Жарко. Валяются на бомбах несколько оружейников. Комбинезоны стянуты с плеч и завязаны на поясе рукавами. На голых телах оружейников причудливо расползлись пятна масла — масла, которое хранит бомбы от ржавчины. Выгоревшие пилотки снизу окаймлены белой волнистой линией. Это проступившая соль. Двое из них лежат и дремлют, надвинув пилотки на глаза. Один, свесив ноги, покуривает, а двое повернулись на животы и читают вслух попеременно книжку...

Под палящим солнцем через все поле едут бомбы.

Дорогин вышел на крыльцо штаба. Сидящий на ступеньках солдат-посыльный вскочил и замер. Дорогин посмотрел на него и махнул рукой. Солдат опять сел на ступеньки.

Дорогин постоял несколько секунд и направился в сторону бараков и вспомогательных служб полка.

По дороге его обогнал мчащийся бензозаправщик, весь облепленный механиками и мотористами. Дорогин вгляделся в машину и увидел Кузмичова, который стоял на подножке и держался рукой за что-то внутри кабины. В другой руке была сумка с инструментами.

— Кузмичов! — крикнул Дорогин.

Кузмичов оглянулся и узнал Дорогина.

— Стой! Стой, холера тебе в бок!.. — постучал Кузмичов по ветровому стеклу машины. — Командир полка зовет! Стой!

Машина замедлила ход, и Кузмичов, спрыгнув с подножки, подбежал к Дорогину.

— Слушаю вас, товарищ подполковник!

— Здорово, Кузмич...

— Мое почтение, товарищ подполковник.

Они смотрели друг на друга так, словно не виделись много лет.

— П-проводи меня до метеос-службы... — сказал Дорогин.

Они шли мимо бараков и ремонтных мастерских, и все встречные козыряли Дорогину и Кузмичову.

— Где сейчас твои-то? — спросил Дорогин.

— Экипаж?

— Домашние...

— В Сарайгире... Деревенька под Уфой.

— К-как они? После похоронной очнулись?

— Я очнулся, а им сам Бог велел... Все раньше цапались. То невестка на мою наскочит... А то и моя на невестку. А как Гена пропал — делить нечего стало... Живут, плачут, маленького нянькают...

— У кого они там? — поинтересовался Дорогин.

— Какой-то счетовод их колхозный взял. Моя писала фамилию, да я позабыл. Сам-сем и моих, считай, трое. Он в колхозишке приворовывает и моих подкармливает. А то бы беда... А у вас?

— Все так же...

Дорогин увидел бегущего старшего лейтенанта и крикнул:

— Захарьин! Извини, Кузмич...

Старший лейтенант подбежал к Дорогину:

— Слушаю, товарищ подполковник!

— Захарьин, начальника связи ч-через пятнадцать минут в штаб попроси зайти...

— Слушаюсь, товарищ подполковник!
— Ну, беги, куда бежал...

Весь этот разговор происходил на ходу, и, когда старший лейтенант убежал, Дорогин спросил:

— Как твои пацаны?
— Какие пацаны? — удивился Кузмичов.
— Ну, эк-кипаж твой...
— А-а-а... Пацаны как пацаны, — улыбнулся Кузмичов и добавил с вызовом в голосе: — Не хуже других!
— Не жалеешь, что с моей машины ушел? — спросил Дорогин и усмехнулся.

Кузмичов остановился, вынул папиросы, предложил Дорогину и взял себе. Он чиркнул спичкой и, давая прикурить Дорогину, честно ответил:

— Не жалею.
— Так... — протянул Дорогин. — А где они сейчас?
— У себя в бараке, товарищ подполковник.
— Чем они там заняты?
— Как чем? — Кузмичов посмотрел на часы. — Они в это время всегда над собой работают.

Дорогин рассмеялся:

— Ладно врать, Кузмич... Сачкуют, наверное. Давай их ко мне. Я буду в штабе.
— Чего натворили? — встревожился Кузмичов.
— Нет. Все в п-порядке.
— Слушаюсь, товарищ подполковник!

Кузмичов повернулся и, приладив сумку с инструментами на плече, побежал выполнять приказание.

По пути ему встретился Осадчий.

— Эй, сынок! — крикнул Кузмичов. — Ты закажи на меня расход в столовой! Сами пожрете и дуйте на стоянку!..

Вдалеке от бараков и землянок полка, в густой траве, Архипцев лежал на спине и смотрел в небо.

Головой к нему, на животе, лежал Соболевский и покусывал травинку. Рядом валялся Гуревич.

— Командир, а командир! — привязывался Соболевский к Архипцеву. — Чего это нам так давно орденов не дают? Нет, правда, какого черта?! Я уже дырочку в гимнастерке сделал... Три месяца тому назад наградные послали и хоть бы тебе что... А? Почему?

— А за что нам давать-то? — лениво спросил Архипцев.

— Но мы же летаем, бомбим! — возмутился Женька. — Вот «фоккер» сбили... Все-таки...

Архипцев перевернулся на живот и в упор посмотрел на Соболевского:

— Женька! Летать мы обязаны? Обязаны. Бомбить обязаны? Обязаны. «Фоккер» сбить были обязаны? Опять обязаны. Мы, Женька, все это обязаны делать... Профессия у нас сейчас такая, понимаешь?

Женька выплюнул травинку и приподнялся на локтях.

— Это я понимаю. Я за справедливость... Заслужил — получи! Обеспечь, раз я достоин, и понять вы все должны: дело самое простое — человек пришел с войны...

— Расхвастался, — отмахнулся Архипцев.

— Это еще почему?

— А потому, что мы вылетали искать этот аэродром и ничего, кроме дырок в плоскости, не привезли.

— Должны привезти, — задумчиво сказал Гуревич. — Да, Женька, тебе письмо!

Он вынул из кармана гимнастерки письмо и подал его Соболевскому. Женька вскрыл конверт, перевернулся на спину и стал читать письмо, держа его над лицом.

Пока Женька читал коротенькое письмецо, Архипцев и Гуревич деликатно молчали. Женька дочитал, чему-то улыбнулся в небо и перевернулся опять на живот.

— М-да-а... — протянул он. Лицо у него было такое, будто он только что вернулся откуда-то издалека.

— От Лены? — спросил Гуревич.

Женька кивнул.

— Вам привет...

Они лежали головами друг к другу, раскинув ноги в разные стороны, и изнемогали от жары.

— Ах, братцы! — мечтательно произнес Сергей. — Скорей бы кончилась вся эта петрушка!..

— И тогда?..

— И тогда, — подхватил Соболевский, — Архипцев сядет за штурвал какой-нибудь тихоходной лайбы и в будние дни будет опрыскивать совхозные овсы и возить почту, а по воскресеньям катать детишек по кругу. «Контакт! Есть контакт! От винта!..» Чух-чух-чух, взлет, круг, посадка... «Кто следующие? Мамаши и папаши! Отойдите от аэроплана! Попрошу не волноваться! В дни суровых боевых будней и не такое делали!..»

— Слушай, а чего это ты хихикаешь, мне не ясно? — улыбаясь, спросил Архипцев.

— А я не хихикаю, я предсказываю...

Сергей всплеснул руками и умиленно посмотрел на Женьку:

— Вот спасибо! Пристроил все-таки. Значит, что там будет? Овес, почта и детишки? Так это же действительно хорошо, дурень! Это же просто здорово!

Гуревич посмотрел на Женьку и весело рассмеялся.

— Серега! — сказал он. — И ты знаешь, что самое смешное? В тот будний день, когда ты привезешь почту, из большого количества чужих писем одно будет адресовано тебе. Командир, даю слово, что когда ты вскроешь конверт, ты увидишь знакомый плохой почерк Женьки Соболевского...

— Ну что ты треплешься? — не выдержал Женька. — У меня очень приличный почерк!

Но Гуревич не обратил на Женьку внимания и продолжал:

— И знаешь, что он тебе напишет, этот Ванька Жуков? — «Возьми меня отседова. Сейчас мирное время и стрелки-радисты вовсе не нужны. А я буду тебе помогать овсы опрыскивать и сгружать почту... А еще я умею рисовать вывески...»

— Успокойтесь, штурман, — холодно проговорил Соболевский. — Такого письма никто из вас не получит. Вам принесут кусок бристольского картона с золотым обрезом, на котором будет напечатано приглашение посетить выставку одного из лучших художников современности — Евгения Александровича Соболевского. Приходите. Я вас встречаю в первом зале. Рядом будет стоять лучшая девушка в мире...

Гуревич посмотрел на Архипцева и презрительно спросил:

— И мы пойдем на выставку этого пижона?

— Боже нас сохрани! — в ужасе ответил Сергей. — Ни в коем случае! Стать свидетелями его позора? Это жестоко!

— Не выдумывайте, — спокойно сказал Соболевский. — Вас просто не пустят жены.

— Какие жены?

Соболевский с жалостью окинул взглядом Архипцева и Гуревича.

— Как только кончится война, ты женишься на маленькой худенькой блондинке, которой обязательно захочется послушать мой сольный концерт, — подхватил игру Гуревич. — Но ты ни на какие контрамарки не рассчитывай! Стой в очереди, как все люди, и покупай билет на вырученные с трудом деньги от продажи какого-нибудь паршивого этюда «Вид на море и обратно»!

— Ах, Паганини! — дурашливо вздохнул Женька. — Это бесчеловечно! Нас многое связывало в прошлом...

Неслышно подошел Кузмичов. Он сел на корточки, закурил и спокойно оглядел лежащих ребят.

— Кузмич! — обрадовался Женька. — Святой ты человек! Скажи честно: когда кончится война, ты куда сперва пойдешь: слушать Венькин концерт или же, конечно, смотреть мои работы на выставке?

Конец фразы Женька произнес с нажимом. Кузмичов помолчал, поглядел на Веньку и Соболевского и наконец ответил:

— Перво-наперво, ребятки, я посмотрю, как Сергей обучать мальчишек будет... А уж потом куда хочешь!

Гуревич повернулся к Архипцеву:

— Ты действительно вернешься в школу?

— Да, а что?

— Ничего, непонятно только, почему ты молчал, — пожал плечами Соболевский.

— А я и не молчал. Вон Кузмич же знает, — рассмеялся Архипцев.

— Кузмич все всегда знает, и я к этому уже привык, — улыбнулся Гуревич.

Женька приподнялся с земли и протянул Кузмичову ладонь:

— Бабушка Кузя! Погадай мне, что со мной будет через пятнадцать минут...

Кузмичов взял в руки Женькину ладонь и, внимательно разглядывая ее, спокойно сказал:

— Через пятнадцать минут, внучек, будет у тебя дальняя дорога на высоте три тысячи метров, со скоростью четыреста верст в час...

На ступеньках штабного барака сидел солдат-посыльный и что-то писал в тетради, изредка поглядывая в лежащую рядом книгу.

Застегнутый на все пуговицы, подтянутый и серьезный, Архипцев вбежал по ступенькам и взялся на ручку двери.

Солдат вскочил и откозырял. Архипцев хлопнул его по плечу и случайно заглянул в тетрадь. Он удивленно посмотрел на солдата, нагнулся и взял со ступенек книжку. Это был сборник алгебраических задач.

Архипцев снова посмотрел в тетрадь и сказал:

— Вот здесь ты напутал. Здесь должен быть не минус, а плюс, и скобки эти можно было давно раскрыть... — Он подал солдату задачник. — Соображай, соображай... — подбодрил он и открыл дверь штаба.

Солдат посмотрел в тетрадку, присел и снова начал что-то писать.

В кабине «сто пятнадцатого» на месте пилота сидел Кузмичов. Моторы работали на малых оборотах, и Кузмичов регулировал подачу смеси, внимательно прислушиваясь к выхлопам. Он проверил давление масла, температуру воды, заглушил двигатели и стал неуклюже вылезать через нижний люк.

Оказавшись под фюзеляжем, он оглядел машину со всех сторон, вылез из-под плоскости и удивленно хмыкнул. На фюзеляже, рядом с иллюминатором кабины стрелка-радиста, красовалась тщательно нарисованная звездочка, указывающая на то, что экипажем этой машины был сбит один вражеский самолет.

Снимая струбцины с рулей поворотов, Кузмичов увидел проходящего мимо старшего техника-лейтенанта. Техник тоже увидел Кузмичова и смутился, не зная, как себя вести в таких случаях. Отступать было некуда, и технику волей-неволей пришлось пройти в двух шагах от того места, где стоял Кузмичов. Техник глупо посмотрел в другую сторону, но, поравнявшись с Кузмичовым, вдруг неожиданно для самого себя первым отдал честь. Кузмичов выпрямился и козырнул. Техник трусливо шмыгнул носом, а Кузмичов усмехнулся, посмотрел вслед технику и полез опять под фюзеляж.

Сыто урча, подъехал «студебекер» с бомбами и остановился около «сто пятнадцатого».

— Кузмичов! — крикнул оружейник, сидевший на бомбах. — Кузмичов!

Тот вылез из-под самолета и махнул рукой.

— Проезжай, проезжай, — сказал он. — Бог подаст...

Оружейник удивился:

— А чего, разве «сто пятнадцатый» на задание не пойдет?

— Пойдет. Только налегке. Без этого... — Кузмичов кивнул на бомбы.

— На прогулочку, значит, — усмехнулся парень. — Ну, валяйте! — Он по-извозчичьи чмокнул губами: — Но, трогай, родимая!

«Студебекер» пополз дальше, а парень-оружейник лег на брезент и уехал на бомбах.

— ...Вот предварительный замысел полета, — сказал начальник штаба. — Если расчеты Архипцева верны, а они совпадают с данными наземной разведки, то «сто пятнадцатый» обнаружит «фоккеров» через двадцать пять минут после взлета и сразу же радирует координаты аэродрома немцев. Одновременно с этим двумя эшелонами поднимаются первая, вторая и третья эскадрильи. Истребители блокируют зенитную артиллерию. Архипцев уходит, ломая курс. Ясно?

Из-за стола поднялся Дорогин:

— Выполнение следующее: первая эскадрилья — высота пятьсот метров. Бомбить взлетное поле. Р-распахать его так, чтобы ни одна сволочь не взлетела! Вторая и третья эскадрильи — высота три тысячи. Бомбометание производить с горизонтального полета с одного захода. Вторым заходом выстроиться в колонну звеньев и со снижением пулеметами их, пулеметами!.. Часть истребителей на прикрытие, часть на уничтожение зенитной артиллерии. Самая главная задача — не дать им подняться в воздух...

Дорогин посмотрел на часы:

— Через тридцать минут они все стянутся со своих аэродромов-засад вот сюда... — Он показал место на карте. — На заправку и ночевку. Их нужно накрыть прямо на стоянках.

Командир полка обратился к Архипцеву:

— Архипцев, готов?

— Готов, товарищ подполковник!

— Выполняйте. К-комадирам эскадрилий собрать экипажи и посадить в самолеты, — продолжил Дорогин. —

Ждать в г-готов-ности номер один. В воздух по зеленой ракете. Я пойду ведущим второй эскадрильи. Все.

Командиры эскадрилий встали.

— Разрешите идти?

— Идите.

Солдат-посыльный решал задачу уже в третий раз. Он увидел выходящего Архипцева, встал и протянул ему тетрадь:

— Товарищ лейтенант! У меня опять с ответом не сходится.

Архипцев замедлил шаг, на ходу заглянул в тетрадь и на секунду задумался над задачей.

— Соображай, соображай! Здесь все очень просто.

Узкие крылья «сто пятнадцатого» отбрасывали еще более узкую тень, но последнюю минуту на земле они стояли именно в этой тени...

— Ты рассчитал? — спросил Архипцев у Гуревича.

— Так точно!

— Женька, внимательно...

— Есть, командир!

— Погодка — как по заказу... — посмотрел на небо Гуревич.

— По местам! — приказал Архипцев.

Женька и Венька пошли по своим кабинам.

К Архипцеву подошел Кузмичов.

— Порядок? — спросил Сергей.

— Порядок. Привет.

— Привет, — ответил командир и стал залезать в кабину. Откинулась крышка астролюка, и высунулся Соболевский.

— Кузмич! — крикнул он. — Подойди на секунду! — Женька наклонился над Кузмичовым и тихо попросил: — Нарви цветочков, зайди в столовую и передай их Кате. Скажи, что это...

— От Гуревича, — закончил техник.

— Правильно, — кивнул Женька, подмигнул Кузмичову и захлопнул над собой люк.

* * *

Рация раскалилась на солнце и, казалось, страдала от жары так же, как и все, кто стояли вокруг нее.

Сидели только двое: радист и командир полка.

Дорогин держал в руках микрофон и смотрел на взлетную полосу.

Вдалеке «сто пятнадцатый» выруливал на старт. Он остановился у начала взлетной полосы, и нарастающий звук его моторов заполнил весь аэродром.

Все смотрели на одиноко стоящую машину.

Из репродуктора сквозь треск разрядов донесся голос Архипцева:

— «Рубин!» Я — «Сокол-115». Разрешите взлет!

Дорогин сам щелкнул переключателем, наклонился и сказал в микрофон, глядя на «сто пятнадцатого»:

— «Сокол-115»! Я — «Рубин». В-злет разрешаю.

— Вас понял! — ответил голос Архипцева.

Репродуктор щелкнул, взревели моторы, и «сто пятнадцатый» начал свой разбег. Скорость увеличивается, самолет отрывается от земли, поджимает шасси и уходит навстречу солнцу.

Все, кто стоял на командном пункте, напряженно смотрели ему вслед.

Разомлевшие от жары командиры эскадрилий сидели вокруг рации в расстегнутых гимнастерках, держа шлемофоны в руках.

Вдалеке под крыльями своих машин прятались в тени готовые к вылету экипажи.

Жарко. По лицу радиста струйками стекает пот.

Подошел Кузмичов. Он остановился около Семочкина и шепотом спросил у него:

— Товарищ майор! «Сто пятнадцатый» давно на связи был?

— Последний раз минут пятнадцать тому назад...

— А сейчас?

— А сейчас молчат. Идут курсом и молчат. Чтоб не запеленговали.

— Ясно, — сказал Кузьмичов и продвинулся вперед.

И в это время из репродуктора понеслись разряды и неясное бормотание. Оживился весь командный пункт. Дорогин тревожно посмотрел на часы.

Вдруг репродуктор заговорил голосом Архипцева. Заговорил быстро и очень четко:

— «Рубин», «Рубин»! Я — «Сокол-115»! От станции слева идут три «фокке-вульфа»! Нет, четыре! Пять! Как слышите? Как слышите? Прием!

Все вскочили.

Дорогин щелкнул тумблером и закричал в микрофон:

— «Сто пятнадцатый»! Вас понял! Уходите немедленно!

Архипцев сказал Гуревичу:
— Уходить надо!..
— Женька! — крикнул Гуревич. — Внимание!!!
Быстро и очень точно Женька приготовил пулеметы к бою.

На КП зазвучал голос Архипцева:
— «Рубин»! «Рубин»! Расчет был верный! Прием!
Дорогин отчаянно закричал в микрофон:
— Архипцев!!! Не смей принимать бой! Уходи! Уходи! М-мать твою!.. Прием...
Голос Архипцева тонул в пулеметных очередях:
— «Рубин»! «Рубин»!!! Не успеваю! Уйти не успеваю!..
Длинная пулеметная очередь заглушила голос Архипцева. Кузьмичов не отрываясь смотрит в репродуктор.

На полном газе со снижением уходит «сто пятнадцатый!..
Атакуют «фокке-вульфы».
Пикирует «сто пятнадцатый» — пикируют за ним «фокке-вульфы».
Женька стреляет из пулемета, лицо перекошено.

Ему очень мешает парашют. Кончились патроны в крупнокалиберном. Женька вставил новый магазин и сбросил с себя парашют.

И опять стреляет Женька...

Бьет из пулемета Гуревич.

Архипцев сжал зубы и надавил на гашетки пушек.

Задымился один «фокке-вульф», клюнул носом... Медленно переворачивается через крыло, летчик выпрыгивает и открывает парашют.

Совершенно мокрый Архипцев крикнул, глядя вперед:

— Женька! Говори с землей! — Он опять нажал на гашетки.

— Женька! — крикнул Гуревич. — Повтори «Рубину» координаты!..

Не отрываясь от пулемета, Женька закричал:

— «Рубин», «Рубин»! Я...

На КП репродуктор прокричал голосом Соболевского:

— «...сто пятнадцатый»!

Затем раздался треск, непохожий на эфирный разряд, и репродуктор замолчал.

Гуревич растерянно повернулся к Архипцеву:

— Серега! Я пустой... У меня все...

Он потряс Архипцева за плечо.

— Серега!!!

Сергей нажал на гашетки и не услышал выстрела. Он испуганно посмотрел вперед и еще раз нажал на гашетки... Выстрела не было.

Он повернулся у Гуревичу. Венька качнул головой. Стрелять было нечем...

Безоружный «сто пятнадцатый» шел вперед. Сверху стягивались истребители. Они поняли, что противник теперь не опасен, и строились вокруг бомбардировщика в красивое конвойное кольцо.

Гуревич щелкнул переключателем рации, прислушался и сказал:

— Командир, рация не работает...

Архипцев смотрел вперед, держа машину ровно по горизонту. Совсем близко висели «фокке-вульфы».

— Прижимают, — сказал он. — Сажать будут...

Гуревич посмотрел вперед и сказал в переговорное устройство:

— Женька! Нас будут сажать...

В кабине стрелка-радиста, прислонившись головой к разбитому передатчику, лежал Женька с открытыми мертвыми глазами. Впечатление было, что он очень устал и просто решил отдохнуть. И только глаза Женьки выдавали, что он мертв.

Из шлемофона, сползавшего с Женькиной головы на плечо, неслись тревожные голоса Архипцева и Гуревича:

— Женя! Что с тобой? Почему ты молчишь? Женя! Ты ранен? Что с тобой, Женька?!

Пустые мертвые глаза Женьки остановились на «Голубых танцовщицах». Рука лежала на разбитом, простреленном передатчике...

— Женька! Говори! Тебе плохо, да? Женя... Дотянись до аптечки, она над передатчиком!.. — продолжали звучать голоса.

Сергей смотрел прямо перед собой и сжимал штурвал побелевшими от напряжения пальцами.

Гуревич прижался щекой к бронеспинке кресла, в котором сидел Архипцев. Лицо у него было неподвижно и очень спокойно.

— «Сокол-115», «Сокол-115»! Я «Рубин», я «Рубин»... Отвечайте! Прием... — Взмокший от напряжения радист щелкнул переключателем. Он поправил наушники, надетые поверх пилотки, и настороженно склонил голову набок.

Около рации сидит Дорогин. Комбинезон его расстегнут, волосы прилипли ко лбу, шлемофон висит на поясе. Стоят начальник штаба, штурман полка. Сзади радиста, угрюмо глядя ему в затылок, замер Кузмичов.

— Вызывай еще раз, — говорит Дорогин и закуривает папиросу.

Радист сдвинул наушники на виски, рукавом вытер пот и вопросительно посмотрел на Дорогина.

— Дерьмо! — не выдерживает Кузмичов, с ненавистью глядя на радиста. — Чего ты смотришь?.. Чего ты смотришь, сопляк! Включай свой «Зингер», зови их!..

— Зови их!.. — закричал и начальник штаба.

Дорогин схватил микрофон и, глядя на самолеты, готовые к старту, быстро и раздельно сказал:

— Внимание всем! У запуску!

Он вскочил и, на ходу крикнув: «Ракету!», — первым побежал к своему самолету.

Над полем взвилась зеленая ракета.

Винты самолетов слились в сверкающие диски, и аэродром заполнился грохотом двигателей...

Неумолимо приближался аэродром немцев. Конвой из шести «фокке-вульфов», расположившись кольцом вокруг «сто пятнадцатого», вел его на свою базу. Они висели так близко, что Гуревич и Архипцев видели, как немцы-пилоты весело и беззлобно посматривают на них. Немцы разглядывали «сто пятнадцатого», показывали на него пальцами и о чем-то трепались на одной волне.

Потом истребитель, шедший впереди, взмыл вверх и совсем уже вплотную облетал «сто пятнадцатый», вглядываясь в лица Сергея и Веньки. Он что-то прокричал по радио, и следом за ним его маневр повторил каждый из «фокке-вульфов». Все они делали круг над кабиной «сто пятнадцатого», а потом обменивались впечатлениями, так как после каждого облета пилот, занимавший свое место в конвойном строю, что-то весело кричал и все остальные хохотали.

Сергей и Венька молча смотрели вперед.

Впереди тянулась длинная полоса стоящих на земле закамуфлированных «фокке-вульфов». Их было штук тридцать...

— Вот он... — сквозь зубы сказал Сергей.

— Тот самый!
— Много машин на стоянке.
— Много... — эхом отозвался Гуревич.
Сергей посмотрел на Веньку и проглотил слюну.
— Давай... — кивнул Гуревич, и крупные капли пота покрыли его лицо.

Архипцев слегка довернул штурвал, и через прозрачный низ кабины стало отчетливо видно, что через несколько секунд «сто пятнадцатый» пройдет прямо над немецкими самолетами, стоящими на земле.

— Женька, — спокойно сказал Архипцев, — мы нашли этот аэродром.

— Ты слышишь, Женька, мы его нашли... — хрипло повторил Гуревич.

Сергей отжал от себя штурвал и перевел машину в стремительное пологое пикирование...

Стоянка «фокке-вульфов» росла с ужасающей скоростью и мчалась им на грудь...

Со страшным воем «сто пятнадцатый» врезался в начало стоянки «фокке-вульфов» и прогрохотал, стирая с лица земли немецкие истребители.

Взрыв!!!

Пустое летное поле. Пустое, исполосованное десятками следов шасси только что улетевших самолетов...

На месте «сто пятнадцатого» стоит Кузмичов.

Валяются на пустой стоянке струбцины от элеронов и рулей глубины, чехлы моторные...

Очнулся Кузмичов и стал собирать вещи — вещи, хозяином которых был «сто пятнадцатый» пикирующий бомбардировщик...

Собрал и пошел, не к землянкам и не к штабному бараку, а так просто — куда глаза глядят. Туда, где чистое поле смыкалось с очень ясным вечерним небом...

ВОЗДУХОПЛАВАТЕЛЬ

Забавно смотреть документальный кинематограф восьмидесятилетней давности!

Все дергается, все прыгает, любой серьезный жест комичен, экран искрится царапинами, и даже самые степенные люди вприпрыжку бегут сломя голову.

Наверное, очень смешными показались бы сегодня такие кадры. Представьте — начало одна тысяча девятьсот десятого года. Юг России. В холодной пустынной степи стоит самодельный аэроплан с работающим мотором. Крутится пропеллер. Авиатор сдвигает кепку козырьком назад и натягивает рукавицы с крагами...

Несколько человек суетливо (старая пленка!) помогают ему. Авиатор угловато приветствует их и уже собирается залезть в свой ненадежный аппарат.

Резкий свисток! Обычный полицейский свисток раздается в холодной степи. К аэроплану мчится автомобиль. Это из него несется полицейский свист. На заднем сиденье господин полицмейстер. На подножках с двух сторон автомобиля двое городовых. Одной рукой за дверки держатся, другой свистки в рот суют. Люди около аэроплана удивленно смотрят на автомобиль.

Автомобиль останавливается. Городовые спрыгивают с подножек, бегут к аэроплану. Размахивают руками, ругаются, авиатор спорит с ними, потом безнадежно машет рукой и выключает мотор.

Несколько человек укатывают аэроплан по земле. Авиатор понурив голову идет вслед за своим аэропланом...

Очень, очень смешные кадры! Все дергается, все прыгает, любой серьезный жест — комичен...

Но это если сегодня смотреть старую пленку.

А если бы эту пленку смотрели тогда, в том же девятьсот десятом, смешного было бы совсем, совсем мало...

В тысяча девятьсот десятом году, восемнадцатого февраля, на очередном заседании Государственной думы депутат левых Маклаков сказал с думской трибуны:

— Газеты пестрят именами Фармана, Блерио, Сантос-Дюмона, братьев Райт. Многовековая мечта о крыльях, сказка о ковре-самолете вдруг стала осязаемой реальностью. И почему бы России не выйти на европейскую арену под собственным флагом и, чем черт не шутит, еще и потягаться с французами, англичанами и немцами в этом неведомом, удивительном деле — воздухоплавании? Так нет же! Еще ни один человек у нас не летает, а уже правила полицейские против употребления аэропланов изданы, уже есть надзор за этим!

Члены Государственной думы огорчились столь вольтерьянскому выступлению господина Маклакова и недовольно зашумели, заерзали.

А господин Марков — депутат правых, вскочил со своего места и крикнул:

— Что же тут дурного? Понятно, что прежде чем пустить людей летать, надо научить летать за ними полицейских!

Да еще и расхохотался в лицо докладчику, да еще и ручкой этакий комичный жест изобразил — дескать, «не с нашим рылом в калашный ряд»...

Было раннее-раннее утро в Одессе.

Городовой стоял и смотрел, как по совершенно пустым, еще спящим улицам медленно тянулась вереница пустых черных извозчичьих пролеток с дремлющими «ваньками» на козлах.

Только скрип пролеток и ленивое цоканье копыт нарушали рассветную тишину города.

Черные пролетки одна за другой двигались сквозь улицы и переулки, залитые розовато-желтым светом восходящего солнца.

Из какого-то дома не очень твердо вышел молодой франтик с помятым личиком. Он удивленно проследил глазами за извозчичьими пролетками и, улучив момент, перешел улицу перед самой мордой очередной клячи.

Великосветски помахивая тросточкой и стараясь дышать в сторону, молодой человек подошел к городовому и спросил, показывая на процессию пустых извозчиков:

— Если это не похороны архимандрита, то тогда что такое вот это вот?

— Иван Михайлович гуляют, — бесцветно ответил городовой.

— От это да! — восхитился молодой человек. — От это я понимаю!.. — И тут же деловито осведомился: — И по поводу?

— Это нам знать не положено.

— А что вам положено? — иронически спросил молодой человек. — Не, я хочу знать, что вам положено?!

— Вы бы шли, господин, — устало сказал ему городовой.

— А я что — стою?! — возмутился молодой человек и язвительно приподнял соломенное канотье. — Кланяйтесь господину полицмейстеру.

В первой пролетке сидел знаменитый русский богатырь Иван Михайлович Заикин, а рядом, держась рукой за крыло возка, шел не менее знаменитый писатель Александр Иванович Куприн. Заикин был мрачен. Куприн говорил ему:

— Ну перестань, Иван... Ну что за мальчишество!..
Заикин угрюмо молчал, глядя в спину извозчика.

— Ну пойми, что это глупо и ничтожно! — злился Куприн. — И то, что ты делаешь, не протест, а блажь купеческая!

Заикин тяжело посмотрел на Куприна:

— Ты, Ляксантра Иванович, вот что: или садись со мной рядышком, или прими в сторону трошки... А то, не дай Бог, под лошадь попадёшь!

Куприн не сделал ни того ни другого, а продолжал:

— Ишь, социалист выискался! Депутат Марков приезжает в Одессу, а борец Заикин готовит ему террористический акт. Скупил всех извозчиков, чтобы не на чем было господину Маркову ехать. Ну смех и грех прямо! Тебе, Иван, Бог силу дал, а умом, видать, обидел.

— Да погоди, Ляксантра Иванович! Ну за что ты так-то?..

Извозчик дремал на козлах и не заметил, как Заикин выпрыгнул на мостовую. Пролетка прокатилась мимо Заикина и ударила его задком в спину.

Заикин бешено обернулся, схватил пролетку за заднюю ось и рывком остановил её так, что лошадь присела на задние ноги.

— Стой, дура!

И чёрная вереница извозчичьих пролеток остановилась. Сорок извозчиков стояли застывшей чёрной лентой, а Заикин лихорадочно вытаскивал бумажник из кармана и бормотал:

— Ну, погоди, Ляксантра Иванович.. Ну чего я тебе сделал такого?..

Лошадь дернулась, и Заикин снова обернулся к извозчику:

— Да стой ты на месте, тетеря!

Он отсчитал несколько бумажек, сунул их в руки испуганному «ваньке» и, показывая ему огромный кулак, рявкнул:

— Это тебе на всех! Смотри у меня!.. Чтобы поровну, понял?!

— Дак, Господи!.. Иван Михайлович!.. Да рази ж мы...

Но Заикин уже не слушал его, а заглядывал в лицо Куприну и говорил:

— Сашенька, друг ты мой сердешный... Я же все как лучше хочу... Я же этому Маркову, мать его за ногу, чтобы он такие слова... Дак как же это можно?! Ну, прости, если что не так. Ну, прости... Не обижайся. Силь ву пле.

И Куприн пожалел Заикина:

— Ладно. Социалист, слава Богу, из тебя не получился. А твой дурацкий террор господину Маркову только на пользу: оттого, что он пройдется пешком от вокзала до «Лондонской», у него будет гораздо лучше работать желудок.

— Ты смотри... — огорчился Заикин. — Ну кто бы мог подумать?

И тут Заикин увидел афишу на рекламной тумбе и остановился, удивленно разглядывая ее. На афише был нарисован аэроплан, летящий над морем, а вверху, в овале, портрет молодой красивой женщины.

— Сашенька, — смущенно сказал Заикин, — ты прочти мне, будь ласков, чего там накарябано...

Куприн улыбнулся и прочел текст афиши:

— «Гастроли всемирно известной француженки женщины-авиатора баронессы де ля Рош. Летающая дама совершит свои полеты на аппарате тяжелее воздуха системы «Фарман» на скаковом поле одесского ипподрома. Билеты продаются без ограничений».

— Это когда? — коротко спросил Заикин.

Куприн снова посмотрел на афишу и ответил:

— Завтра.

Заикин вздохнул:

— Вот это дело стоящее. Билеты без ограничений. Небось деньги — лопатой...

Куприн посмотрел на Заикина и сказал:

— Это дело, Иван, не деньгами стоящее.

— Опять я чего не так сказал? — спросил Заикин.

Вечером в цирке Заикин гнул на шее рельсы, разгибал подковы, завязывал узлом толстенные железные прутья, а двадцать человек из зрителей старались разорвать его сцепленные руки. Потом Заикин боролся.

В ложе сидели трое: молодая красивая француженка-летчица баронесса де ля Рош, ее антрепренер мсье Леже и журналист Петр Пильский.

У Пильского была ироничная лисья мордочка с умными недобрыми глазами. Разговор шел по-французски.

— Бог мой! — сказала де ля Рош, глядя на Заикина. — Какой великолепный экземпляр!

Леже тревожно посмотрел на де ля Рош и сказал Пильскому:

— Я видел мсье Заикина в прошлом году в Париже, когда он стал чемпионом мира.

— Какой экземпляр! — пробормотала де ля Рош.

Леже наклонился к ней и так, чтобы не слышал Пильский, тихо сказал:

— Прости меня, девочка, но несколько лет тому назад, когда ты еще не была баронессой де ля Рош, а в весьма раздетом виде пела и танцевала на сцене «Фоли Бержер», я посмотрел на тебя впервые и тоже подумал: «Какой превосходный экземпляр!» Правда, потом я нашел в себе силы полюбить тебя искренно и нежно.

— Ты предлагаешь мне сделать то же самое? — насмешливо спросила де ля Рош и показала на Заикина.

— В отличие от меня ты вправе делать все, что угодно.

— Спасибо. — Де ля Рош нежно посмотрела на Леже. — Я постараюсь пользоваться этим правом только в исключительных случаях.

— Я вижу, что вы очень заинтересовались мсье Заикиным, — сказал Пильский. — Я могу представить его вам.

— Прекрасно! — рассмеялась де ля Рош. — Вы не боитесь, Леже?

— Нет, мадам. Сотрудничество с вами закалило меня и приучило к любым неожиданностям.

— Мсье Заикин не только прекрасный спортсмен, но еще и блистательный организатор, — заметил Пильский. — Он организатор и хозяин этого борцовского чемпионата.

— Сколько человек находятся под руководством мсье Заикина? — деловито осведомился Леже.

— Человек тридцать, — ответил Пильский.

— О!.. — презрительно махнул рукой Леже. — Мадам стоит пятидесяти.

— Леже! Леже! Вы слишком самоуверенны. Взгляните, какой это мужчина!

— Боюсь, что мсье Заикин так устает быть мужчиной на арене, что сразу же перестает им быть, когда сходит с нее.

— Тогда вам действительно нечего бояться за себя!

— Я боюсь не за себя, а за вас. Ваше спокойствие мне дороже всего.

— Мадам, рекомендую вам рискнуть, — спокойно сказал Пильский. — Насколько мне известно, мсье Заикин работает на арене не в полную силу.

— В таком случае, мсье Пильский, пригласите мсье Заикина завтра же на мои полеты, — улыбнулась де ля Рош и добавила: — Думаю, что мсье Леже это будет так же приятно, как и мне.

На следующий день в кафе ипподрома сидели Заикин, Куприн, Пильский и их приятель журналист Саша Диабели.

Уже было много выпито и много съедено. Заикин был тихо и добродушно пьян, Саша Диабели чрезвычайно весел, Пильский — озлоблен, а Куприн негромко и грустно говорил:

— ...и точно так же через десять лет мы, оставшись благополучными русскими либералами, будем вздыхать о свободе личности и кланяться в пояс мерзавцам, которых презираем, и околачиваться у них в передних. «Потому что, знаете ли, — скажем мы хихикая, — с волками жить, по-волчьи выть»...

— Для чего?! Для чего все это нужно? — вдруг зло прервал Куприна Пильский. — Сначала мы тупо гадим под себя, а потом сами же тыкаемся носом в собственное дерьмо, чтобы лишний раз убедиться, что мы попросту омерзительны!

Заикин ничего не понял и вопросительно посмотрел на Куприна. Саша Диабели расхохотался. Пильский готов был уже оскорбленно вскинуться, но Куприн спокойно положил свою руку на руку Пильского и сказал:

— Ничего, Петя... Я верю, что не теперь, не скоро, лет через пятьдесят, но придет истинно русский писатель, вберет в себя все тяготы и всю мерзость этой жизни и выбросит их нам в виде простых, тонких и бессмертно-жгучих образов. И все мы скажем: «Да ведь это все мы сами видели и знали, но мы и предполагать не могли, что это так ужасно!»

— Но мы-то, мы — сегодняшние, при чем тут?! — крикнул Пильский. — Мы-то кому нужны? Кому нужны мы?

Заикин погладил Пильского по плечу и ласково сказал:

— Ну, будет тебе, Петр Осипович... Авось и мы на что-нибудь сгодимся.

Пильский зло стряхнул руку Заикина:

— Ты-то всегда, во все времена будешь нужен! Не в цирке — так в кабаке вышибалой! А мы, со своими метаниями, философийками, попытками психоанализа... Со своей отвратительной интеллигентностью, назойливым проникновением в душу ближнего... Кому все это нужно, я вас спрашиваю?! Когда любая пошлая бабенка-гастролерша чуть ли не в обморок падает от собачьего пароксизма при виде вот этих идиотских мускулов! — Пильский презрительно ткнул пальцем Заикина в грудь. — И готова предать все на свете, лишь бы...

— Ах, вот оно что! — захохотал Куприн. — Ну, слава Господи!.. А ведь я, грешным делом, подумал, что ты взволнован судьбой всей русской интеллигенции. А ты только про себя?

— Слушайте, слушайте! — закричал Саша Диабели. — Давид возжелал женщину. Женщина предпочла Давиду Голиафа. Давид решил, что своим отказом женщина оскорбила в его лице все интеллигентское племя Давидово...

— Замолчи, мерзавец! — крикнул Пильский и угрожающе встал.

— Александр Иванович... — взмолился Саша Диабели. — Объясните ему, что время дуэлей давно прошло и он может просто схлопотать по морде!

Куприн хохотал, а Заикин смотрел на Пильского жалостливо и участливо.

Из-за соседнего столика поднялся грузный высокий херсонский помещик и, пьяно покачиваясь, попытался пройти между Заикиным и соседним столиком. Верзила-помещик не смог протиснуться в узком проходе и тогда вдруг так сильно ударил Заикина тростью по спине, что трость сломалась.

— Подвинься, хам! — прохрипел помещик.

Все были ошеломлены. И только Петр Пильский, маленький, тщедушный и озлобленный, вскочил и бросился на огромного помещика. Но Заикин вовремя перехватил Пильского и негромко сказал ему:

— Ты уж на своих, интеллигентных-то, не бросался бы... — Он прикрыл собою Пильского и спокойно повернулся к помещику: — Ну, теперь-то ваша душенька довольна?

А помещик уже вовсю куражился:

— Вот возьму столик и разобью твою мужицкую голову! Сволочь серая!

Заикин вздохнул, поднял здоровенного помещика над головой и сказал:

— Милейший, вы можете разбить мне столом голову, а я могу вашей головой разбить стол. И сделаю это, если вы сейчас же не уберетесь отсюда...

— Помоги ему, Ваня, — посоветовал Куприн.

— Как скажешь, Ляксантра Иваныч... — кротко заметил Заикин и выбросил помещика через небольшие перильца, ограждавшие кафе.

...А потом пытались пробиться к аэроплану. Но он был окружен полицией.

Заняли свои места на трибуне рядом с журналистами. У каждого в руках блокнот. Кто-то уже делал заметки, поглядывая на волнующуюся публику. Откуда-то из глубины толпы раздались аплодисменты.

Рядом с трибунами стоял автомобиль. В нем сидели, кроме шофера, три толстых, похожих друг на друга человека. Это были братья Пташниковы — известные одесские миллионеры.

Когда Заикин с друзьями проходил мимо них, Пташниковы улыбнулись, поприветствовали его. Заикин любезно раскланялся.

Наконец появилась баронесса де ля Рош в костюме авиатора, и пока она шла к своему аэроплану, аплодисменты нарастали.

Леже и два механика заканчивали последние приготовления к полету. Де ля Рош коротко спросила у Леже:

— Ну как?

— Все в порядке, девочка, — нежно ответил Леже.

Де ля Рош легко взобралась на аэроплан и подняла обе руки в знак того, что готова к полету.

Затрещал мотор, толпа замерла. Аэроплан тронулся с места и покатился все быстрее и быстрее и вот уже оторвался от земли и повис в воздухе. Ипподром будто взорвался от радостного крика тысяч людей и... снова тишина.

Аэроплан поднялся метров на пять, пролетел немного и снова опустился.

— Ляксантра Иваныч... Сашенька! Что же это за чудо-то такое? — презрительно спросил Заикин. — Я-то думал, она черт-те куда взметнется. Подумаешь, невидаль!

— Сейчас ты наверняка скажешь, что смог бы еще лучше, — сказал Куприн.

— А что?! Да неужто не смог бы?! Захотеть только!

— Иван Михайлов, — торжественно сказал Куприн. — Беру с тебя слово, что первый, кого ты поднимешь из пассажиров, буду я!

— Даю слово! — рявкнул Заикин.

Журналисты услышали громовой голос Заикина и придвинулись поближе.

— Только учиться надо... — сказал Куприн.

— Ежели зайца учить — он на барабане играть будет и спички зажигать сможет... Медведей «барыню» плясать учат, что ж я, не выучусь, ежели захочу?!

Репортеры всех одесских газет уже стояли плотным кольцом вокруг Заикина и Куприна.

Пташниковы тоже прислушивались к их разговору.

Журналисты торопливо строчили в блокноты и вытягивали шеи, чтобы получше расслышать то, что, распаляясь в обидчивом гневе, кричал Заикин:

— Что я, глупее медведя, что ли? Да я, ежели захочу, то хоть завтра...

Давешний франтоватый молодой человек с помятым личиком тоже оказался здесь. Он снова был чуточку навеселе и восхищенно смотрел на громадного Заикина снизу вверх. Он уже пробрался сквозь кольцо журналистов и любопытствующих к самому Ивану Михайловичу и теперь только ловил миг, стерег паузу в хвастливой речи Заикина, чтобы самому вставить слово.

— Вы не смотрите, что во мне семь пудов с половиной, — говорил Заикин.

— Правильно! — крикнул молодой человек. — Это ничего не значит!

— Ежели я только захочу!.. — сказал Заикин.

— Ура!!! — почему-то вдруг закричал молодой человек, решив, что настала удобная минута и для его выступления. — Да здравствует Иван Михайлович — гордость всей нашей Одессы-мамы!

Иван Михайлович поднял молодого человека за подмышки, умильно поцеловал его и поставил на место, тут же забыв о его существовании.

В роскошном плюшево-золотом гостиничном номере спал Иван Михайлович Заикин.

Дверь распахнулась, и ворвался антрепренер Ярославцев, потрясая пачкой газет.

— Ваничка! — завопил он плачущим голосом. — И что же ты, дуролом такой, наделал?!

Заикин подскочил на кровати и ошалело уставился на Ярославцева, тараща свои и без того навыкате глаза.

— Ваничка! — еще жалобнее, будто по покойнику, возопил Ярославцев. — Это что же теперь будет?..

— Ты что?.. Ты что? — ничего не понимая, испуганно спросил Заикин хриплым со сна голосом и стыдливо попытался прикрыть свое огромное голое тело краем одеяла.

Ярославцев трагически поднял над головой газеты и тоненько прокричал:

— Ты что же, по миру пустить меня хочешь?! Ты что вчера говорил?

— А что я говорил? — испугался Заикин.

— Говорил, что борьбу бросаешь? Говорил, что уходишь из цирка? Что в Париж учиться летать уезжаешь, говорил?..

— Да что ты! Быть того не может... — растерялся Заикин. — Бог с тобой, Петичка, не было этого.

— А это что? — Ярославцев открыл одну из газет и прочитал: — «И тогда любимец Одессы, несравненный Иван Заикин, заявил, что семь с половиной пудов его веса не помешают ему в ближайшем будущем штопором ввинтиться в облака. Уж если зайца учат танцевать «барыню»...»

— Это медведей учат танцевать...

— Я ничего не знаю! — крикнул Ярославцев. — Здесь так написано! «Уж если зайцев учат танцевать «барыню», сказал наш богатырь со свойственным ему юмором, то мне, бывшему волжскому грузчику, спортсмену с мировым именем, сам Бог велел подняться в воздух во славу своего Отечества. Бурному ликованию присутствовавших на полетах именитой француженки не было предела. Толпы одесситов кричали «ура!», поощряя смелое решение известного борца»... Вот так-то, Ваничка!

— Кошмар какой! — в ужасе простонал Заикин. — Саша знает?

— Какой Саша?

— Ляксантра Иванович... Куприн...

— Хохочут-с!

— Господи, стыд-то какой, — сказал Заикин и прикрыл лицо руками. — Да чтоб я еще хоть каплю в рот взял! — Он покачался в отчаянии, а затем отнял от лица руки и рявкнул: — Петька! Беги, купи все эти паршивые газетки до одного листочка! Чтобы ни одна живая душа в Одессе ее прочитать не могла!

— Ты что, Иван Михайлович? И себя, и меня разорить хочешь? Да ты знаешь, во сколько это обойдется?

Заикин испуганно приподнялся с кровати, придерживая сползающее одеяло как тогу.

— Нет, нет, — тревожно сказал он. — Не надо, не надо! Это я погорячился...

И в это время в дверь номера постучали.

— Антре! Будьте вы все неладны... — проворчал Заикин.

Вошел Куприн.

— Сашенька! Ляксантра Иванович! Чего же делать-то теперь? — Огромный Заикин, завернутый в одеяло, с надеждой уставился на Куприна.

Куприн оглядел его с ног до головы и повалился в кресло.

— Там... там, Ванечка, тебя репортеры ждут! — хохотал Куприн и показывал пальцем на дверь. — Они, Ванечка, ждут продолжения твоей увлекательнейшей речи о возможной роли русского мужика в аэронавтике.

— Ах, мать их за ногу! — взревел Заикин, подскочил к двери и в бешенстве рванул ее на себя.

В коридоре толпились мелкие журналисты полутора десятка одесских газет. Но впереди всех, у самой двери, стоял слегка помятый франтик в соломенном канотье, которого Заикин вчера целовал на ипподроме.

Физиономия франтика излучала восторг. К несчастью, он был первым, кто попался Заикину на глаза. Придерживая одной рукой сползающее с плеч одеяло, Заикин другой рукой рывком поднял франтика за лацканы модненького сюртучка над полом и прохрипел:

— Вы что же это, господа хорошие, наделали?! Вы за что же это меня на всю Одессу ославили? А, писатели чертовы?!

И потряс франтиком, словно тряпичной куклой.

Ничего не понимающий франтик, вися над полом на добрых полметра, радостно улыбнулся и приветственно поднял соломенное канотье. А так как франтик был с утра уже не очень трезв, то он к тому же еще и не вовремя икнул.

Заикин поднес франтика к самому носу, с отвращением понюхал и отшвырнул его в толпу репортеров с блокнотами.

— Вон отсюда! — гаркнул Заикин и захлопнул дверь номера перед перетрусившей толпой журналистов.

И только франтик не испугался. Наоборот, он аккуратно поправил сбившийся галстук и восторженно произнес:

— От это да! От это я понимаю! От это человек!..

В полутемном цирке до седьмого пота тренировался Иван Михайлович Заикин. В старом драном свитере и в десятки раз заштопанных шерстяных трико Иван Михайлович работал с гирями, «мостил», боролся со спарринг-партнерами и изнурял себя всячески, словно замаливал вчерашний грех сегодняшним нечеловеческим напряжением. Лицо заливал пот, глаза ввалились, дыхание с хрипом вырывалось из его широченной груди.

А потом, обессиленный, измученный и притихший, он сидел в седьмом ряду около Александра Ивановича Куприна и безучастно смотрел на арену, где, пыхтя и вскрикивая, тренировались молодые борцы.

— Ты, Иван, верующий? — спросил Куприн.

— Сам не знаю. Крещусь, когда гром грянет. А что?

— Да так просто.

Они помолчали, посмотрели на арену, и Заикин спросил:

— А вот ты мне скажи, Ляксантра Иванович... Ты знаешь, я только тебе верю, и никому боле... Есть Бог или нет?

Куприн внимательно посмотрел на Заикина, вздохнул и почти незаметно пожал плечами:

— Что я тебе отвечу? Не знаю... Думаю, что есть, но не такой, как мы его воображаем. Он — больше, мудрее, справедливее.

И снова Заикин боролся с огромным, превосходящим его по весу борцом. Он швырял эту глыбу, как котенка, проводил «бра-ру-ле», «двойные нельсоны», ловил его на «передний пояс» и демонстрировал такие великолепные «тур-де-бра», что Куприн только качал головой и восхищенно улыбался.

В какой-то момент, когда ноги огромного борца описали в воздухе гигантскую дугу и он в очередной раз шлепнулся на лопатки, Заикин припечатал его к ковру и, дожимая его всей своей силой, вдруг посмотрел на Куприна и крикнул:

— А что, Сашенька, может, действительно бросить все это к чертям собачьим и начать жить сначала?

После репетиции они шли по набережной, и все прохожие здоровались с ними, а некоторые, приподнимая котелки и шляпы, говорили:

— С отъездом вас, Иван Михайлович!
— Счастливого пути, Иван Михайлович!
— Дай Бог вам счастья, Иван Михайлович, в новом деле!

Заикин поначалу сердился, а потом все чаще и чаще стал растерянно поглядывать по сторонам.

Обедали в трактире Стороженко. Половой, увидев Заикина, заулыбался, закланялся и задом, задом — к хозяину. Выскочил сам Стороженко, вынес бутылку английского коньяку, тоже подошел с приветствием:

— На кого же ты нас покидаешь, Иван Михайлович? Смелый ты, безрассудный ты человек!

Заикину это понравилось — сделал вид, что действительно «смелый» он и «безрассудный» человек и только ему доступен такой неожиданный поворот в собственной судьбе. Однако пить отказался.

Стороженко не обиделся:

— Ничего-с... Домой пришлем, в дорожке пригодится.
— А что, — сказал Ярославцев, — может, и вправду сыграть на случае... А, Ваня?

— А что? Авиация — дело стоящее, — туманно ответил Заикин.

— Большие деньги, Ваня, заработать можно, — сказал Ярославцев.

— Брось, Петро, — брезгливо сказал Заикин. — Она не деньгами стоящая.

И осторожно посмотрел на Куприна. Тот уткнулся в тарелку — сделал вид, что не расслышал своей фразы.

Потом они сидели на прибрежной гальке, смотрели в море.

— Ах, жаль, Сережа Уточкин в Харьков укатил! — сказал Иван Михайлович. — Уж он бы мне присоветовал!

На берегу их было уже пятеро: присоединились к ним Пильский и Саша Диабели.

— Рискуй, Иван, — сказал Куприн, откинулся и лег прямо на камни. — Может быть, тебе суждено сделать подвиг профессией. Человек вообще рожден для великой радости, для беспрестанного творчества. Рискуй, Иван! Ты познаешь мир в еще одном измерении, и вы станете обоюдно богаче: и ты, и мир.

Три настежь открытые двери цирка втягивали в себя три густых потока одесситов, пришедших на «Последний бенефис чемпиона мира, волжского богатыря и любимца Одессы, знаменитого Ивана Заикина, перед отъездом за границу для изучения авиации!!!»

Так, во всяком случае, гласили афиши, которыми был заклеен весь фасад старого цирка.

Люди, не доставшие билеты, печально и безнадежно провожали глазами счастливцев.

Среди грустных безбилетников был слегка помятый и немножко нетрезвый франтик в лихом канотье. Однако грусти на его лице не наблюдалось, даже наоборот, присутствовало выражение такой веселой решительности, что можно было с уверенностью сказать: он-то попадет в цирк и без билета.

* * *

Перед выходом на арену Заикин разминался двумя двухпудовыми гирями. Через плечо у него была надета широченная муаровая лента, вся увешанная золотыми медалями и жетонами.

Рядом стояли Петр Пильский, баронесса де ля Рош и мсье Леже.

Ярославцев во фраке с бутоньеркой метался среди артистов и борцов, давая последние указания.

Маленькая изящная баронесса смеялась, заглядывая снизу вверх в лицо Заикину, и без остановки щебетала по-французски. Леже сдержанно улыбался.

Пильский переводил:

— Мадам говорит, что она была счастлива видеть тебя на арене, что ничего подобного до сих пор не видела. Но мадам стала еще более счастлива, узнав о том, что ты решил посвятить себя тому делу, которому она предана беспредельно. Мадам говорит об авиации... Кроме всего, мадам счастлива еще и тем, что отныне сможет видеть тебя не только во время своих редких гастролей в России, но и в Париже, и в Мурмелоне, где ты будешь достаточно долго обучаться воздухоплаванию. Ты можешь оставить в покое эти дурацкие гири? — раздраженно добавил Пильский.

— Ты передай мадам, что я не собираюсь очень-то долго учиться. Я в общем-то мужик понятливый... — не обращая внимания на Пильского, сказал Заикин, продолжая поднимать гири.

Пильский криво ухмыльнулся и перевел.

Де ля Рош весело рассмеялась и снова защебетала.

— Мадам говорит, что обстоятельства, с которыми тебе, к сожалению, предстоит столкнуться в Мурмелоне, в школе мсье Анри Фармана, могут оказаться сильнее всякого твоего желания поскорее закончить обучение, — сказал

Пильский. — А кроме того, она сама постарается сделать все, чтобы как можно дольше удержать тебя там.

Леже грустно улыбнулся и сказал несколько слов по-французски. Де ля Рош расхохоталась.

— Мсье Леже говорит, что для тебя это самая большая опасность, в сравнении с которой время, затраченное на обучение и постройку аэроплана, покажется тебе мгновением, — перевел Пильский. — Поставь немедленно эти гири! Разговаривать с дамой, держа в руках эти идиотские штуки, неприлично.

— Я на работе, — спокойно сказал Заикин, не прекращая разминки. — А разговор у нас приватный, к службе отношения не имеющий.

Де ля Рош подняла внимательные глаза на Заикина и, дотронувшись до рукава Пильского, что-то спросила.

Пильский пожал плечами и посмотрел на Леже. Тот вздохнул, улыбнулся и развел руками.

— Чего это вы? — подозрительно спросил Заикин.

— Мадам просит разрешения поцеловать тебя. Она говорит, что во Франции ей не пришло бы в голову ни у кого просить на это разрешение, но в России, где, как ей кажется, запрещено все, она вынуждена это сделать.

— Чего сделать? — спросил Заикин. — Поцеловать?

— Да нет! Попросить разрешения.

— А чего? Пусть целует, — сказал Заикин. — Баба красивая.

Пильский перевел де ля Рош ответ Заикина, и баронесса, весело смеясь, встала на цыпочки и нежно поцеловала Ивана Михайловича.

Заикин поставил гири на пол, снял со своей толстенной шеи одну из золотых медалей, осторожно повесил ее на тоненькую хрупкую шею баронессы де ля Рош и повернулся к Пильскому:

— Ты ей скажи, что эту медаль я поклялся самолично повесить на шею тому, кто меня положит на лопатки. Пока что, Бог миловал, этого никому еще не удавалось. А вот ей теперь эта медаль по праву принадлежит. «Туше» чистое...

Пильский начал переводить то, что сказал Заикин, а Иван Михайлович поднял с пола гири и опять стал ритмично разминаться.

Де ля Рош поднесла медаль к губам и проговорила длинную фразу. Леже обреченно вздохнул. Пильский промолчал, и Заикин вдруг нервно и требовательно спросил у него:

— Чего она сказала? Переведи.

Пильский улыбнулся баронессе и Леже и ответил сквозь зубы:

— Что могла сказать эта дура? Эта самка? Она, видишь ли, готова плакать оттого, что уезжает сегодня и не сможет быть на твоем последнем представлении. Но, поцеловав тебя, она увезет во Францию вкус самого сильного мужчины, которого ей пришлось когда-либо встретить... По-моему, это пошлость, поистине не знающая границ! — добавил Пильский от себя.

— Это по твоему разумению, — спокойно сказал Заикин. — А мне так понравилось.

Подскочил Ярославцев, любезно поклонился и сказал:
— Пардон, мадам! Пардон, мсье! Ваня, кончай баланду, скоро третий звонок. Петр Осипович, уводи французов к едрене фене, нам еще нужно прорепетировать очередность бенефисных подношений.

И еще более любезно поклонившись французам, Ярославцев умчался, размахивая списком.

В двухместном купе спального вагона сидела мадам де ля Рош и разглядывала большую золотую медаль.

Поезд тронулся, и мимо окон купе поплыл одесский вокзал с провожающими, носильщиками, городовыми, со всем тем, что характерно для любого вокзала со времени изобретения железной дороги до наших дней.

Открылась дверь купе, и вошел Леже в дорожном костюме.

— Все в порядке, — сказал он. — Сейчас принесут ужин. А может быть, ты хочешь пойти в вагон-ресторан?

— Нет, — сказала де ля Рош.

Она надела медаль на шею и откинулась на спинку дивана.

Леже посмотрел на нее и мягко спросил:

— Это так серьезно?

— Не знаю... Не думаю.

— Я был бы очень огорчен, — тихо сказал Леже.

— Мне не хотелось бы тебя огорчать. Я тебе так благодарна за все.

— Не нужно благодарности. Я хочу совсем немного любви.

— Мне не хотелось бы тебя огорчать. Я тебе стольким обязана, — повторила де ля Рош.

Бенефис Ивана Михайловича Заикина на манеже одесского цирка был в полном разгаре.

Заикин крутил свою знаменитую «заикинскую карусель»: на плечах у него лежала длинная стальная рельса, к концам которой были прикреплены кожаные петли. В этих петлях сидело по нескольку человек с каждого конца, и Иван Михайлович крутил над манежем эту живую карусель так быстро, что сидевшие в петлях буквально взлетали в воздух.

Заикин бережно остановил вращение, осторожно ссадил шатающихся от головокружения десять человек и раскланялся.

В одной из лож сидела вся семья Пташниковых — три брата, их мать и дядя, управляющий делами семьи Пташниковых. Они первые восторженно захлопали и всколыхнули цирк аплодисментами.

— От это да! От это я понимаю! От это человек!!! — на весь цирк прокричал франтик в соломенном канотье и бешено зааплодировал.

Так как билета у него не было, он уютно примостился на ступеньках бокового прохода, по-домашнему повесив свою тросточку на какой-то цирковой крюк, от которого к куполу шли тросы и растяжки.

— Боже мой! — кричал франтик. — Чтоб ему так же леталось, как жилось в Одессе!

Ярославцев сверился со списком и объявил:

— Подношение и приветствия от моряков Одессы!

Из-за кулис вышли два матроса и один респектабельный господин. Матросы несли в руках большое медное табло, на котором был укреплен серебряный якорь полутораметровой величины. Господин нес «адрес».

— Спасибо, милые! Спасибо, дорогие... — сказал растроганно Заикин, поднял обоих матросов и поцеловал в щеки.

— «Адрес» и подношение от амбалов одесского порта! — объявил Ярославцев.

Вышли три громадных костистых грузчика. Один преподнес Заикину огромный копченый окорок, другой — четвертную бутыль водки, а третий снял со своих плеч и положил у ног Заикина «козу» — приспособление портовых грузчиков для переноски больших тяжестей.

— Ванька, — громко сказал старый амбал, — «козу» носил?

— А как же? — счастливо и гордо улыбнулся Заикин. — Али тебе неведомо?!

— Ведомо. Но чтобы ты там, в Парижах, не забывал про то, откуда вышел, артель тебе «козу» на память посылает. И харч на дорогу. Так что поезжай, учись и прилетай.

Все трое низко поклонились Заикину и степенно, не стесняясь присутствия полутора тысяч зрителей, направились к выходу.

Аплодисменты обрушились на цирк.

Поглядывая на арену, Пташниковы деловито переговаривались.

Ярославцев вскочил на барьер.

— Подношение и слово имеет херсонский землевладелец господин Харченко!

Из центрального прохода, прямо напротив артистического выхода, выскочили два казачка и мигом откинули створки барьера, освобождая широкий проход на арену. И замерли, каждый у своей створки.

А затем появился здоровенный, грузный херсонский помещик, которого Заикин несколько дней тому назад выбросил через перила кафе ипподрома.

Помещик прихрамывал. Одна рука была на перевязи, ухо забинтовано. Куприн, Пильский и Саша Диабели сразу же узнали помещика и расхохотались. Помещик повернул голову на хохот и серьезно, без тени улыбки, поклонился им. Один Заикин был серьезен.

Помещик с трудом взгромоздился на барьер и сказал на весь цирк пропитым басом:

— Прошу у господина Заикина и его друзей, — помещик снова поклонился в сторону Куприна, — прощения за причиненное им некоторое беспокойство несколько дней тому назад на ипподроме. А также, в знак примирения, прошу господина Заикина принять от меня дар. Чем богаты, тем и рады.

Он повернулся и крикнул:

— Давай!!!

Из центрального прохода, будто вспененная лавина, с душераздирающим блеянием ринулись на арену десятки белоснежных овец и тонкорунных баранов! Задние овцы сходили с ума от страха, ошалело напирали на передних, и в одно мгновение стадо заполнило всю арену цирка. Казачки молниеносно задвинули створки барьера, отрезав овцам путь назад. Красный цирковой барьер замыкал белую кипящую массу испуганных животных, которые были так плотно стиснуты друг другом, что это позволило Заикину, чуть было не погребенному заживо, вскочить им на спины.

Цирк готов был расколоться от аплодисментов и хохота. Заикин тоже хохотал, стоя на спинах баранов. Но вот он нагнулся, выхватил из этого живого ковра огромного барана и в знак приветствия поднял его над головой.

В купе первого класса было темно, и только крошечный синенький ночничок еле-еле освещал лица Леже и баронессы де ля Рош.

Поезд погромыхивал колесами на стыках, покрикивал в ночи, и на мгновение, неяркими вспышками, вбирал в свои окна короткий свет пролетавших назад станционных фонарей.

Де ля Рош лежала в своей постели на боку. Под ее щекой, на подушке покоилась большая золотая медаль Заикина.

Ночью в гостиничном номере Ивана Михайловича заседал военный совет. Куприн лежал на кушетке и правил гранки. Ярославцев сидел за столом, печальный и притихший. Пильский деятельно кромсал огромный окорок. Саша Диабели с трудом разливал по стаканам водку из огромной четвертной бутыли, а Иван Михайлович Заикин в длинном халате нервно ходил по номеру и говорил:

— Я не простой борец, я чемпион мира! Я не могу там из-за каждой копейки трястись!

— Ну, хорошо, давайте подумаем, к кому можно обратиться за помощью, — сказал Саша Диабели. — В конце концов, я могу организовать подписной лист среди репортеров всех газет Одессы. Они достаточно заработали на Иване. Наберем рублей шестьсот. А еще где?

— Плюс восемьсот бенефисных, — сказал Ярославцев.

Метавшийся по номеру Заикин остановился:

— Да, кстати, Петр Данилыч! Баранов-то этих проклятых хоть устроили как-нибудь? Покормили?..

— Не волнуйся, Иван Михайлович, все в порядке.

И Заикин снова заходил по комнате.

— Восемьсот бенефисных? — переспросил Куприн у Ярославцева. — Да, завтра «Одесский листок» обещал мне за рассказ уплатить. Тоже плюсуй рублей полтораста. — Куприн показал гранки рассказа.

— Хорошо, хорошо! — раздраженно заметил Пильский. — Я тоже могу дать пару сот рублей! Но меня тошнит от этого состязания в благородном идиотизме! Мы тужимся и пыхтим, складывая наши копейки, в то время когда только за аппарат Фармана нужно будет заплатить тридцать пять тысяч франков! Это вы понимаете?!

Ярославцев подсчитывал названные суммы на бумажке. Куприн встал с кушетки, подошел к нему и заглянул в листок.

— Ну, что там у тебя получается?

Не отвечая Куприну, Ярославцев спросил у Заикина:

— Ваня, сколько у нас наличных, кроме бенефисных?

— Шестьсот семьдесят три, — тут же ответил Заикин.

Ярославцев записал в столбики эту цифру.

— Да... — задумчиво протянул Саша Диабели. — Если только аэроплан тридцать пять тысяч франков, нам самим это не вытянуть.

Он протянул стакан водки Ивану Михайловичу.

— Я же сказал, что капли больше в рот не возьму, — нервно отказался Заикин и повернулся к Ярославцеву: — Петя, надо что-то с этими овцами делать. Я уеду — они же с голоду передохнут! Как-никак — живые души. Жалко ведь!

— Не передохнут, — опустил глаза Ярославцев.

— Ну-ка, ну-ка, ну-ка... — Куприн очень заинтересованно взял из-под руки Ярославцева лист бумаги и поднес к свету.

Ярославцев хотел было отобрать у него этот листок, но вздохнул и отвел глаза в сторону.

— Тэк-с... — сказал Куприн. — Значит, так: восемьсот бенефисных. Подписной лист среди сотрудников редакций — шестьсот. Полтораста — ваш покорный слуга. Пильский Петр Осипович — двести. Заикин и Ярославцев — шестьсот семьдесят. Все правильно. А это что за тысяча? — И Куприн ткнул пальцем в последнюю строку, где стояла только одна сумма в тысячу рублей без указания жертвователя.

Все замерли и посмотрели на Ярославцева.

— Ох, Александр Иванович, — недовольно проговорил Ярославцев. — Дайте вы сюда эту бумажку. Ну что вам-то? Хуже от этой тысячи, что ли? Ну, тысяча и тысяча! Эка невидаль!

— Это откуда еще тысяча появилась? — растерянно спросил Заикин.

— Откуда, откуда! Ну, не украл же я ее! — Ярославцев был в полном отчаянии. — Хотел как лучше сделать...

Заикин вплотную подошел к Ярославцеву и зло сказал:

— Мы с тобой, когда чемпионат организовывали, когда копейки свои складывали, об чем договаривались? Чтоб друг от друга ничего не утаивать! Чтобы никаких шахер-махеров промеж нас не было! Откуда взялась эта тысяча?

— Да что вы привязались все ко мне?! — плачущим голосом закричал Ярославцев. — Тоже мне, нашли разбойника! Хватайте, вяжите Ярославцева! Он тысячу рублей для них же достал! В Сибирь его, на каторгу.

— Ты не юродствуй, — сурово прервал его Заикин. — Я хочу знать, чем эта тысяча пахнет!

— Овечками она пахнет! — еще пуще закричал Ярославцев. — Баранчиками! — И передразнил Заикина: «Живые души»... «С голоду подохнут»... Я их еще три часа тому назад всех оптом продал!

— Кому? — Ошеломленный Заикин опустился в кресло.

— Кому, кому. — Ярославцев хитровато оглядел всех и подмигнул Куприну. — Тому благодетелю, который подарил их тебе. Землевладельцу Херсонской губернии, господину помещику Харченко!

— Ну, мерзавец! — восхищенно сказал Пильский.

— С ума сойти! — простонал Саша Диабели.

— Петр Данилович! Гениальный ты администратор! — сказал Куприн. — Но тысяча-то откуда? Всем этим баранам красная цена триста рублей.

— А я их ему за тысячу, — сказал Ярославцев.

— Так это же грабеж! — еле вымолвил Заикин.

— Ничего подобного, — спокойно ответил Ярославцев. — Зато он теперь к искусству приобщен. Ничто в жизни не дается даром!

— Ой, жулик, — растерянно выдохнул Заикин, и все разразились гомерическим хохотом.

Раздался стук в дверь.

— Кто там еще? — вытирая слезы, крикнул Заикин.

Просунулась голова коридорного:

— Иван Михайлович! К вам человек от господ Пташниковых.

— Проси! — крикнул Заикин.

— Слушаюсь!

Коридорный исчез, дверь распахнулась, и в номер вошел усатый человек в кожаных крагах, шоферских рукавицах и в фуражке, на околыше которой были укреплены очки-«консервы».

— Желаю здравствовать! — сказал он. — Анатолий Васильевич, Иван Васильевич и Николай Васильевич, а также их матушка Анна Ивановна и дядя ихний Дмитрий Тимофеевич господа Пташниковы просят господина Заикина Ивана Михайловича отужинать с ними перед его отъездом.

— Это когда же? — удивился Заикин и посмотрел на часы.

— Прямо сей момент. Ждут-с, можно сказать, вас за столом. Для чего и автомобиль за вами прислали, — сказал человек в крагах.

Заикин быстро оглядел друзей. Куприн незаметно кивнул ему головой.

— Сейчас соберусь, — сказал Заикин.

— Слушаюсь. — Человек в крагах вышел.

Заикин сорвал с себя халат и стал быстро переодеваться.

— М-да... — задумчиво сказал Петр Пильский. — Из трех самых богатых домов в Одессе этот, пожалуй, наиболее пристойный.

— Несмотря на свои миллионы, они счастливо сумели сохранить довольно симпатичную патриархальную демократичность, — сказал Саша Диабели.

— Люди хорошие, добрые, — отозвался Заикин, натягивая башмаки. — Братья-то шалопуты, а дядька их — умница.

— Ваня, попроси у них денег, — вставил Ярославцев. — Или хотя бы закинь удочку.

— Нехорошо, — покачал головой Заикин. — Люди за мной автомобиль прислали, меня приглашают, а я с выгодой к ним! Нехорошо.

Он был уже одет, стоял перед зеркалом и торопливо причесывал свои усы.

— Иван, ты чист душой, и делать это действительно не следует, — улыбнулся Куприн. — Тем более что господа Пташниковы, наверное, сами предложат тебе помощь. Интересно только, как это будет выглядеть? И да хранит тебя Бог!

— Ну, я побёг! — Заикин был уже в дверях.

— «Побёг» так «побёг», — подчеркнуто сказал Пильский. — Мы ждем тебя. Саша, наливайте!

Заикин выскочил за дверь и помчался пустынными гостиничными коридорами.

У подъезда «Лондонской» стояло чудо десятого года — автомобиль «мерседес-бенц».

Небрежно помахивая тросточкой, похаживал франтик в соломенном канотье. Как только из дверей гостиницы показался Заикин, франтик метнулся к нему и торопливо проговорил:

— Иван Михайлович!

— Чего изволите? — садясь в автомобиль, недовольно спросил Заикин.

Франтик подошел вплотную к автомобилю и, стараясь дышать в сторону, сказал:

— Иван Михайлович, как говорится, секунда судьбы не решает. Три секунды — тоже, это уже говорю я вам. На три секунды я могу вас иметь?

— Ну, валяй, говори, чего у тебя там, — добродушно ответил Заикин и сделал рукой знак шоферу.

Шофер завел мотор, и под грохот стреляющего двигателя вечно нетрезвый, помятый франтик в соломенном канотье, с дешевой черноморской тросточкой в руках вдруг серьезно и грустно спросил:

— Во Францию и вправду едете?

— Еду, браток, — польщенно ответил Заикин.

Франтик поковырял тросточкой старенький лакированный штиблет, поднял на Заикина печальные глаза и с отчаянной решимостью сказал почти шепотом:

— Иван Михайлович, возьмите меня с собой!

— Это еще зачем? — удивился Заикин.

— Но вам же нужен будет в Париже хоть один одессит! — со страстной убежденностью, торопливо сказал франтик. — Вы же там с тоски сдохнете! Что они у себя понимают? С кем вы там будете говорить за Одессу?..

Вшестером сидели за большим круглым столом: толстые, похожие друг на друга братья Пташниковы — Анатолий Васильевич, Николай Васильевич и Иван Васильевич, их мать — Анна Ивановна, маленькая добрая старушка со святыми глазами, и брат покойного мужа Анны Ивановны, дядя трех братьев — Дмитрий Тимофеевич Пташников — поджарый умный мужик в дорогой купеческой поддевке. Между ним и Анной Ивановной, истинными хозяевами дома, сидел Иван Михайлович Заикин.

— Кушайте, Иван Михайлович, кушайте, голубчик вы наш, — ласково говорила Анна Ивановна, — с грибочками кушайте...

— Благодарствую, матушка Анна Ивановна, — растроганно отвечал Заикин.

— Господи, — вздохнул Дмитрий Тимофеевич, и глаза его затуманились. — Не в пример кому-нибудь... — Он посмотрел на племянников. — Нынче примеры праведные никого не питают и никому не нужны, но вот матушка ихняя, жена моего брата покойного Василия, не даст соврать. Как мы простыми коробейничками, втроем с Аннушкой, голью перекатной в Одессу прибыли...

На глазах Анны Ивановны показались слезы умиления.

— От Херсона до Николаева все ножками да ножками, лоточки на шею и: «Покупайте, люди добрые, ниточки да иголочки, колечки медные да сережки дешевенькие!» Где недоспишь, где недоешь... А потом у братца с Анной Ивановной вот эти чада любезные пошли.

Дмитрий Тимофеевич усмехнулся и кивнул на скучавших племянников, а матушка Анна Ивановна посмотрела на своих сыновей с ласковой всепрощающей любовью.

— Эвон в каких боровков вымахали, — жестко сказал Дмитрий Тимофеевич и тут же мягко продолжил: — Ну, да слава Господу, нынче по всему Югу склады мануфактурные оптовые, магазины, служащих одних сот несколько наберется. Все для них, для наследничков, для деточек наших. — Дмитрий Тимофеевич почти ласково посмотрел на своих племянников. — Чтоб они, не в пример нам, ручки не утруждая, могли б с мильёнами обращаться. Потому как жить надо для будущего. А будущее — это детки наши любезные...

Анна Ивановна приняла последнюю фразу за чистую монету и снова со святой материнской любовью гордо оглядела своих толстых деток, младшему из которых было лет тридцать.

— Дядя... — недовольно начал старший, Николай Васильевич.

Дмитрий Тимофеевич мгновенно вскинул на него глаза и с улыбкой удивленно спросил:

— Ты никак сказать чего хотел?

— Да нет... — смешался Николай Васильевич.

— Ну, вот и хорошо, — процедил Дмитрий Тимофеевич. — А ты кушай, Иван Михайлович, кушай. А может, все-таки примешь стопочку?

— Не обижайтесь, Дмитрий Тимофеевич, зарок дал...

— И ладно. И ладно. Дал слово — держись. Я ведь к чему тебе все это рассказываю? А к тому, что большое ты дело задумал, интересное. Новое дело. И кому, как не тебе, за такие дела браться? Им, что ли? — И Дмитрий Тимофеевич показал на племянников.

Младший, Иван Васильевич, глуповато хохотнул:

— Он, дядя, своей фигурой аэроплан раздавит!

— Для этого дела по меньшей мере инженером быть надо, — язвительно улыбнулся Анатолий Васильевич.

— Я слышал, Иван Михайлович, что ты и грамоте не обучен, — прищурился Николай Васильевич.

Заикин мрачно ответил:

— Грамоте и вправду не обучен. Александр Иванович Куприн, дай Бог ему здоровья, расписываться научил, а боле времени не было. Зато желание стать авиатором имею огромадное.

— Иван Михайлович! — всплеснула руками добрейшая Анна Ивановна. — Неужто вы и в самом деле собираетесь учиться авиаторскому делу?

— В самом деле, матушка Анна Ивановна.

Братья Пташниковы весело захохотали.

Заикин нахмурился, а Дмитрий Тимофеевич успокаивающе похлопал Ивана Михайловича ладонью по обшлагу сюртука, дал отсмеяться племянникам и только после этого весело сказал:

— Ты уж прости, Иван Михайлович, племянников моих. Они мальчонки веселые, безобидные. Головкой, может, малость слабоваты, ну так это все от трудов праведных. Шутка ли дело — нагрузка на организмы их нежные какая! Ночью с шансонетками, днем отсыпаются. Встанут, покушают, да опять на боковую. Вот автомобиль купили — совсем, бедняги, замотались: то на бега, то в цирк, то в театр, ну а потом уж опять по ресторанам. Тяжелая у них жизнь, Иван Михайлович, очень тяжелая...

— Ну просто себя не жалеют! — искренне огорчилась Анна Ивановна.

Племянники заржали над мамашей, и она снова умиленно окинула каждого любящим взглядом.

— Довольно грохотать, — резко сказал Дмитрий Тимофеевич. — Дайте с человеком словом перемолвиться. И небось в копеечку это тебе встанет, а, Иван Михайлович?

— Встанет, Дмитрий Тимофеевич. Научиться летать — это еще полдела. Главное — аэроплан приобрести, чтобы можно было на нем демонстрировать полеты в российских городах, — почесал в затылке Заикин. — А уж там-то все образуется.

— Неужто денег нет? — удивился Дмитрий Тимофеевич. — Такой знаменитый спортсмен, любимец публики...

— Да я, Дмитрий Тимофеевич, в Симбирской губернии двадцать девять десятин земли купил. Именьице небольшое. Мало ли что случится, так хоть по миру не пойду.

— Ай, умница! — восхитился Дмитрий Тимофеевич. — Вот это ты, Иван Михайлович, молодец! А скажи по совести, авиатором надеешься стать?

— Не только авиатором стать надеюсь, но и Россию хочу прославить.

— Это чем, аэропланом, что ли? — насмешливо спросил старший брат, а двое других фыркнули.

— Не отвечай, Иван Михайлович, — быстро сказал Дмитрий Тимофеевич и встал из-за стола. — Не траться попусту. Иди-ка лучше за мной в кабинет, может, мне чем и помочь тебе удастся.

Дмитрий Тимофеевич прошел к двери, Заикин за ним. У дверей Дмитрий Тимофеевич обернулся и ласково сказал своим племянникам:

— А вы, чада любезные, кушайте, кушайте, а то у вас с голодухи личики вон какие махонькие стали.

Заикин еле сдержал смех и вышел за Дмитрием Тимофеевичем.

Они шли по громадному притихшему ночному дому, и Дмитрий Тимофеевич говорил Заикину:

— Сейчас времена купцов Островского прошли. Сегодняшний купец должен быть личностью прогрессивной, смелой и рискованной. Он должен идти в ногу со временем, а кой-где и вперед забежать.

Дмитрий Тимофеевич толкнул дверь кабинета и пропустил вперед Заикина.

В кабинете сидел маленький сухонький человечек в очках.

— Знакомься, Иван Михайлович, — сказал Пташников. — Это Травин, юрист мой. Я за ним — как за каменной стеной.

Заикин не смог скрыть своего удивления, увидев юриста в кабинете Пташникова в три часа ночи. Он сухо поклонился Травину, а тот льстиво пробормотал:

— Очень, очень рад, — и цепко оглядел Заикина.

И в этот момент Дмитрий Тимофеевич незаметно подмигнул Травину.

— Вот, засиделся тут над всякими бумаженциями, — развел руками Травин. — Ну, да пора и честь знать. Разрешите откланяться.

— Ну уж нет! Коль мы тебя тут застали, изволь-ка помочь нам своим просветленным мнением, — решительно проговорил Пташников.

Травин улыбнулся за спиной Ивана Михайловича и с готовностью согласился:

— Всегда рад, всегда рад. — И снова прочно уселся в кресло, словно и не собирался уходить, а только ждал прихода Заикина и Пташникова. — Итак?

Уже светало. Заикин медленно и тяжело подошел к подъезду гостиницы.

Дверь была заперта. Заикин нажал кнопку звонка и повернулся, прислонился спиной к двери. Пустынный одесский бульвар, набережная, море предстали перед растерянными глазами Заикина в рассветной утренней желтизне.

Заикин глубоко вздохнул и удивленно покачал головой.

Заспанный швейцар, громыхая ключами, открыл двери. Иван Михайлович сунул ему полтинник и тяжело и медленно пошел по тем же коридорам и лестницам, по которым три часа тому назад бежал, исполненный радостных надежд.

Он подошел к своему номеру, удивленно хмыкнул и покачал головой. А затем отворил дверь и вошел.

Куприн, Ярославцев, Саша Диабели и Петр Осипович Пильский спали. Кто в кресле, кто на кушетке, кто сидя за столом.

Заикин сел на стул и налил себе полный стакан водки. Выпить не торопился. Посмотрел сквозь водку на свет, понюхал ее, сплюнул и отставил стакан в сторону. И вдруг рассмеялся. Рассмеялся весело, беззаботно, все время удивленно покачивая головой.

Куприн первый открыл глаза, увидел сидящего на стуле Заикина и испугался его состояния:

— Что это с тобой, Ванечка?!

Тревожный голос Куприна разбудил остальных. Все вскочили, смотрели на Ивана Заикина.

— Ты что, Ваня? — спросил Ярославцев.

А Заикин уже хохотал в голос и все вытаскивал и вытаскивал из кармана какие-то бумажки. Собрал их воедино, вынул большой платок и вытер набежавшие от смеха слезы.

— Братцы! — с трудом сдерживая смех, проговорил он. — А ведь я теперь вроде как крепостной. Ей-богу!

— Ты что, с ума сошел? — спросил Пильский.

— Точно, — подтвердил Заикин. — Скорей всего что сошел. Вот вы люди грамотные — вы в этих бумажках хорошо разберетесь.

Заикин бросил на стол несколько листов плотной бумаги.

— Что это? — спросил Саша Диабели.

— Что?! — крикнул Заикин. — Купчая крепость на мое имя, которое теперь не мое, а господ Пташниковых! Контракт, по которому шестьдесят процентов всех доходов от демонстрации полетов принадлежит теперь господам Пташниковым. Обязательство мое, что за все поломки аэроплана плачу я сам. Обязательства господ Пташниковых высылать мне в период обучения столько денег, сколько нужно, чтобы с голоду не подохнуть! А это — чек на тридцать пять тысяч франков в контору господина Фармана в Париже за аэроплан. Аэроплан будет принадлежать тоже господам Пташниковым. И я теперь ихний, господский. Мне даже билет до Парижа был уже приготовлен!

Заикин увидел, что его потрясенные друзья потянулись к бумагам, лежавшим на столе, и крикнул:

— Смотрите, смотрите! Они, оказывается, вчера еще заготовлены были и во всяких конторах печатями заверены! Ну как, не крепостной я теперь, что ли?!

※ ※ ※

За столом в доме Пташниковых шел тихий семейный разговор. На месте Заикина сидел Травин.

Дмитрий Тимофеевич в одном жилете поднял рюмочку и сказал нормальным «светским» языком:

— Ну, что же, выпьем за воздухоплавание, за дерзость ума человеческого, за прогресс. За все то, что может дать прирост капитала и упрочить наше положение. Положение дома Пташниковых!

Лица племянников были уже не глуповатыми, а внимательными и серьезными. Они подняли свои рюмки, и младший, Анатолий, сказал:

— Мон шер онкль, Дмитрий Тимофеевич! В следующий раз, когда вам придет охота начать разрабатывать неведомую доходную жилу, прошу вас не делать это столь многосложными путями и не устраивать столь унизительные для нас всех спектакли.

— Мои дорогие мальчики, — совершенно искренне произнес Дмитрий Тимофеевич. — Я прошу у вас прощения за все, что вам пришлось сегодня вынести от своего глупого, старого, но очень любящего вас дядьки. Пардон муа, но искусство требует жертв. Вы же не станете отрицать этого?

Добрейшая старушка Анна Ивановна ничего не понимала и улыбалась всем подряд.

Большая компания провожала Ивана Михайловича Заикина в Париж. Артисты цирка, борцы, журналисты. Был и франтик.

У вагона, чуть в стороне от всех, стояли Куприн и Заикин.

— Ну, прощай, старик, — тихо говорил Куприн. — Прощай, мой дорогой и хороший друг. Ты уезжаешь в нищету, в неизвестность, может быть, даже в смерть... Так будь же силен духом! — Куприн порылся в кармане и вытащил маленькую фигурку. — Говорят, приносит счастье. Возьми ее себе.

— Что за карлик? — спросил Заикин, разглядывая фигурку, вырезанную из черного камня.

— Будда.

— Спасибо. Прощай, Ляксантра Иваныч.

Вокзальный колокол пробил трижды.

— И вы все прощайте! — крикнул на весь перрон Заикин.

— Прощайте, Иван Михайлович!!! — завопил не очень трезвый франтик в соломенном канотье. — От это да! От это я понимаю! Это — человек!..

И тогда все закричали и замахали Ивану Михайловичу Заикину, а Куприн вынул носовой платок и высморкался, чтобы не заплакать.

— И ты будь силен духом, — тихо сказал ему Заикин. — Я скоро вернусь.

Все бросились к Заикину, и только один человек, стоявший неподалеку, остался на месте. Несмотря на то что он тоже некоторым образом провожал Ивана Михайловича, ему не хотелось себя обнаруживать. Поэтому он стоял в стороне, мило улыбался и даже помахивал ручкой.

Это был господин Травин — юрисконсульт господ Пташниковых.

В пять часов утра весенний Париж еще затянут черной дымкой. Это час горожан-рыболовов. Только в этот час могут они в спокойствии и тишине закинуть свои удочки в грязноватую Сену.

Спины рыболовов впечатывались в белесый клочковатый туман над водой. То одна, то другая спина разгибалась, и тогда становилась видна поднятая удочка. На крючок насаживалась новая приманка или снималась микроскопическая добыча, но все это делалось молча, с достоинством, чтобы не мешать друг другу.

Около десятка неподвижных удочек склонилось над водой. И вдруг вокруг одного поплавка показались тревожные круги. Поплавок нырнул, и удочка дважды дернулась влево, выхватив из воды крохотную рыбешку, которая тут же сорвалась с крючка и шлепнулась обратно в родную стихию.

И тогда в тишине рассветного Парижа, на фоне знаменитой башни, ставшей символом Франции, на берегу Сены раздался негромкий, исполненный презрительного раздражения голос, сказавший по-русски:

— Ну кто так подсекает? Ну кто так подсекает?! Каким у тебя концом руки-то вставлены, прости Господи?!

Это был Иван Михайлович Заикин.

Рыболов — маленький пожилой француз, обозленный неудачей, — гневно закричал на Заикина так, что тот даже попятился.

Началась перепалка. Рыболовы мгновенно перессорились.

Из окон домов на них стали кричать, справедливо упрекая в нарушении тишины. Рыболовы объединились и дружно стали переругиваться с разбуженными жильцами.

— Господи! И чего я сказал-то такого? — растерялся Заикин. На него уже никто не обращал внимания, и только маленький пожилой француз наскакивал на него и кричал, наверное, какие-то нехорошие французские слова.

— Чего я сказал-то? Что ты подсекать не умеешь, так тебе это любой одесский босяк скажет.

А француз все продолжал вопить и наскакивать.

— Ну, пардон, ежели так, — примирительно говорил Заикин. — Ну, говорю же, пардон! Ну, миль пардон! Ну, силь ву пле, заткнись ты, Христа ради. Смотри, какой нервный!

Неизвестно, чем кончилась бы эта ссора, в которую уже была вовлечена вся набережная, если бы из-за угла не появилась большая пароконная фура, груженная ящиками с капустой.

Фура катилась по мостовой, грохоча и подпрыгивая. Она заглушила голоса ссорящихся, которые тут же накинулись на возчика. Возчик показал язык и еще быстрее погнал лошадей. Но в этот момент переднее колесо фуры приподняло здоровенную крышку канализационного люка, а заднее колесо попросту провалилось в этот люк. Раздался треск и грохот падающих ящиков, посыпались капустные кочаны. Лошади остановились как вкопанные и от неожиданности присели на задние ноги.

Возчик скатился с козел и стал орать и на жильцов, и на рыболовов, и на лошадей.

Несколько человек бросились помогать возчику и лошадям, но усилия их были тщетны. Заднее колесо прочно застряло в люке.

Лошади безуспешно скребли копытами по мостовой, французы горланили и подбадривали друг друга так же темпераментно, как только что ссорились, но фура не двигалась с места.

— Вот орать-то вы мастера, — сказал Заикин маленькому пожилому французу-рыболову, который суетился больше всех, командовал и был в отчаянии от того, что его никто не слушает.

Заикин подошел к выступающей оси провалившегося заднего колеса, добродушно оттер плечом суетившихся французов и даже прикрикнул на них по-грузчицки:

— Поберегись!

Из переулка на набережную выкатился наемный открытый фиакр, в котором сидели два элегантных господина.

Дорога была перекрыта застрявшей фурой, и фиакру пришлось волей-неволей остановиться.

Заикин хозяйски осмотрел колесо, кому-то сунул в руки свою роскошную трость, а сам подошел к возчику и вытащил у него из-за фартука большие рабочие рукавицы. Надел их и ухватился за заднюю ось.

— Та-а-ак... — сказал он и неторопливо приподнял огромную пароконную фуру со всем ее содержимым. Заднее колесо медленно вышло из люка и повисло в могучих руках Заикина. На набережной воцарилась абсолютная тишина. Потрясенные люди боялись проронить слово.

Заикин убедился, что колесо полностью вышло из люка, и рявкнул возчику:

— Пошел!!!

От крика Ивана Михайловича лошади рванулись раньше, чем возчик успел натянуть поводья. И под восторженные крики, несшиеся с набережной и из окон, фура прокатилась вперед на несколько метров от опасного места.

— О, мсье! — восхищенно простонал пожилой маленький француз.

Он взял свою удочку в обе руки, словно шпагу, и несколько театральным жестом протянул ее так, как протянул бы свое оружие побежденный, сдаваясь на милость победителя.

— Мерси, — сказал Заикин и принял подарок.

— О, мсье!.. — восхищенно повторил француз и отступил.

Несколько рыболовов подхватили свой небогатый улов и бросились вручать его Заикину. Через секунду Заикин держал десяток тощих рыбешек, нанизанных на несколько ниток, а возчик выбрал самый большой и самый белый кочан капусты и положил его у ног Ивана Михайловича.

— Это он, — сказал по-русски один господин в фиакре другому. — Это может быть только он. — Привстал с сиденья и крикнул: — Иван Михайлович! Господин Заикин!

Заикин обернулся и увидел фиакр с двумя элегантными господами. Он счастливо засмеялся и поднял приветственно удочку и связку рыбешек над головой. Но тут его осенило.

— Миша! — громовым голосом закричал он, и лошади снова рванули фуру вперед.

Набережная захохотала.

— Миша!!! — снова прокричал Заикин и, продираясь сквозь толпу, по простоте душевной объяснял на ходу французам: — Это Миша Ефимов. Земляк, можно сказать! Наш. Из Одессы! Компрене?

— Уй, мсье... Уй, мсье... Бон вояж! — отвечали ему со всех сторон.

В фиакре Заикин сидел напротив Ефимова и его спутника, держа в руках удочку и рыбешек.

— Иван Михайлович, хочу представить тебе инженер-капитана российского флота господина Мациевича Льва Макаровича, — сказал Ефимов.

Заикин поклонился и добросердечно сказал:

— Очень, очень рад. Просто и слов не найду! Это же надо, где своих встретил!

— Это не ты встретил, а мы тебя, — засмеялся Ефимов. — Мы тебя с ночи разыскиваем.

— Батюшки-светы! — изумился Заикин. — Это каким же путем проведали?

— Александр Иванович Куприн узнал наш адрес и телеграфировал о твоем приезде.

— Ох, светлая душа Ляксантра Иваныч! — с нежностью проговорил Заикин.

— А вы, Иван Михайлович, насколько я знаю, в прошлом году здесь, в Париже, чемпионат мира выиграли? — с улыбкой спросил Мациевич. — По каким же делам теперь во Францию пожаловали? Снова по спортивным или отдыхать?

Заикин подозрительно глянул на Ефимова и Мациевича:

— А Ляксантра Иваныч в телеграмме не сказывал?

— Нет, — ответил Ефимов. — Только просил встретить и помочь на первых порах.

— Дак я же к вам, — расплылся в улыбке Заикин. — В школу воздухоплавательскую!

— Решили на полеты посмотреть? — вежливо осведомился Мациевич.

Фиакр остановился на улице Мира у дома 27, где помещалась маленькая гостиница, в которой остановился Заикин.

Заикин встал, обстоятельно подвесил рыбок к удочке, взял свою палку и неторопливо сошел на мостовую. И только тогда ответил:

— Зачем «посмотреть»? Самому научиться.

Через двор аэропланной фабрики господина Фармана четверо рабочих несли самолетный мотор «Гном», а за ними в простых портах и кожаном фартуке шел Иван Михайлович Заикин и один нес на плечах точно такой же второй мотор.

Из ворот цеха выскочил мастер и крикнул рабочим:

— Вит, вит аллон!..

Из дверей конторы вышел господин — хозяин фабрики и директор школы мсье Анри Фарман.

— Гастон! — окликнул Фарман мастера.

— Мсье? — мастер немедленно подбежал к Фарману.

— Гастон, надеюсь, вы не забыли, что я строжайше запретил пускать на фабрику кого-либо из иностранцев.

— Нет, мсье.

— Тогда почему у вас уже целый месяц болтается по всем цехах этот русский? Скандал братьев Райт и Вуазена до сих пор жив в моей памяти. Мне не хотелось бы быть втянутым в подобную историю, когда я узнаю, что русские начали выпускать аппараты моего типа.

Мастер весело рассмеялся:

— О, мсье, вам это не грозит! Подозревать мсье Заикина в том, что он сможет хотя бы что-нибудь понять в секретах производства, простите меня, смешно. Во-первых, он ни слова не понимает по-французски, а во-вторых, он настолько же силен физически, насколько умственно слаб.

— Но, Гастон...

— Прошу прощения, мсье, есть еще причина. Если бы мсье купил еще один хотя бы небольшой подземный кран для переноски двигателей, я тут же выставил бы мсье Заикина за дверь.

— У нас нет лишних денег, — резко сказал Фарман.

— О, мсье! — иронично воскликнул мастер. — Я вам так сочувствую!

— Вы забываетесь, Гастон.

— Мсье, вы сконструировали аэроплан и поручили строить его мне. Я сделал так, чтобы вы могли продавать летательные аппараты всем, кому вздумается. Вместе с вами мы максимально удешевили производство. Но нельзя же этим заниматься бесконечно! Прочность вашей конструкции еще весьма сомнительна.

— Гастон! Я сам летаю на этих аппаратах! Упрек не по адресу!

— Мсье! Не напоминайте мне о своих подвигах. Я готов трубить о них на каждом перекрестке. Вы вправе рисковать собственной жизнью, но вам никто не позволял рисковать жизнью других. Мало того, что вы обучаете летному делу на самых изношенных аппаратах, вы еще умудряетесь получать с учеников триста процентов прибыли за каждую поломку в процессе обучения. О, мсье! Стоит ли после этого говорить о том, что у вас нет лишних денег?

— Как бы нам не пришлось расстаться с вами, Гастон...

— Мсье! Этого должны бояться только вы. Скандал братьев Райт и Вуазена, вы же сами сказали, еще жив в вашей памяти. И вряд ли вам захочется, чтобы фирма, в которую уйду я, в скором времени стала выпускать аппараты, очень похожие на те, какие выпускаем мы с вами сейчас. Уж если вы боитесь безграмотного Заикина, представьте, как вам следует опасаться моего ухода.

— Вы просто мерзавец, Гастон!

— Не будьте мерзавцем, Анри! Я слишком люблю вас, чтобы молча следить за тем, как падает ваш авторитет в глазах тех же учеников.

— Идите к черту!
— О, мсье! С вами — куда угодно!
Из ворот цеха выскочил молодой рабочий и подбежал к мастеру и Фарману.
— Прошу прощения, но нам хотелось бы, чтобы вы заглянули в цех.
— Что случилось? — спросил мастер.
— Дело в том, что этот русский, кажется, предложил совершенно новый способ крепления тросов стабилизатора. Из того, что он говорил, мы не поняли ничего, но то, что он нам показал, — это просто потрясающе!
Мастер и Фарман переглянулись и бросились к воротам цеха.

— Ну, смотри, — говорил Заикин и что-то чертил на бумаге. — Ежели ты вырежешь вот такую пластиночку и просверлишь тут две дырки, а потом пропустишь сюда вот эти хреновины, то тебе никакие гайки и нужны не будут. Чем оно сильней натянется, тем крепче зажмет ее здеся. Понял?
Анри Фарман, мастер и несколько человек рабочих склонились над чертежом.
— А раз тебе гайки с болтами стали ни к чему, то чего у нас получается? А получается уменьшение веса...
Заикин взял приспособление для крепления тросов, вынул из него гайки с болтами, для наглядности взвесил в руке и отбросил их в сторону.
Фарман и мастер горячо заговорили о чем-то, а затем Фарман повернулся к Заикину и стал что-то говорить ему, одновременно рисуя на бумаге свой вариант.
— Да подожди ты! — с досадой прогудел Заикин. — Вот непонятливый. Ну, не так это! Не так. Вот смотри-ко...
Он отобрал у Фармана лист бумаги и снова стал набрасывать эскиз крепления.

— Ты слушай, — говорил он, не отрываясь от чертежа. — Раз уж ты по-русски ни бельмеса, я тебе буду говорить помедленней. Компрене?

— Компрене, компрене! — быстро сказал Фарман, тоже не отрывая глаз от чертежа и снимая сюртук.

И все стоящие вокруг закивали головами и сказали «компрене».

— Вот здесь сверлить две дырки... — медленно и раздельно стал объяснять Заикин.

Несколько человек русских офицеров в летной форме и Иван Михайлович Заикин сидели на краю Мурмелонского аэродрома и молча смотрели на взлеты и посадки двух аэропланов системы «Фарман». Там, вдалеке, где садились аэропланы, можно было разглядеть десяток стоявших фигур.

— Все летают, — зло сказал поручик Габер-Влынский. — Немцы, англичане, французы, японцы... Все! А мы сидим и ждем какой-то особой, уготованной только для нас очереди!

— Кончится это тем, что я вынужден буду писать его императорскому высочеству, — сказал подполковник Ульянин.

— Кому? — удивленно переспросил Заикин.

— Великому князю Александру Михайловичу, — пояснил Мациевич. — Он же председатель Всероссийского императорского аэроклуба. Мы командированы сюда его молитвами. И деньгами тоже.

— Елки-моталки! — поразился Заикин. — Неужто?

— Сегодня не в духе господин Фарман, завтра у мсье Бовье, нашего обожаемого и истеричного инструктора, разболится зуб, послезавтра будет ветер, а послепослезавтра произойдет еще что-нибудь, и полеты снова отменят! До каких пор это будет продолжаться? — нервно сказал поручик Горшков.

От группы, стоявшей около аэропланов, отделился человек и побежал к сидевшим на земле русским офицерам.

— Мы все так единодушны в своих возмущениях, что, казалось бы, сплоченней нас и быть не может. Однако стоит господину профессору Бовье вызвать кого-нибудь из нас на внеочередной полет, как от нашей солидарности не останется и следа, — улыбнулся Лев Макарович Мациевич, глядя на бегущего человека.

— Капитан, вы недооцениваете нас, — жестко сказал подполковник Ульянин. — Мы здесь все как на необитаемом острове, и наша сплоченность...

— Молю Бога, чтобы мы не начали есть друг друга на этом острове, — заметил Мациевич.

Бежавший человек остановился метрах в тридцати от группы. Это был японец в кожаной летной куртке и шлеме.

— Мистер Ульянин! Мистер Ульянин!!! — закричал он по-английски. — Профессор просит вас к аэроплану! Вы летите с ним на тренировку!

Ульянин вскочил, растерянно оглядел всех.

— Бегите, подполковник, бегите, — мирно проговорил Мациевич. — Наша солидарность не должна вставать преградой перед достижением главной цели.

Ульянин натянул шлем и побежал за японцем к самолету.

— Господа! — потрясенно воскликнул молодой поручик Горшков. — Я только сейчас понял основной принцип государственного правления! Одну секундочку, я постараюсь почетче сформулировать его. Значит, так: из любой массовой оппозиции нужно выбрать наиболее яростно настроенных и наиболее решительно противостоящих и неожиданно предоставить им те блага, которых лишена вся оппозиция и из-за лишения которых оппозиция и возникла. Таким образом, масса лишается руководящей силы, становится хаотическим сбродом, а правитель получает в союзники сильную личность, которая еще недавно стояла по другую сторону баррикад и наводила ужас на этого же правителя!

— И это называется четкая формулировка? — насмешливо проговорил Габер-Влынский. — Это же какое-то кошмарное словоблудие! Лев Макарович! Объясните Горшкову, что он открывает для себя мир с самой неудобной стороны: он ломится в давно открытые ворота. Тщетность его усилий — максимальная, коэффициент полезного действия равен нулю.

Заикин внимательно прислушивался, не отводя глаз от взлетающего и садящегося аэроплана.

— Я могу продолжить свою мысль! — закричал Горшков.

— Не надо, — мягко сказал Мациевич. — Весь принцип правления, открытый вами и так страстно и подробно сформулированный, укладывается в два слова: «Разделяй и властвуй!» Способ, известный со времени падения ассиро-вавилонской культуры. А это было совсем недавно — около пяти тысяч лет до нашей с вами эры...

— Иван Михайлович! — воскликнул Горшков. — Почему вы молчите? Вступитесь же за меня! Неужели вам нечего сказать?!

Заикин с трудом оторвал глаза от летного поля, оглядел всех с нежностью и негромко сказал:

— Почему же нечего? Есть, конечно! Я летать хочу.

И снова уставился на аэропланы.

Под вечер около ангара два механика, Жан и Жак, мыли аэроплан касторовым маслом, перекрикивались и время от времени разражались хохотом.

И под их истинно французскую веселую перебранку Мациевич неторопливо объяснял Заикину:

— Манипуляции при полете совершаются так: вот этот рычаг несет четыре проволоки — две к рулю глубины...

— Две к рулю глубины, — старательно повторил Заикин.

— ...а две — к шарнирным подвескам главного биплана.

— Две — к подвескам биплана.

— Правильно, — похвалил Мациевич. — Двигая рычаг вперед и назад по отношению к направлению движения, сообщаем аппарату уклон вниз или вверх.

— А когда — что? — спросил Заикин. — Когда «вверх»?

— Вперед — вниз, на себя — вверх, — пояснил Мациевич.

— Вперед — вниз, — повторил Заикин и двинул рукой вперед воображаемый рычаг. — На себя — вверх.

Заикин сделал вид, что тянет рычаг на себя, и посмотрел наверх. В оранжевом от заходящего солнца небе летела стая гусей.

— В Россию летят, — вдруг хриплым голосом сказал он.

— Ну почему в Россию? — ласково возразил Мациевич. — Не обязательно.

— В Россию... — глядя вослед стае, упрямо повторил Заикин, и голос его дрогнул.

А французы перекрикивались и хохотали.

В цеху аэропланной фабрики господина Фармана Иван Михайлович Заикин продолжал таскать моторы, помогал натягивать расчалки, переносил с места на место крылья и огромные тяжелые детали. Молодые механики Жан и Жак работали вместе с ним, шутили, смеялись, пытались объяснить Заикину назначение того или иного агрегата. Заикин внимательно присматривался, слушал, переспрашивал.

В момент одного такого русско-французского диалога, подкрепленного жестикуляцией, в цех вошел Анри Фарман.

Он внимательно прислушался к разговору Жана, Жака и Ивана Михайловича и пальцем поманил к себе мастера.

— Гастон, вы можете купить кран, о котором так мечтали. Счет пусть пришлют на мое имя. И постарайтесь сделать так, чтобы кран выполнял свои прямые функции — поднимал тяжести, а не болтал бы с вашими рабочими.

— Слушаюсь, мсье.

— И попросите ко мне мсье Заикина.

Мастер окликнул Заикина и показал на Анри Фармана. Заикин подошел, поклонился.

— Как вы себя чувствуете, мсье Заикин? — неожиданно по-русски, с трудом выговаривая слова, спросил его Фарман.

На что Заикин на плохом французском языке, но без малейшей запинки ответил:

— Благодарю вас, мсье Фарман, очень хорошо. Когда я начну летать?

Ошарашенный Фарман уставился на Заикина, как на седьмое чудо света. Потом проглотил комок и перевел растерянный взгляд на мастера. Мастер был поражен не меньше Фармана.

Жан и Жак давились от сдерживаемого хохота.

Фарман наконец справился с собой, любезно улыбнулся и по-французски сказал:

— Я и не подозревал, что вы говорите по-французски. Это намного упрощает дело. Вам будет нетрудно пройти курс авиатора. Завтра можете вносить деньги за аэроплан. Зайдите в мою парижскую контору, там вам выпишут счет, и вы оплатите его в банке Форжеле. Вы достаточно знакомы теперь с технологией производства, и вам будет нетрудно догадаться, что аэроплан для вас будет готов не раньше чем через три месяца.

Фарман резко повернулся и вышел из цеха.

Заикин не понял ничего из того, что сказал Фарман, и беспомощно повернулся к своим новым друзьям — Жану и Жаку:

— Чего он сказал-то?

* * *

Этот же вопрос Заикин повторил Льву Макаровичу Мациевичу.

Они стояли на краю летного поля, около ангаров: Жан, Жак, Мациевич и Заикин.

Жан и Жак, перебивая друг друга, рассказывали Мациевичу содержание разговора Заикина и Фармана. Лев Макарович смеялся и поглядывал на растерянного Заикина.

— Чего он сказал-то? — с тревогой повторил Заикин.

— Все в порядке, Иван Михайлович, — успокоил его Мациевич. — Едем в Париж, по дороге все расскажу. Значит, как вы Фарману сказали? Ну-ка, повторите.

Заикин смущенно повторил тщательно выученную французскую фразу. Жан, Жак и Мациевич восторженно захохотали.

— Что-нибудь не так сказал? — испугался Заикин.

— Нет, нет! Все прекрасно! Как мы и учили. Просто я не ожидал такого эффекта.

— А чего, — самоуверенно сказал Заикин, — я ко всему способный. Мне это еще Ляксантра Иванович Куприн говорил.

— Я совершенно согласен с господином Куприным, — весело сказал Мациевич и обнял Заикина: — Вперед! Аллон з анфан де ля патри...

Заикин подмигнул Жану и Жаку, и они пошли с Мациевичем в сторону Мурмелона.

В парижской конторе Фармана бесстрастный чиновник монотонно перечислял расходы, которые должен был оплатить Заикин, а Лев Макарович Мациевич тут же переводил:

— Три тысячи франков за курс обучения. Три тысячи двести франков в счет исправления всех будущих поломок в процессе обучения.

Заикин присвистнул и сказал:

— Лев Макарович, будь ласков, запиши сам и подсчитай, Христа ради. А то ведь ни за понюх табаку обжулит. Гляди, рожа у него какая!

Чиновник на секунду приостановился, переждал фразу Заикина и продолжал тем же бесстрастным голосом перечисление расходов. А Мациевич взял в руки карандаш и бумагу и стал записывать, повторяя по-русски:

— За возможную поломку одного цилиндра мотора «Гном» — одна тысяча восемьдесят франков. Замена прорезиненной ткани на несущих поверхностях из расчета восемь франков за метр.

— Стой, стой! — вскричал Заикин. — Ты что, сдурел?!

Чиновник поднял на Заикина спокойные, холодные глаза.

— Жулик он, Лев Макарыч! — заволновался Заикин. — Ишь, ловкий какой! Восемь франков! Да где это видано?! Эта ткань прорезиненная в любой мануфактурной лавке по три франка за метр, бери — не хочу! А он — восемь франков!

— Продолжать? — по-французски спросил чиновник у Мациевича.

— Ты что думаешь — меня обдурить просто? — раскипятился Заикин. — Али я копейку к копейке сложить не смогу? Да я чемпионат борцовской три года держал! На полтинник ни разу не ошибся при любых расчетах!

— Успокойтесь, Иван Михайлович, — сказал Мациевич. — Эти цены назначает сам Анри Фарман, а мсье только перечисляет их.

— Но это же грабеж средь бела дня, — растерялся Заикин. — Неужто их совесть не мучает?

Чиновник снова уткнулся в прейскурант и монотонно забубнил.

— Аппарат системы «Фарман» — тридцать пять тысяч франков, — переводил и записывал Мациевич. — Запасные части и ангар...

— Какой еще «ангар»? — снова вскинулся Заикин. — Не нужен мне их ангар! Да я у себя в России...

Чиновник спокойно сказал несколько слов, и Мациевич перевел их Заикину:

— Аэроплан продается только с запасными частями и ангаром. Итак: запасные части и ангар — девять тысяч франков. За страховку третьих лиц, могущих пострадать при обучении полетам, по сто пятьдесят франков в месяц...

— Разбойники! — в отчаянии простонал Заикин.

Около банка Форжеле стоял автомобиль.

Шофер ходил вокруг автомобиля и протирал тряпкой медные части облицовки кузова.

На заднем сиденье, закрыв глаза и подставив лицо нежаркому весеннему солнцу, сидела баронесса де ля Рош.

Она не видела, как мимо нее прошли Заикин и Мациевич. Она не слышала, как уже в дверях банка Заикин обиженно прогудел:

— С ума сойти! Пятьдесят пять тысяч триста восемьдесят франков! Это сколько же получается по-нашему, Лев Макарыч?

— Двадцать одна тысяча двести пятьдесят два рубля, — ответил Мациевич и первым прошел в операционный зал банка.

— Батюшки-светы! — сказал Заикин. — А ведь мне Пташниковы только половину таких денег выдали!

— Какие Пташниковы? — насторожился Мациевич. Заикин поскреб в затылке и нехотя сказал:

— Неохота мне, Лев Макарыч, говорить было, жаловаться... А ведь со мной в Одессе знаешь, какая штука произошла...

У одного из окон операционного зала стоял Леже и как с добрым знакомым разговаривал с банковским чиновником, который, ни на секунду не прекращая пересчитывать толстенную пачку денег, успевал улыбаться и задавать светские вопросы.

— Здоровье мадам?
— Благодарю вас, Поль. Отлично.
— Вас долго не было.
— Россия, Австрия...
— Как в России?

Леже вздохнул и через паузу ответил:
— Хорошо.

Чиновник на мгновение приостановился, вскинул глаза на Леже и снова зашелестел купюрами.
— Новый аэроплан для мадам? — спросил он.
— Да, — ответил Леже и вдруг увидел Заикина, который в углу зала что-то горячо рассказывал Мациевичу.

Чиновник закончил считать деньги и сказал:
— Все правильно, мсье.

Леже не ответил. Он продолжал смотреть на Заикина.
— Все в порядке, мсье, — удивленно повторил чиновник. — Деньги перевести на счет господина Фармана?
— Что вы сказали? — спросил Леже.
— Я спросил, на чей счет перевести деньги. Может быть, новый аэроплан вы решили заказать у Блерио?

Леже посмотрел на чиновника и задумчиво сказал:
— Может быть, действительно имеет смысл новый аппарат заказать у Блерио... До завтра, Поль!
— Всего доброго, мсье. Кланяйтесь мадам!
— Благодарю, — ответил Леже и пошел к выходу, но не прямо, а вокруг касс и окон — так, чтобы Заикин не смог его увидеть.

Чиновник удивленно высунулся из окошка, стараясь постичь непонятное поведение своего старого клиента.

А Иван Михайлович в это время говорил Мациевичу:
— Вот, понимаешь, Лев Макарыч, какая штука получилась...

— Слушайте, Иван Михайлович, может, плюнуть вам на все это? Ведь мы, военные, командированы сюда за чужой счет. А, дорогой вы мой, — огорченно сказал Мациевич, — вам же за все самому платить.

— Ну уж дудки! — обозлился Заикин. — Я сюда не за тем приехал...

Заикин зашел за колонну и стал расстегивать сюртук, жилетку, выдирать из штанов рубаху.

— Вы что, голубчик мой?! — растерялся Мациевич. — Что с вами?

— Я, говорю, не за тем сюда приехал, чтобы над копейками трястись! — приговаривал Заикин и что-то яростно дергал у себя под рубахой. — Я летать должен! Летать!

— Что вы делаете, черт вас подери? — шепотом спросил Мациевич, потрясенно глядя на Заикина.

— Да деньги у меня в исподнем зашиты, — так же шепотом ответил Заикин. — Вы, Лев Макарыч, заслоните меня, а то тут, наверное, жулья, как на Привозе. Это у нас в Одессе рынок такой.

Мациевич прикрыл Заикина и огляделся: не видит ли кто?

— Почему я должна ехать в По к Блерио, когда я хочу ехать в Мурмелон к Фарману? — нервно спрашивала де ля Рош у Леже.

Они шли от автомобиля к калитке своего загородного дома.

— Я летаю на аппаратах системы «Фарман» и не собираюсь менять модель. Это непорядочно. Завтра же переведи деньги на счет Анри. Тем более что аэроплан уже почти готов... Послезавтра я еду к Фарману.

— Ну подожди, Кло... — пробормотал Леже и остановил де ля Рош у входа в дом. — Ну подожди, родная моя. Не обманывай себя и меня — ты не к Фарману едешь в Мурмелон. Тебе же все равно, на чем летать. Ты замечательный авиатор, Кло, и на «Блерио» ты летала бы еще лучше. А потом мы уехали бы с тобой в Испанию. Ты знаешь, мне предложили для тебя гастроли в Испании...

— Я поеду в Мурмелон и буду летать на «Фармане»! — твердо сказала де ля Рош, посмотрела в глаза Леже и погладила его по щеке: — Мне очень жаль, Пьер... Останься в Париже, отдохни от меня. Там будет кому присмотреть за моим аппаратом.

— Ты едешь к этому русскому гладиатору? — грустно спросил Леже.

Де ля Рош взяла руку Леже, потерлась щекой о его ладонь и тихонько поцеловала ее.

— Мне очень жаль, Пьер.

Заикин и Мациевич выходили из банка.

— Стой, Лев Макарыч, — сказал Заикин. — Подержи-ка палочку.

Мациевич взял палку из рук Заикина.

Иван Михайлович огляделся по сторонам, вывернул наизнанку карманы сюртука и штанов, встал в профессиональную цирковую борцовскую позу, будто стоял не в центре столицы Франции, а на парад-алле одесского цирка, и торжественно провозгласил:

— Абсолютный чемпион мира волжский богатырь Иван Заикин!

И в эту же секунду, точно так же, как в цирке, за его спиной грянул марш, сопровождаемый восторженными криками. Это было так неожиданно, что у Заикина даже челюсть отвалилась от удивления.

Он резко повернулся и увидел, как из боковой улицы под предводительством военного оркестра на площадь выходила колонна французских солдат регулярной армии. Кричали вездесущие мальчишки, рявкал оркестр, шли через площадь ярко одетые солдаты.

Заикин и Мациевич захохотали одновременно. Они стояли и хохотали сами над собой, они чуть не падали от хохота. Им даже пришлось обнять друг друга за плечи, чтобы не упасть. У Заикина по лицу текли слезы. На секунду они останавливались, судорожно переводили дыхание, взглядывали друг на друга и снова разражались безудержным хохотом.

В закладной конторе маленький седенький старичок прицеливался лупой в роскошные карманные часы Ивана Михайловича. Потом старичок отсчитывал франки за эти часы, а Заикин, мусоля пальцы, обстоятельно пересчитывал их и аккуратно прятал в бумажник.

А когда Заикин и Мациевич приподняли котелки, попрощались и вышли, старичок снова вставил лупу в свою мохнатую бровку и надолго уткнулся в только что купленные часы Ивана Михайловича.

Около учебного «Фармана» в кожаной авиаторской тужурке, замотав шею шерстяным шарфом, стояли Иван Заикин и еще несколько учеников летной школы.

Инструктор, профессор Бовье, по-французски объяснял принцип захода на посадку. При этом он показывал движение аэроплана двумя руками, точно так же, как спустя несколько десятилетий будут показывать все летчики мира.

Заикин напряженно следил за руками Бовье.

— Я вам потом все переведу и объясню, Иван Михайлович, — шепнул ему Лев Макарович Мациевич.

Не отрывая глаз от рук Бовье, Заикин шепнул ему в ответ:

— Чего тут объяснять-то, Лев Макарыч? И так все ясно: когда подходишь к земле, нужно на себя рычаг-то потянуть и немного опустить хвост... Он про это говорит?

Мациевич утвердительно кивнул и с нескрываемым уважением посмотрел на Заикина, но тот уже что-то шептал себе под нос. И руки его, огромные узловатые ручищи волжского грузчика, привыкшие к фантастическим тяжестям, невольно повторяли плавные движения рук профессора Бовье...

Потом Мациевич летал самостоятельно. Профессор Бовье разговаривал с Львом Макаровичем почтительно и серьезно, не так, как с остальными учениками. Потом летали англичанин и индус, и только потом Габер-Влынский с профессором.

Заикин суетился, помогал разворачивать аэроплан и искательно заглядывал в глаза профессору. Но Бовье только посмеивался и похлопывал Заикина по плечу.

Под вечер, когда полеты были закончены, Мациевич и Заикин шли пешком по пыльной проселочной дороге от аэродрома в Мурмелон. Мимо них ехали ученики школы Фармана. На мотоциклах, на велосипедах, на конных пролетках. Усталые, грязные, счастливые.

Первым окликнул Мациевича и Заикина поручик Горшков. Он остановил наемную пролетку и крикнул:

— Лев Макарович! Иван Михайлович! Садитесь, подвезу до отеля!

— Спасибо, Коленька, — ответил Мациевич и улыбнулся. — Мы с Иваном Михайловичем пройдемся пешком.

Горшков покатил дальше, но в следующую секунду их догнал на большом мотоцикле с коляской англичанин и тоже предложил свои услуги. Мациевич поблагодарил его по-английски, и англичанин покатил вперед. Проехал индус на велосипеде, крикнул что-то по-французски.

Мациевич помахал ему рукой и сказал Заикину:

— Забавная штука! Я на секунду вдруг с ужасающей ясностью представил себе всех этих милых молодых людей дерущимися друг против друга на аэропланах одинаковых конструкций.

— Бог с вами, Лев Макарыч, — тревожно сказал Заикин. — Слова-то вы какие страшные говорите! Неужто и вправду вам видение такое?

— Простите меня, дорогой мой, — извинился Мациевич. — Я, наверное, просто устал. Вот и лезет в голову всякая дрянь.

Некоторое время они молча шли навстречу садящемуся солнцу.

— Нет, нет, Лев Макарыч, — тряхнул головой Заикин, отгоняя от себя нахлынувшие мысли. — Не может сейчас такого быть.

— Вы о чем?

— Ну, чтобы дрались... После пятого года все друг к дружке тянутся. И не нужно о драке думать. Кому она на пользу-то будет? Победившему, что ли? Так это только на борцовском ковре побеждать приятно и выгодно. И то так иной раз себя израсходуешь, что такая победа потом — как вериги на шее. Вот мне Петр Осипович Пильский как-то историю России читал. Вы Петра Осиповича знаете?

— Не имею чести.

— У-у-у! Головастый мужичонка, такой башковитый, что прямо спасу нет! Лекции читает, в журналы пишет. Бедовый! Так он мне историю русского народа как-то по книжке пересказывал...

— Нету, нету, Иван Михайлович, истории русского народа! — вдруг зло сказал Мациевич.

— Да вы что, Лев Макарыч? Мне Петр Осипович сам книжку показывал!

— Нету истории русского народа, — повторил Мациевич. — История есть у царей, патриархов, у дворян... даже у мещан, если хотите знать. История что подразумевает? Постоянное развитие или падение, смену явлений. А наш народ каким был во времена Владимира Красное Солнышко, таким и остался по сие время. Та же вера, тот же язык, та же утварь, одежда, сбруя, телега, те же знания и культура. Какая тут, к черту, история!

— Мне, Лев Макарыч, спорить с вами трудно по причине моей неграмотности, но и слушать такое прискорбно, — разозлился Заикин. — Вот еще с полверсты пройдем, так вы до того договоритесь, что раз истории нет, то и народа нет, и России нет!

— Очень правильно заметили! Ни народа, ни России! Есть только несколько миллионов квадратных верст пространства и несколько сотен совершенно разных национальностей, есть несколько тысяч языков и множество религий. И ничего общего, если хотите знать. И пока не найдется человек, который сумеет все это объединить, направить в единое русло, пока действительно и искренне не поймет, что же нужно этому пресловутому народу, история не начнется!

— Это что же, какой-то новый наместник Бога на земле? — насмешливо спросил Заикин.

— Я не знаю, как он должен называться. Я знаю, что время должно родить его, если он уже не рожден.

— Я этого знать не хочу, — мрачно и твердо проговорил Заикин, шагая по пыльной дороге. — Но вот сегодня, когда вас, Лев Макарыч, в полет провожал, понял, что ежели я сюда в школу этаким «фуксом» проскочил, ежели спервоначалу я для себя считал авиаторство еще одним трюком в большом цирковом номере, на котором и деньжишек, и реноме подзаработать можно, то теперь мои помыслы совсем другой колер имеют. Я вам не рассказывал — ночью, когда у Пташниковых ужинали, я сказал, что, мол, Россию хочу прославить. А сам подумал: «Врешь ты все, Ванька! Сболтнул ради красного словца». А может, настроение было такое. Возвышенное. А сегодня понял... Посмотрел, Лев Макарыч, как вы летите, и чуть не заплакал от радости.

— Дорогой Иван Михайлович, — растроганно произнес Мациевич, — простите меня, Бога ради! Не поймите мои слова превратно. Не должно быть добренькой, всепрощающей любви ни к ребенку, ни к женщине, ни к Родине. Особенно к Родине! Ей за все унижения и страдания в прошлом и в настоящем — как искупление бед и обид — предначертано великое будущее. Может быть, именно потому мы и находимся здесь...

Мациевич неожиданно прервал себя, схватил Заикина за руку и оттащил его на обочину дороги.

— Батюшки, кто это так сломя голову мчится?

Оставляя за собой шлейф пыли, прямо на них несся автомобиль.

В нем стояла де ля Рош и что-то весело кричала Заикину и Мациевичу. Автомобиль остановился, взметнув вверх пыльное облако. Де ля Рош открыла дверцу и спрыгнула на землю. Радостная и счастливая, она спокойно подошла к Заикину, обняла его мощную шею, нежно поцеловала, молча пригладила пальцами его усы и, не отпуская, повернула голову к Мациевичу:

— Пожалуйста, объясните мсье Заикину, что на территории Франции я имею право его целовать тогда, когда мне этого захочется. Не согласовывая это со своим правительством и префектурой.

Поздно вечером сидели в маленьком ресторанчике при отеле.

Немцы сидели с немцами, англичане с англичанами, русские с русскими...

Иван Михайлович Заикин был элегантен, тих и торжествен. Он сидел рядом с де ля Рош и почти неотрывно смотрел на нее. Слушал внимательно, будто каждое слово незнакомого ему языка было понятным и удивительно близким. А де ля Рош что-то говорила ему и говорила.

Речь ее была чрезвычайно богата интонациями, в какую-то секунду она вдруг начинала смеяться над тем, что рассказывала, и тогда Заикин тоже улыбался, иногда голос ее становился грустным, и тогда Иван Михайлович слушал ее опечаленно.

В ресторан вошли несколько русских офицеров. Поручик Горшков сразу же увидел Заикина и де ля Рош и весело потянул всю компанию к их столику. Но Мациевич удержал его и предложил сесть в другом конце небольшого зала. Горшков непонимающе посмотрел на столик Заикина, на Мациевича и обиженно пошел туда, где уже усаживались Ульянин, Габер-Влынский, Руднев и Пиотровский.

Теперь за столиком Заикина слушала де ля Рош. Говорил Иван Михайлович:

— ...мы в восемьдесят девятом годе из Верхне-Талызино, Симбирской губернии, чтобы с голоду не помереть, в Самару уехали. С голоду, Бог спас, не померли, но и там не сладко было. Мне и десяти годов не исполнилось, а батя меня уже в поводыри одному слепому нищему отдал. Жулик он был, этот нищий! Ужасно, по тем временам, богатый человек. Я его спрашиваю: «Дедушка, зачем мы побираемся? У тебя же всего много...» А он мне: «Молчи, змееныш!» и палкой меня.

Заикин рассмеялся. Де ля Рош посмотрела на него увлажненными глазами и тоже рассмеялась.

Поручик Горшков отвел глаза от столика Заикина и де ля Рош и потрясенно сказал:

— Господа! Просто мистика какая-то! На каком языке они разговаривают? У меня такое впечатление, что они понимают каждое слово друг друга!

— Поручик, я приказываю вам сидеть смирно и не крутить головой, — сказал Ульянин.

Де ля Рош низко наклонилась над столом и что-то говорила Ивану Михайловичу. В глазах у нее поблескивали слезы, но она улыбалась, и в голосе ее слышались нежность и смущение. В какой-то момент, продолжая говорить, она развязала газовый шарфик, под которым оказалась золотая заикинская медаль. Поднесла ее к губам, тихонько поцеловала и снова обернула шею шарфиком, скрыв под ним золотую награду.

Заикин опустил глаза и смущенно завязал узлом вилку.

На аэродроме по полю катался аэроплан. Мсье Бовье и сам Анри Фарман обучали новичков «пробежкам» по земле с работающим мотором.

Ученики — здоровенные усатые дяди — бегали за аэропланом, как мальчишки, в ожидании своей очереди, искательно заглядывали в глаза Фарману и Бовье, внимательно слушали объяснения, переводили друг другу с французского на немецкий, на английский, на русский, на японский все, что говорили инструктор Бовье и директор школы Фарман.

Мациевич что-то втолковывал Заикину, тот смотрел на него с напряженной физиономией, запоминал и снова приставал к Мациевичу с вопросами.

Улучив момент, Заикин подошел к Фарману и мрачно спросил по-французски:

— Мсье Фарман, когда я буду летать?

Фарман рассмеялся, похлопал Заикина по плечу и ушел, на ходу раскуривая трубочку.

— Анри, я вам так благодарна за все! — сказала де ля Рош. Они стояли в цехе-ангаре около нового аэроплана.

— Не стоит благодарности, Кло, — сказал Фарман. — Через несколько дней вы сможете облетать эту новую игрушку. Остались какие-то пустяки. Почему не приехал Пьер?

— Вы из меня сделали авиатора, Анри. Вот за что я благодарна вам.

— Не преувеличивайте моих заслуг, Кло. Вы были самым способным и самым очаровательным учеником моей школы.

— Я охотно пококетничала бы с вами, Анри, но мое уважение к вам настолько велико, что мешает мне это сделать.

— А жаль! — рассмеялся Фарман. — Когда приедет Пьер принимать новый аэроплан?

— Анри, — Де ля Рош вынула из сумочки пудреницу и, глядя в зеркальце, провела пуховкой по лицу, — когда должен быть готов аппарат мсье Заикина?

— Понятия не имею, — легко ответил Фарман. — Когда справлюсь со всеми остальными заказами. Месяца через два-три... — И вдруг насторожился. Посмотрел на де ля Рош и спросил удивленно: — В чем дело, Кло?

— Он уже оплатил счет за постройку? — спросила де ля Рош, внимательно разглядывая свой нос в маленьком зеркальце.

— Да. В чем дело, Кло?

— Когда, вы сказали, будет готов мой аппарат?

— Через несколько дней...

— Анри, будьте же как всегда любезны и отдайте мой аэроплан мсье Заикину, — спокойно сказала де ля Рош и впервые посмотрела в глаза Фарману. — А я подожду эти два-три месяца.

— Вы сошли с ума, Кло! Вы не можете ждать так долго! Я слышал, что Леже заключил для вас очень выгодный договор на гастроли в Испании.

— Я тоже слышала об этом, Анри. — Де ля Рош невозмутимо спрятала пудреницу в сумочку. — Пожалуйста, передайте этот аэроплан мсье Заикину. Я вам буду очень обязана. Считайте, что я уступаю свою очередь.

— А как же гастроли в Испании? — растерялся Фарман. — Я не рекомендовал бы вам летать там на старом аппарате. Он уже достаточно изношен.

Де ля Рош поцеловала Фармана в щеку и улыбнулась:

— Мой дорогой мэтр, я так привыкла во всем следовать вашим советам, что ни за что не буду летать в Испании на старом аппарате. Я просто туда не поеду!

— Вы с ума сошли! Что с вами, Кло?

— До свидания, Анри, — нежно сказала де ля Рош. — Я была так рада вас видеть. И пожалуйста, напрягитесь и придумайте, под каким соусом вы через несколько дней сообщите мсье Заикину, что его аэроплан уже готов.

Несколько русских офицеров, Заикин, Ефимов и Фарман стояли около новенького аэроплана. Заикин был расфранчен и торжествен. В руках он держал свою роскошную трость с бриллиантами. Неподалеку стоял художник Видгоф и набрасывал с натуры аэроплан. С другой стороны аппарата фотограф устанавливал свою треногу. Около аппарата копошились Жан и Жак.

Фарман говорил, а Мациевич почти синхронно переводил Заикину:

— ...только из глубочайшего уважения перед твоими спортивными заслугами господин Фарман нашел возможность ускорить постройку аэроплана.

Жан и Жак переглянулись. Жан ухмыльнулся, а Жак сплюнул.

— Мсье Фарман говорит, что он сам пролетит сейчас над полем, чтобы показать тебе все достоинства аэроплана, — сказал Мациевич.

Фарман улыбнулся и посмотрел на трость Ивана Михайловича.

Заикин перехватил его взгляд и тут же быстро проговорил:

— Ты, Лев Макарыч, передай ему, что я и слов таких не могу найти, чтобы выразить свою благодарность, а посему прошу его принять маленький презент...

И Заикин протянул Фарману трость. Мациевич перевел, и Фарман, уже искренне восхищенный, принял подарок.

Пока он любовался тростью, Мациевич тихо спросил Заикина, показывая на художника и фотографа:

— Иван Михайлович, дорогой ты мой, на кой тебе черт сейчас эти-то понадобились? И так на бобах сидим, зубами щелкаем.

— Лев Макарыч! Реклама — ух какая страшная сила! Может, я мужик и серый, и неграмотный, а только в этом я соображаю будь здоров!

— Мсье Заикин! Силь ву пле, — сказал Фарман и широким жестом пригласил Заикина занять пассажирское сиденье.

Он сказал еще несколько слов и любезно улыбнулся.

— Господин Фарман говорит, что он сам сотворит твое крещение.

— Батюшки-светы! — воскликнул Заикин и бросился к аэроплану. — Да неужто?! Эва, что моя тросточка-то наделала! Недаром за нее тысячу двести рублей плочено! Хорошо, что в ломбард заложить не успели!

Русские захохотали, зааплодировали. Фарман принял это на свой счет и вежливо поклонился.

Он сел впереди, Заикин — чуть выше, сзади. Жан и Жак принялись запускать мотор.

— Стой! — заорал Заикин. — Стой, тебе говорят!

Фарман испуганно обернулся.

— Снимай на карточку! — крикнул Заикин фотографу. — И чтоб все хорошо вышло! А то я с тебя шкуру спущу!

Фотограф засуетился. Фарман понял, в чем причина задержки, рассмеялся и с уважением посмотрел на Заикина.

Заикин похлопал Фармана по плечу, указал пальцем на аппарат фотографа и сказал:

— Гляди туда, сейчас птичка вылетит!

Фарман повернулся к фотографу, Заикин напружинился, выкатил глаза, и снимок был сделан.

Анри Фарман рассмеялся, сдвинул кепку козырьком назад, спрятал в карман трубку и что-то скомандовал Жану и Жаку. Мотор затарахтел, Заикин снял с головы котелок, трижды перекрестился истово и бросил котелок Жаку. Тот ловко поймал его и весело отсалютовал им Заикину.

Аэроплан покатился на взлетную полосу.

Сверху Заикин смотрел на поле, на ангары, на крохотные фигурки людей, жмурился от сильного встречного ветра и судорожно цеплялся за расчалки руками.

Фарман спокойно и уверенно управлял аэропланом. Время от времени он поворачивался к своему пассажиру и вопросительно смотрел на него.

— Формидабль! — кричал ему Заикин. — Так красиво, просто спасу нет! Я говорю: красиво! Жоли! Се тре жоли! Огромадное вам мерси, господин Фарман!

В Одессе, в кафе на Николаевской набережной, Куприн читал вслух письмо Заикина. Ярославцев, Нильский и Саша Диабели слушали серьезно и печально.

Голос Куприна был сухим и нерадостным:

— «...денег нет ни капельки. Что господа Пташниковы чеком выписали — того и на половину расходов не хватило. Хорошо, что своих было сколько-то, а то бы совсем беда. Заказал фотографии и афиши, потому как здесь делают их быстро и красиво. Чем платить — ума не приложу. Завтра в Париж поеду — чемпионскую ленту с золотыми медалями закладывать. А больше у меня ничего нет. Хорошо, что еще сильно помогает капитан флота Лев Макарович Мациевич.

Тоже очень грамотный господин и душевный. Вроде тебя, дорогой мой сердечный друг Александр Иванович.

Пишет это письмо Коленька Горшков. Я ему говорю, а он пишет. А еще встретил я здесь госпожу де ля Рош. Оказывается, ее Клотильдой звать. По-нашему, значит, Клавдия, Клава... Она тут за новым аэропланом приехала. Ей Фарман наказал ждать три месяца. А мне из уважения, что я чемпион, сразу сделали. Ты, Сашенька, накажи Пете Ярославцеву, чтобы он к Пташниковым сходил и положение мое обрисовал. Пусть денег шлют, коли хотят на мне зарабатывать. Сам к им не ходи и дела с ими не имей. Помни, кто ты и кто они. А Петя Ярославцев со всякими привычен общаться. Пусть он идет. А еще поклонись Петру Осиповичу Пильскому и накажи ему, чтобы лишний раз не горячился. У него здоровье слабое. Сашу Диабели поцелуй и водки трескать ему много не давай, а то он свой талант вконец загубит. Сам себя береги и отпиши мне, что в цирке делается. А еще все господа русские офицеры, когда узнали, что мы с тобой люди не чужие, велели тебе низко кланяться. Обнимаю тебя, незабвенный ты мой друг, дорогой Сашенька, и желаю тебе здоровья и долгих лет жизни. К сему, ваш Иван».

— Иван... — с трудом проговорил Пильский, замотал головой и стряхнул набежавшие слезы.

— М-м-да... — Куприн еще раз заглянул в письмо и обвел взглядом друзей.

Все сидели подавленные.

В это время к их столику подошел не очень трезвый, помятый франтик с дешевой тросточкой в руке и соломенным канотье на голове. Он изысканно поклонился и приподнял свою нелепую шляпку.

— Господин Куприн, я жутко извиняюсь. Я вам не собираюсь долго морочить голову. Что слышно от Ивана Михайловича из Франции?

Это было так неожиданно, что все оторопели. И только Пильский сразу же взорвался:

— А вас почему это интересует?! Вы, собственно говоря, кто такой?

— Я?.. — Франтик даже отступил на шаг от удивления. — Кто я такой?! Я — одессит! Вот почему это меня интересует!

В центре летного поля школы господина Фармана стояли два аэроплана. Около них суетилась группа учеников.

А на краю, около ангара, стоял третий аэроплан — Заикина. Иван Михайлович в кожаной тужурке и вязаной кепочке сидел на пилотском месте и сосредоточенно двигал рычагами. Внизу, у колеса, стояла Клотильда де ля Рош и что-то быстро объясняла ему по-французски, показывая кистями рук эволюции аэроплана.

Заикин напряженно слушал и делал судорожные движения штурвалом, чем приводил в отчаяние свою прелестную учительницу. Она уже горячилась, покрикивала на него и вдруг в какой-то момент села на колесо и попросту расплакалась. Заикин тяжело слез с аэроплана, огляделся — не видит ли кто — и угрюмо склонился над плачущей де ля Рош.

— Клава, а Клава... Ну, не обижайся, Клавочка... — прогудел он. — Ну, не понимаю я. Же не компран па... Понимаешь? Вот Лев Макарыч отлетает, придет и все мне объяснит. По-русски.

Де ля Рош вскочила, глаза ее блеснули гневом, и она указала рукой на пилотское сиденье:

— Анкор! Репетэ!..

Заикин поспешно забрался на аэроплан, схватился за рукоять управления и выжидательно уставился на де ля Рош. Медленно и раздельно де ля Рош произнесла несколько слов. Заикин вслушался и так же медленно сделал движение рукоятью.

— Браво! — крикнула де ля Рош и счастливо засмеялась. Заикин перевел дух, не удержался и горделиво произнес:

— А ты что думала? Что я уж совсем чурбан неотесанный? Ты только говори помедленней, я мужик понятливый. Разберусь, что к чему.

— Му-жик... — нежно проговорила де ля Рош. — Ва-ня...

— Во! — удовлетворенно сказал Заикин. — Правильно. Давай еще репетэ...

— Да Господи! Да рази ж мы не понимаем! — сказал Дмитрий Тимофеевич Пташников Ярославцеву и Диабели. Он даже руками всплеснул в отчаянии. — Да неужели мы что-либо пожалеем для Ванички?! Да сегодня же переведем деньги в Париж! Не извольте беспокоиться, господа хорошие... Шутка ли дело — летать учиться! Да еще эти французы окаянные — дерут небось за все втридорога. Не хотят, чтобы русский человек под небесами парил. Не хотят... Ну что за оказия, Боже ж ты мой! Не извольте беспокоиться, господа, не извольте беспокоиться! Ну что ж за несчастье такое?..

И Дмитрий Тимофеевич горестно покачал головой.

Ярославцев и Диабели поклонились и вышли. Дмитрий Тимофеевич закрыл за ними дверь. Откуда-то неожиданно показался Травин и вопросительно посмотрел на хозяина.

— Иван Сергеевич, — спокойно проговорил Пташников, — проверить все счета, затребовать прейскурант фирмы Фармана, немедленно выяснить все побочные расходы этого дурака Заикина. Переезды, отели, запасные части, возможную отгрузку аппарата по железной дороге отнести за счет этого милого энтузиаста. Чтобы заткнуть пасть господам репортерам, переведите в Париж на имя этого густопсового авиатора двести рублей и категорическое требование немедленно предоставить отчет обо всех произведенных затратах. Пташниковы — не дойная корова.

* * *

Заикин гонял и гонял по полю свой «Фарман». Солнце уже садилось, механики закатывали в ангары учебные аэропланы, ученики школы группками направлялись в сторону Мурмелона.

Русские стояли и ждали Заикина.

— Должен признаться, господа, что меня слегка раздражает этот несколько туповатый фанатизм, — сказал подполковник Ульянин и показал на аэроплан Заикина.

— Должен признаться, что меня несколько удивляет ваш тон, — резко заметил Мациевич. — То, что вы сейчас изволили назвать «туповатым фанатизмом», не что иное, как комплекс великолепных и, может быть, истинно русских качеств.

— У нас разные конечные цели, — насмешливо произнес Ульянин. — Для нашего могучего друга это блажь, фиглярство...

— У нас у всех единая цель, — прервал его Мациевич, — и разница только лишь в том, что за вашей спиной, подполковник, стоит по меньшей мере пять поколений русской интеллигенции, давшей вам достаточно широкие знания, культуру, университет и, простите меня за бестактность, государственное содержание. А у него, кроме жгучего желания бороться вместе с вами... Заметьте, подполковник, вместе с вами, за престиж своей родины, нету ни черта! И если мы, грешные, поднимаемся по этой лестнице, аккуратно пересчитывая каждую ступеньку, то ему необходимо единым махом преодолеть сразу несколько пролетов. Это только для того, чтобы к «конечной цели» прийти одновременно с нами. Неужели это называется «туповатый фанатизм»?!

А Заикин гонял и гонял по полю свой «Фарман», и лицо его ежесекундно меняло выражение: то оно было испуганным, то счастливым, то внимательным, то растерянным.

* * *

Мурмелонцы праздновали какой-то свой праздник. Кабачки и кафе были переполнены. Маленькие, но слаженные оркестрики играли разные мелодии, и люди танцевали прямо на улицах. В окнах домов были вывешены национальные флаги. Над центральной площадью выступал канатоходец, и толпа, стоящая внизу, глазела на него, весело и хмельно давая ему советы.

Будущие авиаторы, принаряженные, многие с цветочками в петлицах, сидели за столиками кафе, толкались на площади, гуляли по улицам, кокетничали с местными дамами. Был праздник.

В кафе при отеле русские офицеры принимали господина Фармана, мсье Бовье и мадам де ля Рош. Было весело и шумно. Фарман оживленно болтал с Горшковым и Ульяниным. Не очень трезвый маленький Бовье что-то яростно втолковывал Мациевичу, а Лев Макарович любезно улыбался и посматривал на де ля Рош. Она, казалось, участвовала во всех разговорах, на шутку отвечала шуткой, вовремя поднимала свой бокал, но взгляд ее был прикован к входным дверям.

— Где же мсье Заикин? — наконец спросила де ля Рош у Мациевича.

— Должен быть с минуты на минуту, — ответил Мациевич.

Огромные ворота одного из ангаров были слегка приоткрыты, и оттуда доносился негромкий глуховатый голос Ивана Михайловича Заикина:

    Средь высоких холмов затерялося
    Небогатое наше село.
    Горе горькое по свету шлялося
    И на нас невзначай набрело...

В углу полутемного ангара вокруг большого ящика, на котором был сервирован «стол», сидели два фабричных охранника, ангарный сторож и Иван Михайлович.

Под песню Заикина кружились по ангару в каком-то дурашливом вальсе Жан и Жак. Фабричные охранники умиленно слушали незнакомую песню и пили пиво, а пьяненький ангарный сторож совсем по-русски, не отрываясь, смотрел на поющего Заикина снизу вверх и заливался хмельными слезами.

        Горе горькое по свету шлялося,
        И на нас невзначай набрело, —

пел Иван Михайлович.

Ангарный сторож тут и вовсе расплакался, а фабричные охранники снова выпили по большому бокалу. Жан изображал девушку, Жак — кавалера. Танцуя и хохоча, они приблизились к «столу» и Жак незаметно подмигнул Заикину. Заикин показал глазами на свой аэроплан. Жан и Жак перестали дурачиться и подсели к столу. Они налили охранникам и сторожу, прокричали «Виват!», но сами пить не стали.

        Как у нас за околицей дальнею
        Застрелился чужой человек...

Ангарный сторож уронил голову в закуски, а охранники с трудом и уважением повторили незнакомое для себя слово:

— Че-ло-век...

Удивились и снова повторили:

— Че-ло-век... — и посмотрели друг на друга.

— Куда подевался Иван Михайлович? — встревоженно спросил Горшков.

— Где Вания? — по-русски спросила де ля Рош. Мациевич обеспокоенно посмотрел в окно и сказал:

— Скоро должен быть.

* * *

Жан, Жак и Заикин уже выкатывали аэроплан из ангара. Заикин обстоятельно определил направление ветра и тяжело забрался на место пилота. Жан вцепился в хвост аэроплана. Жак крутнул пропеллер, и мотор заработал. Иван Михайлович прибавил обороты двигателя, и Жану стало невмоготу сдерживать аппарат.

— Жак! — закричал он, багровея от натуги.

Жак метнулся к хвосту, ухватил за расчалки. Заикин еще прибавил обороты, обернулся и посмотрел на Жана и Жака. Те что-то кричали ему. Заикин и не понял, и не расслышал. Он глубоко вздохнул, трижды перекрестился и поднял руку вверх. Жан и Жак разом отпустили хвост аэроплана, и аппарат побежал по земле.

Аэроплан бежал все быстрее и быстрее. Заикин сидел в своем креслице, ничем не защищенный, судорожно вцепившись в рукоять управления.

В какой-то момент он плавно и мягко потянул на себя рукоять, и аэроплан оторвался от земли. И по мере того как аэроплан поднимался все выше и выше, лицо Ивана Михайловича менялось. Напряжение спадало. Высота стала уже метров пятьдесят. Заикин уверенно перевел аэроплан в горизонтальный полет и, щурясь от сильного встречного ветра, заорал шальным голосом:

— Что, взяли?! Накося-выкуси! И кому-то показал здоровенный кукиш.

Баронесса де ля Рош, Анри Фарман, Бовье выходили из кафе в сопровождении русских офицеров. Танцующая толпа подхватила их, закружила, завертела. И вдруг сквозь разные музыки нескольких оркестриков, сквозь крики и нестройные песни авиаторы услышали стрекот аэропланного мотора.

Фарман первым стал тревожно выбираться из толпы. Клотильда, испуганно глядя вверх, уговаривала какого-то старичка отпустить ее. Но старичок обязательно хотел потанцевать с мадам и не понимал причин ее беспокойства.

А шум мотора все приближался и приближался. Через несколько секунд его услышали все. Оркестрики перестали играть, все задрали головы вверх, и над площадью показался аэроплан. В воздух понеслись восторженные крики, хохот, приветствия.

Анри Фарман наконец выбрался из толпы и с перекошенным от ярости лицом закричал:

— Сволочь! Мерзавец! — И бросился к Мациевичу: — Это ваш негодяй Заикин!

— Ура!!! — закричал поручик Горшков.

Мациевич напряженно смотрел вверх. Де ля Рош судорожно вцепилась в плечо Мациевича, не в силах оторвать глаз от аэроплана.

— Да вы понимаете, чем мне это грозит?! — в ярости закричал Фарман.

— Возьмите себя в руки, мэтр, — коротко посоветовал ему Мациевич.

— Где твой автомобиль?! — рявкнул Фарман, поворачиваясь к де ля Рош.

Толпа вопила от восторга, и маленькие оркестрики, задрав свои инструменты, почти слаженно исполнили какую-то помесь «канкана» с военным маршем.

Заикин оглядел площадь, помахал рукой и вдруг увидел, как несколько человек бегут от площади к боковой улочке, где стоял автомобиль. Заикин вгляделся и узнал Клотильду де ля Рош, Фармана, Мациевича. Заканчивая круг, он увидел, как они поспешно влезают в автомобиль, и испугался. Трусливо поглядывая вниз, он выровнял аэроплан и направил его в сторону летного поля. Оглянувшись, Заикин с ужасом заметил, что автомобиль помчался за ним.

Вздымая пыльное облако, автомобиль мчался по дороге. Он был набит людьми, как арбуз семечками. Держась за спинку переднего сиденья, всклокоченный Фарман грозил кулаком летевшему над ними аэроплану.

И у автомобиля, и у аэроплана скорость была одинаковой, и поэтому энергичные жесты господина Фармана очень нервировали Ивана Михайловича Заикина. В какой-то момент он обозлился и плюнул вниз, в сторону автомобиля. А затем плавно потянул рукоять управления на себя.

Аэроплан стал набирать высоту, автомобиль становился все меньше и меньше, и вскоре Заикин и вовсе перестал видеть мсье Фармана и тем более различать его жесты.

Тогда он счастливо рассмеялся и сказал вниз:

— Что, съел? А то размахался, видишь ли...

В автомобиле шла нервная перепалка.

— Я могу под суд пойти! — кричал Фарман. — В случае аварии у меня закроют летную школу! Негодяй!!! Ну, я ему покажу!

— Анри! — Де ля Рош повернулась к Фарману и с неожиданной силой сказала: — Анри! Вы ничего не посмеете сделать этому русскому! Вы меня слышите, Анри?

— Мне ничего не придется делать! — закричал Фарман, глядя на то, как аэроплан Заикина начал снижаться. — Через минуту он сам разобьется при посадке! Этот кретин обречен!

— Замолчите!!! — Де ля Рош вскочила коленями на сиденье мчащегося автомобиля и схватила Фармана за лацканы сюртука. — Слышите? Замолчите сейчас же!

Аэроплан сбросил обороты двигателя и стал медленно подбираться к земле.

— Успокойтесь, мсье, — сказал Мациевич Анри Фарману. — Это очень талантливый человек.

Заикин тоже нервничал. Земля надвигалась на него. Он осторожно выключил мотор, мелкими быстрыми движениями перекрестил себе живот и повел аэроплан на посадку.

* * *

— Стой! — закричал Фарман шоферу.

Автомобиль остановился у самого края посадочной полосы.

— Все, — сказал Фарман. — Это конец...

Ему никто не ответил. Все смотрели на аэроплан. Пропеллер крутился вхолостую, и было слышно, как свистит ветер в расчалках крыльев.

И когда колеса аэроплана благополучно коснулись земли, Мациевич негромко сказал по-русски:

— Я же говорил вам, что это очень талантливый человек.

Ночью Заикин смотрел на освещенное голубоватым светом лицо Клотильды де ля Рош и говорил:

— Я тебе, Клава, вот что скажу: я этого дела все равно добьюсь. Я ни есть, ни пить, ни спать не буду. Мне что главное? Мне главное натренировать себя, чтобы я летун был первостатейный. Ну и конечно, документ получить. А уж тогда я Россию в обиду не дам! Это когда мы дома, нам все не нравится. То ругаем, другое, третье... А как кто со стороны ругать нас начнет, мы жутко обижаемся и сердимся. Тут, Клава, как с дитем получается: он у нас, у родителей, и такой, и сякой, и немазаный. Мы его и розгами, и внушениями, и по-всякому. А попробуй кто со стороны обидь его? Словом каким али еще пуще — за ухи отодрать... Да мы ж ему глотку перегрызем! И вправе будем. Кто тебе, басурманская твоя морда, на мое дитя руку позволил поднимать? А ну-ка! Вот какие дела... Понял? Компрене, говорю?

— Уи, уи... — закивала головой де ля Рош и счастливо прижалась щекой к огромной руке Заикина. — Же компран. Же компран бьен...

— Ничего ты не «компран», — ласково сказал Иван Михайлович и погладил Клотильду по голове. — Вот погоди, Клава, я еще по-французски выучусь!

* * *

Взлет, посадка.

Взлет, посадка.

Разворот, рулежка, старт и снова взлет.

Иван Михайлович тренировался в стороне от общей группы. Фарман и Бовье неприязненно смотрели в его сторону.

В маленьком парижском бистро Иван Михайлович сидел за столиком и внимательно слушал толстенького художника Видгофа.

— Но вы себе представляете, Ваня, что это стоит денег? — спросил Видгоф с неистребимым южнорусским акцентом.

— А как же! — прогудел Заикин и тут же спохватился: — А сколько?

— Ваня, — торжественно сказал Видгоф, — что я теперь живу в Париже, так это не делает нас чужими. Сколько вам нужно плакатов?

— Тысячи три.

— Таки меньше чем по франку... Три тысячи плакатов — две тысячи франков. И учтите, Ваня, это только для вас. Я б даже сказал больше — для России.

— Ладно, Сема, наскребу.

— Показывать эскиз?

— Давай.

Видгоф вынул из-под столика огромную папку и раскрыл ее.

— Слушай, а это зачем? — смущенно спросил Заикин и ткнул пальцем в смерть с косой, которая занимала на плакате больше места, чем аэроплан, портрет Заикина и текст.

— Не смешите меня, — презрительно сказал Видгоф. — Вы не мальчик в рекламе, чтобы задавать такие вопросы. Это раз. А кроме всего, дай вам Бог здоровья и долгих лет жизни, но пока что летать по воздуху — это вам не торговать бычками на Привозе. Или я не знаю Одессу?

* * *

И снова на летном поле грязный, измученный Заикин возился у своего аэроплана в стороне от всей группы учеников.

Подошел Мациевич в полетном обмундировании.

— Англичане сунули взятку Бовье, и все учебные аппараты теперь заняты только ими. Так что я абсолютно свободен. Тебе помочь?

— Постой рядом, Лев Макарыч, и то ладно, — улыбнулся Заикин.

На велосипеде подъехал Фарман. Посмотрел секунду на Заикина и достал из кармана телеграмму. Протянул ее Мациевичу:

— Передайте эту депешу мсье Заикину и поздравьте его от моего имени.

Мациевич развернул телеграмму и охнул.

— Откуда? — спросил Заикин.

— Из Ясной Поляны. От Льва Николаевича Толстого. Ты про такого слышал?

— Я-то слышал, а вот он откуда про меня знает?

— Значит, знает. Лев Николаевич поздравляет тебя с победой над воздушной стихией. Вот, Ваня, честь тебе какая.

— Батюшки-светы!.. — растерялся Заикин. — Это что же мне теперь делать?

— Летать, — коротко ответил Мациевич.

И снова взлет, посадка... Взлет, посадка.

— Браво, Вания! — кричит де ля Рош. — Тре бьен! Тре бьен!

Заикин не может ее услышать. Он далеко. Да еще и тарахтят моторы трех аэропланов — одного заикинского и двух учебных на другом краю летного поля.

— Тре бьен, мон ами, — шепчет де ля Рош, — тре бьен...

И голос сзади подтверждает:

— Этот гладиатор хорошо летает!

— Превосходно! — с восторгом отвечает де ля Рош и поворачивается.

Позади нее стоит Леже.

— Здравствуй, Кло.

Некоторое время Клотильда де ля Рош разглядывает осунувшееся, с воспаленными глазами лицо Леже, медленно поднимает руку и, тихонько касаясь пальцами лба, щек и подбородка Леже, горько говорит:

— Здравствуй, Пьер.

Держа в руке пачку газет и легко перескакивая через три ступеньки сразу, огромный Заикин бежал наверх по ветхой лестнице мурмелонского отеля.

А за ним, не поспевая, семенил старенький портье и кричал слабым голосом:

— Мсье Заикин! Мсье Заикин!

Заикин весело отмахнулся от него:

— Некогда, батя, некогда... Не до тебя сейчас!

Он промчался по коридору и затарабанил в дверь номера де ля Рош.

— Клава! Клавочка! Открой! Радость-то какая!.. — крикнул Заикин и потряс пачкой газет.

Подоспел старенький портье. Деликатно постучал сухоньким пальчиком в широченную спину Ивана Михайловича:

— Мсье Заикин, вам письмо от мадемуазель де ля Рош. — И протянул небольшой конверт.

Заикин услышал имя де ля Рош, резко повернулся:

— Чего?

— Вам письмо от мадемуазель, — повторил старик-портье. — Она уехала час тому назад и просила передать вам вот это...

Заикин ничего не понял, но осторожно взял письмо и напряженно спросил у маленького старика:

— А где Клава-то?..

* * *

Он лежал на траве за ангарами и смотрел в небо.

Рядом валялись десятки экземпляров одного и того же номера «Ле Матен», где вся первая полоса была занята его фотографиями: Заикин у аэроплана, Заикин и Фарман на аэроплане, в полете, после приземления и среди других авиаторов. Была даже фотография факсимиле Заикина. Корявыми буквами «Борец Заикин».

Рядом сидел Лев Макарович Мациевич и глуховатым голосом читал ему по-русски письмо Клотильды де ля Рош:

— «...сумма, которую мы должны были выплатить в качестве неустойки, оказалась такой большой, что нам ничего не оставалось делать, как немедленно выехать в Мадрид. Каждый час промедления грозил нам грандиозными штрафами и резким уменьшением гонорара. Через две недели я на несколько дней прекращу гастроли и вернусь в Мурмелон за новым аэропланом, но тебя уже там не будет, и я знаю, что...» — Тут Мациевич оторвался от письма и сказал: — Дальше, Иван Михайлович, очень личное...

Мурмелонское летное поле было усеяно народом.

У посадочной полосы стоял стол, за которым восседала экзаменационная комиссия.

Заканчивая полет, на полосу садились три аэроплана: один впереди, два других чуть сзади. Зрители бурно аплодировали.

Аэропланы закончили пробег у самого стола комиссии. Из первого аппарата выпрыгнул Иван Заикин, из двух других — немец Шмидт и итальянец Пинетти. Все трое четко подошли к столу экзаменационной комиссии. Встали три члена комиссии. Анри Фарман представил им своих учеников.

— Имею честь, господа, рекомендовать своих учеников. Мсье Шмидт, мсье Пинетти и мсье... Заикин, — чуть запнувшись, произнес он. — Вы сами все видели, господа. — Фарман развел руками, как бы показывая, что он сделал все, что мог.

Пожилой француз-авиатор, по виду — глава комиссии, с интересом разглядывал Заикина. Потом что-то тихо сказал Фарману.

— Мой аппарат рассчитан и на больший вес. Он может выдержать и слона, — улыбнулся Фарман. — Если бы слон умел летать.

— Полагаю, слона выучить было бы легче, чем этого русского, — вставил другой член комиссии по-французски.

— Вы совершенно правы, мсье, — льстиво улыбнулся Фарман.

Иван Михайлович Заикин с тревогой вслушивался в непонятную речь.

Пожилой авиатор взял со стола диплом и зачитал его. Затем вручил диплом Заикину и пожал ему руку. Деланно поморщился, как бы от крепкого рукопожатия Ивана Михайловича, и потрогал его мускулы через рукав пилотской кожаной куртки.

— Мсье будет лучшим авиатором среди борцов и... лучшим борцом среди авиаторов...

Заикин с напряжением вслушивался в чужую фразу, подумал и сказал по-русски:

— Благодарствуйте. Живы будем — не помрем.

А через несколько дней Мациевич провожал Заикина домой на парижском вокзале. Они стояли на перроне, ожидая, когда подадут состав.

— ... в общем, все это достаточно серьезно, и за час до отхода поезда всего и не скажешь, — проговорил Мациевич.

— А ты мне самую суть, — попросил Заикин и по привычке погладил лошадиную морду.

— Сейчас попробую... Мне кажется, что Россия минует и смуты, и духовную гибель, на которые обречены многие нации и страны в нашем только что начавшемся веке, если овладеет вершинами науки и порожденной ею техники. Не очень сложно? Все понятно?

— А чего ж не понять? Хочешь жить — умей вертеться. — Заикин сделал хитроватую паузу и добавил: — Но вертись по науке, изучая законы вращения, чтобы тебя на барьер не выбросило и не разметало по первым рядам зрителей. Так?

Мациевич улыбнулся:

— Так... Можно и так.

— Ты в Россию вернешься — не бросай меня. Я тебя там с господином Куприным познакомлю. Вы люди друг к другу очень подходящие.

— Сочту за честь.

— А если вдруг Клава из Испании приедет... Ты скажи ей... — смутился Заикин.

— Скажу.

— И скажи, коли будет хоть малейшая возможность получить ангажемент в Россию, — пусть берет. Я ее там сильно ждать буду.

— Обязательно скажу. Я тут тебе маленький подарочек приготовил...

Мациевич вынул из фиакра большой элегантный портфель и достал оттуда знаменитую чемпионскую муаровую ленту Заикина с золотыми медалями. Порылся еще немного и достал золотые часы Заикина, которые они вместе закладывали в ломбард.

— Возьми, пожалуйста, Иван Михайлович, свои часы и награды и носи их на здоровье и счастье, — чуточку торжественно сказал Мациевич.

При виде такого количества золота у извозчика отвалилась челюсть от изумления и испуга.

— Господи! Лев Макарыч, как же это тебе удалось?! — потрясенно спросил Заикин. — Ведь копеечки же за душой не было!

— Бери, — коротко сказал Мациевич и сам надел чемпионскую ленту на мощную заикинскую шею.

— Стой, стой! — встревожился Заикин, быстро стянул с себя сюртук и жилет и надел ленту прямо на рубашку. — А то ненароком и сопрут в толчее.

Концы ленты с медалями он заправил прямо в брюки, а сверху надел жилет, сюртук и аккуратно застегнул их на все пуговицы.

— Не видать? — спросил Заикин.

— Все в порядке, — рассмеялся Мациевич. — Держи часы.

— Нет, — твердо сказал Заикин. — Ты часы эти себе в презент оставь. Пусть у тебя по мне память будет. Может, мы с тобой когда-нибудь в России с одного поля взлетать будем, а я тебя и спрошу: «Который час, Лев Макарыч?» А ты эти часики вынешь и вспомнишь, как Ивана-дурака на аэроплане в чужой стране летать учил. А, Лев Макарыч? — И Заикин расхохотался.

— Спасибо, Иван Михайлович.

— Слышь, Лев Макарыч! Ты давай возвращайся скорей... Мы с тобой всю Россию в новую веру переведем! В истинно христианскую воздухоплавательную! Ты со своей колокольни — инженерно-авиаторской, а я со своей...

— Садись, Иван Михайлович. Пора уже, — сказал Мациевич.

Они влезли в фиакр. Извозчик, подозрительно оглядываясь на них, тронул лошадь.

Заикин был возбужден. Он схватил своими огромными лапами руку Мациевича и с безудержной страстью проговорил:

— У меня уже Петька Ярославцев в Харьков выехал, первые гастроли заделывать, а потом по всей России летать буду! По всем уголкам, где людишки еще тележного скрипа боятся! Вот помяни мое слово, ты через месяц вернешься — такое обо мне услышишь!

На мерцающем экране харьковского кинотеатра «Синематограф» появились неровные, подпрыгивающие титры:
«Полет и падение Ивана Заикина».

А внизу, чуть правее экрана, на фальшивящем фортепьяно тапер играл «Барыня, барыня! Сударыня-барыня!..»

«Русское синематографическое общество гг. Харитонова и Картамонова».

И опять:

«Полет и падение Ивана Заикина».

На экране многотысячная толпа. Бегают мальчишки. Вдалеке на поле аэроплан начинает разбег. Взлетает...

«Барыня, барыня! Сударыня-барыня!..»

Восторженные лица зрителей. Кричащие рты. Полицейские лошади приседают на задние ноги от страха.

«Барыня, барыня! Сударыня-барыня!..» Титр: «Подул ветер!»

Аэроплан на экране делает крен, пытается выровняться и...

Застывшие зрители в зале. Семечковая кожура прилипла к нижней губе. Баба кормит грудью младенца — глаза устремлены в мерцающий экран.

«Барыня, барыня! Сударыня-барыня!..» — тупо молотит тапер.

На экране конвульсивно дергается аэроплан и как падающая коробка врезается в землю.

Кормящая баба ахает. Мальчишка шмыгает носом. Гимназист застыл в оцепенении.

«Барыня» — и мгновенный переход — «На сопках Маньчжурии».

А у кассы харьковского «Синематографа» длинная очередь.

По всему фронтону — «Полет и падение Заикина». И приглушенные звуки вальса из зрительного зала.

— Так ему и надо, антихристу!.. — веско говорит богато одетая старая купчиха, сидя в пролетке.

«Антихрист» стоял в большом унылом номере харьковской гостиницы, опирался на костыль и разглядывал в мутном зеркале свою разбитую, исцарапанную физиономию. Верхняя губа вспухла, и от этого левый ус нелепо торчал в сторону. Один глаз заплыл, другой печально глядел в зеркало.

Чуть сзади стоял виноватый Петр Данилович Ярославцев.

— Ты где пропадал три дня? — мрачно спросил Заикин.
— Испугался... — шмыгнул носом Ярославцев, и усы его затряслись. — Думал, убился ты.
— И ты бросил меня под обломками?! — Заикин опустил руку на бронзовый литой подсвечник, сжал его своими пальцами, и подсвечник согнулся в какую-то причудливую фигуру.
— Ванечка, милый, прости меня!
— Да как же ты мог?! — Заикин потряс подсвечником перед носом Ярославцева. — Как же ты мог, Петька?
— Ванечка!

Заикин взял себя в руки:
— Читай долги!

Ярославцев выхватил из кармана записную книжечку и лихорадочно стал перелистывать ее:

— Касса железной дороги за перевоз аэроплана и сопутствующих грузов требует срочной уплаты в восемь тысяч четыреста рублей.
— Так. Дальше.
— Извозчикам из десяти рублей в день.
— Знаю. Дальше.

— Арендная плата ипподрому... Таможенная пошлина.
— Погоди. Сколько в кассе?

Ярославцев поднял испуганные глаза на Заикина и промолчал.

— Чего молчишь? — рявкнул Заикин. — Сколько в кассе?

— Ванечка, — еле выговорил Ярославцев, — денег в кассе было четырнадцать тысяч с копейками. Так их же господин полицмейстер забрал.

— Что?! — Заикин рванулся к Ярославцеву. — Да ты в своем уме?!

Ярославцев метнулся от Заикина, обо что-то споткнулся и упал в кресло. Вытянул перед собой руки и запричитал:

— Ванечка, родненький! Ни в чем не виноват. Гляди-ка, крещусь, Ванечка! — И Ярославцев несколько раз торопливо перекрестился. — Он сказал, что полет считает несостоявшимся и поэтому до следующего полета кассу арестовывает.

— До какого следующего полета?! — завопил Заикин. — Аэроплан-то разбит вдребезги!!!

— Разбит, Ванечка...

— А на какие шиши я его восстанавливать буду?! — И Заикин в отчаянии швырнул согнутый бронзовый подсвечник в стену.

Со стены от удара с грохотом соскользнула огромная картина в золотой раме, ляпнулась об пол и развалилась на куски.

Заикин отбросил костыль и в отчаянии плюхнулся в кресло напротив Ярославцева. Ярославцев, шмыгая носом, что-то записал в книжечку.

— Чего ты там? — обессиленно спросил Заикин.

— Да вот картину с подсвечником приплюсовал к долгам. Думаю, больше четвертного не слупят. Картинка-то была так себе.

В дверь номера постучали.

— Чего надо?! — крикнул в бешенстве Заикин.

Открылась дверь, и показался помятый одесский франтик с дешевой черноморской тросточкой и в видавшем виды соломенном канотье. Кажется, это был единственный случай, когда франтик был абсолютно трезв.

— Иван Михайлович, — с порога сказал франтик, — я вижу вас живым, и мне уже больше ничего на свете не надо! Я могу вернуться в Одессу. Господин Ярославцев! Мое почтение.

— Стой, — сказал удивленный Заикин. — Ты кто? Откуда?

— Кто я? — переспросил пораженный франтик. — Вы меня потрясаете в сердце!.. Одессу помните?

— Ну?

— Так это я!

— А... — ничего не понимая, протянул Заикин. — Здорово.

— Я приехал абсолютно до вас. Все одесские газеты написали за вашу первую трагическую гастроль. И тогда я сказал себе: «Ты, босяк, сколько можно шататься от «Фанкони» до «Гамбринуса»? Такому человеку, Ивану Михайловичу Заикину, сейчас в Харькове очень плохо. Что ты здесь сидишь? Что ты, как насос, пропускаешь через себя молодое молдавское вино? Прекрати немедленно удовольствие. Где сейчас твое место? — спросил я себя и тут же ответил: в Харькове! И вот я здесь! Что нужно делать?

Ошеломленный Заикин покачал головой и сказал:

— Сядь, посиди. Сейчас что-нибудь придумаем.

— Вообще-то я жутко извиняюсь, но тут со мной еще один чудак приехал... — небрежно сказал франтик и сел на стул у двери.

— Это еще кто такой? — испугался Заикин.

— Я знаю? Какой-то бельгиец. И вполне прилично треплется по-нашему. Он искал вас в Одессе, и я его прихватил с собой. Позвать?

— Час от часу не легче! Зови.

Не вставая со стула, франтик приоткрыл дверь и сказал в коридор:

— Шурик! — Потом на секунду повернулся к Заикину и пояснил: — Вообще-то его зовут Шарль. Ничего себе имечко! — И снова крикнул в коридор: — Ну, иди уже сюда, Шура! Иди до Ивана Михайловича!

В номер вошел усталый небритый человек с портпледом и большим чемоданом.

Заикин растерянно смотрел на странного визитера.

Человек поклонился и, обращаясь к Ярославцеву, сказал:

— Мсье Заикин, меня зовут Шарль Риго...

— Шурик! — строго сказал франтик. — Это господин Ярославцев, дай ему Бог здоровья. А мсье Заикин за твоей спиной.

Бельгиец невозмутимо повернулся к Заикину и тем же бесцветным голосом представился заново:

— Мсье Заикин, меня зовут Шарль Риго. Я есть механик авиационен. Работал на аппараты Фарман, Вуазен, Латам, Блерио, Сантос-Дюмон, Антуанет...

— Погоди... Откуда ты свалился на мою голову? — Заикин не скрывал своего удивления.

Бельгиец не понял и вопросительно посмотрел на франтика.

— Что ты смотришь, Шура? Что ты смотришь? Иван Михайлович тебя спрашивает, как ты сюда попал. Это же каждому байстрюку ясно! — кипятился франтик. Он уже совершенно освоился.

— Я работал в Испании с мсье Лефевром...

— В Мадриде?! — Заикин даже приподнялся в кресле.

— Не только в Мадриде. В Севилье. Мсье Лефевр убил себя с аэропланом об землю, и мадам Клотильда де ля Рош купила мне билет на пароход в Одессу и сказала, что вам нужен хороший механик авиационен.

— Ай да Клава! — восхищенно пробормотал Заикин.
— Что есть «Клава»? — спросил бельгиец. — Я не очень хорошо понимаю по-русски.

Заикин отбросил костыль, вскочил с кресла, обнял бельгийца и, трижды целуя его в щеки, сказал:
— Ты прекрасно понимаешь по-русски! Ну просто замечательно!

Бельгиец поставил портплед на пол, вынул платок и вытер лицо.
— Мадам оплатила мне первых три месяца. Если я потом вам не буду нужен, вы мне купите билет до Парижа...
— Ну, Петька! — крикнул Заикин. — Теперь живем! Теперь нам никто не страшен!
— Где я могу осмотреть аппарат? — спросил бельгиец.

Бельгиец, франтик, Ярославцев и припудренный Заикин стояли над обломками аэроплана.
— Ну как мотор, Шура? — осторожно спросил Заикин.
— Мотор в порядке. Немножко ремонтирен...
— Слава те, Господи! — облегченно вздохнул Заикин.
— Я же знал, кого вез, — гордо сказал франтик.
— Нужна мастерская, гараж, — продолжал бельгиец. — В ангаре нет приспособлений. Ремонт невозможно в ангаре.
— Будет сей момент! — сказал Ярославцев и исчез.
— Нужно прорезиненное полотно. В России есть полотно?
— Лучше французского, — ответил Заикин.
— Сорок метров, — сказал бельгиец.
— Клочок на образец, — деловито сказал франтик.

Заикин оторвал от крыла кусочек полотна и протянул его франтику.
— Чтоб я так жил, если через полчаса у вас не будет этой дряни! — высокомерно бросил франтик и направился к выходу.
— Стой! — сказал Заикин. — А деньги?

— Какие деньги? Они мне еще руки будут целовать, чтобы я только взял их паршивое полотно.

Франтик вышел, а бельгиец продолжил:
— Нужен механик по дереву...
— Столяр, что ли? — спросил Заикин.

Пока Петр Данилович Ярославцев договаривался в большой механической мастерской...

...пока Иван Михайлович Заикин и бельгиец разговаривали с хозяином столярного цеха, и Шарль набрасывал чертежи и проставлял размеры, и хозяин, пожилой мужик с окладистой бородой, понимающе кивал головой, и все вместе они отбирали бруски сухого ясеня...

...франтик страстно вращал глазами и «строил куры» перезрелой дочери хозяйки большой мануфактурной лавки.

В петлице его сюртучка красовалась гвоздика, рука сжимала руку девицы, и сам он, казалось, трепетал от внезапно нахлынувшей любви. Девица вздыхала, опускала грустные коровьи глаза и трусливо поглядывала в маменькину сторону. А вокруг этого большого, ярко вспыхнувшего чувства громоздились рулоны бязи, мадеполама, ситчиков и самых разных полотен.

Спустя некоторое время франтик победно восседал на извозчике, небрежно придерживая два рулона прорезиненного полотна.

Он красиво опирался на тросточку, красиво покусывал гвоздику и уже совсем удивительно красиво поглядывал по сторонам.

И вдруг взгляд его приковала длиннющая очередь в кассу синематографа господ Харитонова и Картамонова, на фронтоне которого красовалось: «Полет и падение Заикина».

Франтик вонзил тросточку в извозчичью спину и сказал:

— Ша! Стой, босяк, кому говорят!

Извозчик остановился.

Франтик смотрел на очередь, на афишу и думал.

В голове у него рождался сногсшибательный план. Не слезая с пролетки, он осторожно дотронулся тросточкой до плеча какого-то господина и, когда тот повернулся в гневе, безмятежно спросил его:

— И почем билеты на вот это вот?

Господин брезгливо отвел тросточку франтика от своего плеча и нелюбезно ответил:

— По двадцать пять копеек.

Франтик приподнял канотье и постучал тростью в спину извозчика:

— Пшел! И скажи своему одру, чтобы скакал галопом.

У дверей номера Заикина собрались кредиторы.

— Восстановление аэроплана уже началось. Через несколько дней мы совершим новый полет и всем заплатим. С любыми процентами, — говорил встрепанный Ярославцев.

Он стоял, прижавшись спиной к дверям номера, а кредиторы галдели и протягивали ему счета.

Спокойно помахивая тросточкой, в толпу кредиторов врезался франтик. За ним шел извозчик, неся на плечах рулоны полотна.

— В сторонку! — говорил франтик. — Или повторять? В сторонку.

Кредиторы расступились, и франтик на ходу сказал:

— Завтра получите свои паршивые деньги! Вас пригласили участвовать в исторических событиях, а вы так и остались обыкновенными лавочниками! Вы не войдете в историю, это уже я вам обещаю! — Франтик остановился у дверей рядом с Ярославцевым и повернулся к толпе кредиторов: — Вы еще здесь?! Я же сказал — завтра получите свои вонючие копейки! И ша! И больше ни слова!

— Ты что, с ума сошел? — прошипел Ярославцев.
— Петр Данилович, чтоб я так жил!.. Идемте, — сказал франтик. — Он поискал глазами извозчика с полотном и сказал ему: — Что ты стоишь не в своей компании, жлоб? Иди за мной! — И распахнул дверь заикинского номера.

Этот же извозчик катил по улицам Харькова.
Напротив Заикина и Ярославцева сидел франтик, что-то втолковывал им и отчаянно жестикулировал.

Потом франтик сидел в приемной харьковского полицмейстера, и его раздирало желание узнать, как проходит разговор в кабинете. Он прислушивался, ерзал, вскакивал и прохаживался. Потом снова садился, нервно закидывал ногу на ногу и один раз даже пощупал у себя пульс.

В кабинете у стола полицмейстера сидели Заикин, Ярославцев и напротив них господа харьковские кинематографисты Харитонов и Картамонов.
— Господа, — примирительно-кисло говорил полицмейстер. — Ей-богу, вы могли бы свои споры решать не в моем кабинете!
— Ну уж нет, господин полицмейстер! — сказал Ярославцев. — Уж коль вы взяли на себя миссию третейского судьи между нами и публикой и арестовали весь наш сбор только потому, что господин Заикин разбился, уж позвольте просить вас...
— Господа, — вяло сказал полицмейстер, — вы обратились не по адресу. Я не принадлежу к числу поклонников ни синематографа, ни воздухоплавания. Эти так называемые прогрессивные новшества меня очень и очень настораживают. Их дальнейшее развитие крайне нежелательно. Поверьте, я высказываю не только свою точку

зрения, но и... — И полицмейстер многозначительно показал пальцем вверх.

— Однако, — сказал Заикин, — если вы, ваше превосходительство, не заставите господ Харитонова и Картамонова уплатить нам за право показа их картины «Полет и падение Заикина», я тоже буду туда жаловаться. — И Заикин, так же как и полицмейстер, многозначительно показал пальцем вверх.

— Это куда же? — спокойно поинтересовался полицмейстер.

— Его императорскому высочеству великому князю Александру Михайловичу — председателю Императорского Всероссийского аэроклуба, — ответил Заикин.

Полицмейстер уставился в стол. Потом поднял глаза на Картамонова и негромко сказал:

— А почему бы вам действительно не заплатить господину Заикину за право показа вашей ленты? Ее демонстрация может сильно подорвать коммерческую сторону предприятия господина Заикина.

— Хорошо, ваше превосходительство, но в разумных пределах, — сказал Харитонов. — Они же требуют пятьдесят тысяч!

В большой механической мастерской полным ходом шло восстановление аэроплана. Всеми работами руководил Шарль Риго. Заикин весело потирал руки.

— Черт с ними, Петя, нам и двадцать пять тысяч сгодятся! — говорил он Ярославцеву. — Вот ведь чудо-то какое! На полете я прогорел, а на падении заработал! Пташниковым долю отправил?

— А как же!
— А с остальными кредиторами?
— Все, Ваничка, все уладил.
— Много еще долгу?
— Пустяки.

Заикин посмотрел на Риго, на работы по оживлению «Фармана» и сказал:

— Давай, Петя, афиши по всему городу, в газетах объяви. Словом, делай рекламу! Скоро полечу. Шура! Когда аппарат будет готов?

— Через три дня, — ответил Риго.

Над харьковским ипподромом летит Иван Заикин. Огромное скопление народа внизу. Заикин делает круг над ипподромом и заходит на посадку.

Ярославцев, франтик и Шарль Риго бегут к месту посадки аэроплана. Зрители кричат от восторга, аплодируют, пытаются прорваться сквозь конную полицию.

В ложе сидят отцы города.

— Превосходно! — говорит кто-то из них. — Превосходно! Не правда ли, господа? Потрясающее зрелище!

— Мне трудно разделить ваш восторг, ваше превосходительство, — кисло говорит полицмейстер. — Любая акция, собирающая одновременно такое количество простого народа вместе, вызывает целый ряд побочных опасений.

— Ну, надо ли так мрачно смотреть на жизнь? — громко спросил один из «отцов».

— Надо, ваше превосходительство, надо, — уныло ответил полицмейстер, глядя на садящийся аэроплан. — Этого требует безопасность империи.

Огромный актовый зал Харьковского политехнического института был забит до отказа.

На кафедре стоял Иван Михайлович Заикин и говорил:

— Вот тут разные образованные господа предрекали, что через сто лет скорость движения аэропланов достигнет четырехсот километров в час. Другие спорят, дескать, сто шестьдесят километров, и не более! Я думаю, что и те, и другие слишком торопятся в рассуждениях. Вроде как один добрый механик — француз по фамилии Навье — высчитывал, высчитывал и открыл, что сила семнадцати ласточек равна одной лошадиной силе.

Зал расхохотался. Заикин улыбнулся и продолжил:

— Мы про это тоже много раз говорили. Не про ласточек, конечно, а про скорость. И я попробую ответить словами одного моего друга и учителя. Он человек башковитый, инженер-капитан флота и на каком хочешь языке говорит. А уж авиатор и вовсе замечательный... Так он так говорил, дай Бог памяти... — Заикин поднял глаза в высоченный лепной потолок, напрягся и сказал: — «В действительности же нам совершенно невозможно предсказать, какова будет скорость аэроплана через столетие. Без всякого сомнения, снаряды того времени будут очень отличаться от теперешних. Наш грубый двигатель уступит место турбине...»

Сидевший в первом ряду франтик восхищенно подтолкнул солидного пожилого профессора и тихонько шепнул ему на ухо:

— Видал? От это человек! От это я понимаю!

А Заикин снова посмотрел на потолок и, не смущаясь, сам себя спросил:

— Как же дальше-то?.. А, вспомнил! «Кто знает, может быть, и мотор, и винт будут упразднены, может быть, станут прибегать к непосредственному действию вспышек горючего вещества для давления на воздух и таким образом достигать движения снаряда. Будем осторожны в наших предсказаниях. Верно только то, что скорость движения в будущем значительно превзойдет скорость настоящего времени...»

В это же время в Одессе, в кабинете Дмитрия Тимофеевича Пташникова, шел такой разговор:

— За предоставление поля для полетов, будь это ипподром или какая-нибудь другая большая спортивная площадка, городские власти берут сорок процентов валового сбора! — возмущенно докладывал Травин Пташникову-старшему.

— Ай-ай-ай! — покачал головой Дмитрий Тимофеевич.

— Таким образом автоматически уменьшая нашу долю в прибыли, если принять ее за единицу, на тридцать два процента!

— Ай-ай-ай... — сокрушался Дмитрий Тимофеевич.

— В настоящее время все усилия людей, интересующихся воздухоплаванием, выглядят как репетиция проказницы-мартышки, осла, козла и косолапого мишки, которые затеяли сыграть квартет. Кто в лес, кто по дрова... Согласованности в работе нет еще никакой, а она необходима, ежели мы только желаем, чтобы дело воздухоплавания получило в России быстрое и широкое развитие... — говорил Заикин с трибуны актового зала.

Дмитрий Тимофеевич ходил по кабинету и диктовал Травину:

— Возьмите несколько номеров журнала «Вестник воздухоплавания», внимательно прочтите передовые статьи, просмотрите там же речь князя Голицына и в этаком же высокопарном стиле составьте прошение на имя министра финансов, копия — министру внутренних дел Маклакову (он в Думе очень ратовал за воздухоплавание) с просьбой ограничить произвол местных властей в отношении частных авиаторов и, упирая на бедственное положение этих прогрессивных одиночек, самым жалостливым образом просите прекратить взимание с них сорока процентов сбора за пользование ипподромами. Будьте настойчивы, демагогичны и верноподданны. Соберите достойные подписи, и я вам ручаюсь, что мы перестанем терять с каждого полета Заикина по нескольку тысяч рублей.

* * *

В актовом зале политехнического института бушевали страсти.

Запарившийся Заикин отвечал на вопросы:

— Вот вы спрашиваете, опасны ли полеты? Да нет же! Конечно, если у вас легкий аппарат, не могущий раздавить вас и построенный очень тщательно. В воздушном летании не должно быть дешевки.

— А чего надо больше всего опасаться? — крикнули из зала.

— Поломка руля, расстройство в передачах движений...

— А остановка двигателя? — крикнул другой голос.

— Если вы находитесь над полем, нет никакой опасности. А вот над городом — плохо дело... А более всего надо опасаться несчастий при спусках в неудобной местности и при ветре — машина обыкновенно ломается или переворачивается. Вроде как у меня недавно, — наивно рассмеялся Заикин.

Теперь в кабинете Пташникова говорил Травин:

— И еще мне одна забавная мысль пришла в голову. А что, если, Дмитрий Тимофеевич, нам сознательно не получать всего долга с Заикина? Оставить за ним тысчонки три-четыре, а? Этакий финансовый хвостик, за который мы всегда сможем его ухватить и придержать от какого-нибудь фортеля... Он тык-мык, а мы ему долговое обязательство в его голубые глазки, а? А в обеспечение этого недоимка пойдет аппарат Фармана, который стоит не три-четыре тысячи, а куда больше. А, Дмитрий Тимофеевич?

— Очень разумно, — сказал Дмитрий Тимофеевич и встал из-за стола. — С Богом, Иван Сергеевич!

По широкой институтской лестнице спускался Иван Михайлович Заикин, окруженный толпой почитателей.

Заикин шутил, балагурил, держал себя «любимцем публики» и тщеславно подмигивал франтику, который шел рядом, млея от славы Заикина.

— Что вас заставляет летать? — спросил кто-то из студентов.

— А что вас заставляет учиться? — немедленно ответил Заикин.

— Иван Михайлович, а как вы смотрите на те жертвы, которыми устлан путь в небо? — высокопарно спросила хорошенькая курсистка.

— С содроганием и великой жалостью, — серьезно ответил Заикин.

— А вам известно, что в Петербурге сейчас проходит авиационная неделя? — спросил немолодой студент.

— А как же! — живо повернулся к нему Заикин. — Там все мои товарищи по французской воздухоплавательной школе.

— А вы в цирк не собираетесь возвращаться? — спросил кто-то.

— Думаю, что не придется...

— Вы сегодняшние газеты читали? — снова спросил немолодой студент.

— Времени, господин хороший, не было, — смутился Заикин.

— Сегодня там есть сообщение о капитане Мациевиче. Вы такого знали?

— Ах, милый!.. — Заикин остановился на последних ступенях лестницы, и вместе с ним остановилась вся толпа. — Не только знал, но и люблю его всем сердцем. И лекцию сегодня я вам с его слов читал. Только позавчера письмецо от него, от Льва Макарыча, получил. А чего там про него написано? Хвалят небось?

— Да как вам сказать... — растерянно проговорил немолодой студент и нерешительно протянул Заикину газету.

— Я мелкие буквы плохо разбираю, — простодушно сказал Заикин. — Ты читай, я послушаю.

— Иван Михайлович, пойдемте домой! — испугался франтик и попытался оттереть студента с газетой.

— Да подожди ты, не шустри, — улыбнулся Заикин, — успеем.

— Иван Михайлович! — отчаянно прокричал франтик. — Чтоб я так жил, как вам это неинтересно!

— Ты что, сдурел? — удивленно сказал Заикин и повернулся к студенту: — Вы уж простите его великодушно. Он вообще-то хлопчик неплохой, только сегодня что-то малость не в себе. Читайте, будьте ласковы!

Франтик махнул рукой, взялся за голову и уселся прямо на ступеньки роскошной мраморной лестницы.

— «Гибель русского авиатора Льва Макаровича Мациевича. С сумрачной душой и бесконечной печалью стоим мы перед открытой могилой. Не только опытный авиатор, талантливый завоеватель воздуха и хороший товарищ ушел от нас — от нас ушел ЧЕЛОВЕК, смелый, благородный человек, не остановившийся перед риском собственной жизнью на благо культуры и прогресса, и он пал жертвой своей отваги и никогда не увидит плодов своей борьбы со стихией. Вечная память тебе, положившему жизнь за благо других!» — глуховато прочитал немолодой студент.

На институтской лестнице было тихо, как в пустой церкви. Заикин стоял окаменевший. Глаза его смотрели в пустоту.

— Простите... — прошептал студент. — Я думал, вы з-наете.

И тогда Заикин взял из рук студента газету и уставился на траурную фотографию Льва Макаровича Мациевича. Осторожно разгладил газету и тихонько, с остановившимися глазами пошел к выходу.

Он шел, а все молча смотрели ему вслед.

У подъезда его ждал извозчик.

— Садитесь, Иван Михайлович! — весело крикнул извозчик.

Но Заикин не видел извозчика, не слышал его.

Он медленно шел по улице и держал газету двумя руками. И тогда извозчик также медленно поехал за ним.

Потом Заикин поднимался по лестнице гостиницы. Он шел сквозь здоровающихся с ним людей, и глаза его не мигая смотрели только вперед, и бог знает что стояло сейчас в его глазах!

Так же он прошел в свой номер, где в табачном дыму галдел Ярославцев и чертыхался по-французски Шарль Риго.

— Ванечка! — крикнул Ярославцев, потрясая пачкой счетов, и осекся, заглянув в лицо Заикина. — Что? Что случилось?..

— Вон отсюда, — ровным голосом проговорил Заикин. — Все вон.

Ярославцев подхватил Риго и вылетел за дверь. Там их уже ждал франтик.

— Кто ему сказал?! — прошептал Ярославцев и схватил франтика за воротник. — Я тебя спрашиваю! Кто сказал?

Но франтик приложил палец к губам и в ожидании взрыва зажмурился.

И в эту секунду из-за плотно прикрытой двери раздался нечеловеческий, звериный вой Заикина. Он кричал и захлебывался в рыданиях, и в номере что-то рушилось, грохотало и разбивалось.

Не было в этом плаче ни слов сожаления, ни причитаний — ничего. Только яростный крик, только леденящие душу рыдания и грохот ломающейся мебели.

Номер был разрушен до основания. В щепки превращена мебель, все перевернуто, разбиты окна.

Заикин неподвижно лежал на чудом уцелевшей кровати и прижимал к груди газету с траурным снимком Льва Макаровича Мациевича.

У дверей стояли франтик и Шарль Риго. Около кровати стоял печальный Петр Данилович Ярославцев.

Заикин лежал и смотрел в потолок.

— Что делать будем, Ваня? — негромко спросил Ярославцев.

Заикин помолчал секунду и жестко ответил:
— Летать.

И летает аэроплан Заикина над городом Армавиром, и гласят на всех городских углах афиши: «Впервые в Армавире! Летун-богатырь Иван Заикин!!!»

Аэроплан закончил круг и садится...

...А взлетает уже на другом поле.

«Только три дня в Ростове! Полеты чемпиона мира Ивана Заикина!»

Непрерывно работает мотор «Фармана».

«Прощальный полет в Екатеринославле совершит знаменитый цирковой борец Иван Заикин!»

Кружит над толпой аэроплан Заикина, гудит мотор «Фармана». Затем слышно, как мотор начинает сбавлять обороты, несколько раз чихает и замолкает.

С выключенным двигателем Заикин садится на поле воронежского ипподрома.

Он пролетает над пышно разукрашенным входом на ипподром, летит мимо длинного ряда конюшен, мимо трибун, забитых народом, и, наконец, совершает «чистую» посадку в центре поля.

Шарль Риго в косоворотке и полуголый франтик в канотье встречают его на земле.

Франтик немедленно лезет в мотор, перекрывает кран горючего и кричит Риго:
— Шура, что еще делать?
— Проверь уровень масла!

И перемазанный франтик вполне профессионально проверяет уровень масла. Видно, он многому научился у Риго.

Через все поле подкатывает пролетка. В ней сидит раздраженный кавалерийский генерал.

— Я запрещаю вам полеты! — кричит он. — Категорически!

— Но почему, ваше превосходительство?! — поражен Заикин.

— Вы мне всех лошадей испортите! У меня на конюшне жеребцы, которые стоят десятки тысяч рублей каждый, а вы их пугаете этой своей гадостью!

— Помилуйте, ваше превосходительство! Где же тогда летать? Ведь в России повсюду лошади...

— И генералы, — говорит франтик.

— Что вы сказали?! — взрывается генерал. — Посмейте только подняться еще раз, я прикажу арестовать вас!

Иван Михайлович сидел в кабинете у городского головы.

— Переносите полеты за город, — предложил городской голова.

— Но ведь за городом мы не соберем публику!

— Я не могу вам ничем помочь, господин Заикин, — сказал голова и стал озабоченно рыться в своих бумагах. — Ваши полеты — ваше частное дело.

— Но ведь я предъявляю людям не только самого себя, но и достижения ума человеческого! Я же демонстрирую изобретение, которое в ближайшем будущем должно произвести целую научно-техническую революцию!

Городской голова оторвался от бумаг и не мигая уставился на Заикина. А затем медленно и раздельно произнес:

— Полеты за городом я тоже запрещаю. И прошу вас покинуть Воронеж в течение двадцати четырех часов.

В коридоре спального вагона поезда у окна стояли Шарль Риго и франтик.

— Шура, — горячо говорил франтик, — вся твоя Европа по сравнению с Одессой — это смех! Ты посмотришь, как нас там встретят! Ты увидишь таких людей, такую набережную! Мы пойдем с тобой к «Фанкони», и ты будешь пить кофе, а я...

— Ты — патриот, — с уважением произнес Риго.

— Я — одессит, Шура!

Из купе вышел Иван Михайлович Заикин, посмотрел на франтика:

— Ступай, сынок, в купе. Петр Данилович зовет.

Франтик метнулся в купе, а Заикин огляделся и сказал Шарлю Риго:

— Шурик, у меня до тебя одно дело есть.

— Пожалуйста, мсье.

— Идем в тамбур.

Они прошли по спящему вагону в тамбур, и там Заикин вынул из внутреннего кармана сюртука нераспечатанное письмо.

Он протянул его Шарлю и попросил:

— Прочти мне и переведи, Шурик. Только... — Он приложил палец к губам.

— О, мсье!..

Риго быстро вскрыл конверт, пробежал первые строки и сказал:

— Это от мадам де ля Рош.

— Это я и сам знаю, — печально ответил Заикин. — Ты читай! Чего там дальше-то? Чего она пишет-то, Шурик?

Риго читал письмо. Несколько раз он без удивления, но какими-то новыми глазами посмотрел на Заикина и молча продолжал читать. Потом спросил:

— Когда мсье получил это письмо?

— Да уж двенадцатый день ношу, да все не решаюсь...

Риго поднял глаза в потолок, что-то подсчитал и спокойно сказал:

— Мсье, мне не надо переводить вам это письмо. Мадам все скажет вам сама. Она уже пять дней как должна быть в Петербурге.

— Батюшки-светы! — вскричал Заикин. — Ты что, сдурел?

— Это вы сдурел, мсье. Так долго носить письмо от женщины!

Но Заикин уже кричал в коридор на весь вагон:

— Петя! Петр Данилович! Я в Петербург еду! Я в Петербург еду!..

Выскочил Петр Данилович Ярославцев из купе, выскочил ошалелый франтик, высунулись из своих купе напуганные недовольные пассажиры.

— Где мои вещи?!

— Да здесь, здесь... Мы тоже поворачиваем? — спросил Ярославцев, и у франтика от огорчения отвалилась челюсть.

— Нет, — сказал Заикин. — Вы продолжаете путь в Одессу. Я вернусь через неделю. Вы там пока все приготовьте... Я, может быть, не один вернусь!

Заикин стоял на краю Коломяжского летного поля и смотрел на парящий высоко в небе аэроплан. В одной руке он держал небольшой дорожный саквояж, в другой — легкое летнее пальто.

За его спиной стоял извозчик, который привез его сюда, и тоже смотрел в небо.

Мимо пробежал солдатик из стартового наряда.

— Эй! — крикнул ему Заикин. — Кто в воздухе?

— Какая-то баба французская, — на бегу ответил солдатик. — Завтра у нее первое выступление, так она третий день летает как ненормальная!

Заикин посмотрел вверх и расплылся в счастливой улыбке.

Неподалеку, около ангаров, стояла группа офицеров и штатских. Вокруг суетились служители аэродрома и солдаты из воздухоплавательной команды.

Кто-то из офицеров подозвал служителя, показал на Заикина и его извозчика и что-то приказал.

Служитель подбежал к Заикину и строго сказал:

— Сударь, здесь посторонним не положено! Извольте отсюда.

— Я вот тебе сейчас покажу «не положено», — усмехнулся Заикин и снова уставился в небо.

Служитель повернулся к группе офицеров и прокричал жалобно:

— Они не желают и грозятся!

Все повернулись в сторону Заикина, и один из штатских вдруг всплеснул руками:

— Господи! Да ведь это же Заикин! Иван Михайлович!.. Ваня! Ванечка!!! — и бросился к Заикину.

Это был Петр Осипович Пильский.

В центре группы стоял высокий военный в длинной шинели. Здесь же были подполковник Ульянин, поручик Горшков, Габер-Влынский и Михаил Ефимов.

— Ну вот, — сказал высокий военный, — я наконец с ним и познакомлюсь...

Заикин и Пильский поцеловались трижды, радостно разглядывая друг друга, и Заикин спросил:

— Какими же судьбами, дружочек ты мой сердешный? А, Петр Осипович?

— Мне заказали серию статей. Вот я и здесь. Тебя не спрашиваю. — Пильский показал на круживший над ними аэроплан и добавил: — Давно ждем тебя... Пошли! — И повел Заикина к группе.

— А Клава скоро на посадку пойдет? — спросил Заикин.

— Минут через двадцать. Успеешь, международный донжуан!

Они подошли к группе военных и штатских, и молоденький Горшков в порыве дружеских чувств хотел было броситься к Заикину, но Ульянин сдержал его:

— В присутствии великого князя, поручик, вы могли бы проявлять свои эмоции с меньшим рвением! — Затем он отступил в сторону и с легким поклоном сказал высокому военному: — Ваше императорское высочество, позвольте представить вам нашего товарища, известного борца и авиатора господина Заикина Ивана Михайловича.

— Рад познакомиться, — протянул руку великий князь. — Много хорошего мне рассказывал о вас покойный Лев Макарович Мациевич.

— И я рад, ваше сияте... Виноват. Ваше императорское превосходи... — запутался Заикин и смутился.

— Просто Александр Михайлович, — выручил его великий князь.

— Простите великодушно, Александр Михайлович, — сказал Заикин. — Я, знаете ли, с дороги... С поезда прямо на могилку ко Льву Макарычу. Посидел, повспоминал, поплакал, да и сюда... Так что голова кругом, Александр Михайлович...

Великий князь взял Заикина под руку, отвел его на несколько шагов от общей группы и сказал:

— Я слышал, вы разбились в Харькове? Как это произошло?

Заикин посмотрел в небо на аэроплан де ля Рош.

Великий князь тоже посмотрел вверх и улыбнулся:

— У нас еще есть время. Баронесса произведет посадку минут через пятнадцать.

Заикин испуганно глянул на великого князя, но тот был уже серьезен и ждал ответа на свой вопрос. И Заикин сказал:

— Первый блин — комом. Александр Михайлович. Так рвался из-за границы на родину, а потерпел сразу же неудачу...

— Из-за чего?

— Я ему говорю: «Лететь нельзя — ветер больно сильный».

— Кому?

— Господину харьковскому полицмейстеру... А он мне: «Нет, полетите!» Я говорю: «Аэроплан сломаем, и никакого удовольствия публика не получит». А он: «Летите, и все тут. Иначе вы из кассы ни копейки не получите!» А ветер кошмарный! Прямо с ног валит. Ну, куда денешься, полетел. Круг сделал, стал на посадку заходить, меня как у самой земли швырнет! Перевернулся и об землю! Ну, неделю отлежался, очухался. А полицмейстер все равно выручку арестовал. Говорит: «При таком положении дел полет считаю несостоявшимся...»

Великий князь остановился.

— Иван Михайлович, а не согласитесь ли вы стать инструктором в школе военных летчиков? Мне кажется, что вам очень пошла бы офицерская форма с погонами капитана воздушных сил России. Вы будете хорошо обеспечены, и, надеюсь, вам тогда не придется сталкиваться с господами харьковскими полицмейстерами.

— Что вы, Александр Михайлович! Я ведь сильно малограмотный...

— Не словесности же вы будете обучать курсантов, а практике. Воздухоплаванию.

— Мы как-то во Франции после полетов шли с Львом Макарычем, а мимо нас ученики разных наций в отель спешили. Лев Макарыч посмотрел на них и говорит: «Неужто когда-нибудь эти ребята будут воевать друг против дружки на аэропланах?» А я ему говорю: «Бог с тобой, Лев Макарыч... Что за страсти ты говоришь?!» А оказывается, вполне возможно такое, а, Александр Михайлович?

— Во всяком случае, нам нужно быть готовыми к защите отечества.

— Не обижайтесь, Александр Михайлович, — мягко сказал Заикин. — Гром грянет — первый взлечу, а пока...

— Хорошо, Иван Михайлович.

Заикин оглядел великого князя с ног до головы и хмыкнул.

— Что вы? — спросил великий князь.

— Хорошим борцом могли бы быть, ваше императорское высочество, судя по комплекции, — рассмеялся Заикин.

— Только по комплекции, Иван Михайлович, только по комплекции... Во всем остальном я, к несчастью, борец никудышный, как ни грустно в этом признаться, — тихо сказал великий князь.

Садился аэроплан Клотильды де ля Рош. К посадочной полосе побежал француз-механик и спокойно пошел какой-то пожилой господин.

Великий князь и Заикин подошли к общей группе, и, улучив момент, Заикин шепотом спросил у Пильского:

— А где ее антрепренер?

— А вот он. — Пильский показал на пожилого господина. Потом посмотрел на удивленного Заикина и добавил: — С Леже она разошлась окончательно перед самым отъездом в Россию... Она тебя очень ждет.

Садился аэроплан Клотильды де ля Рош. Вот он почти коснулся колесами земли...

...как в эту секунду из мотора полыхнули языки пламени. Аэроплан ударился колесами о землю, подскочил, снова ударился и рухнул, объятый огнем.

— Клава!!! — в ужасе закричал Заикин и бросился к горящему аэроплану.

— Осторожней! Сейчас бензин взорвется!.. — крикнул кто-то.

Но Заикин мчался через все поле, на ходу сбрасывая с себя сюртук. Со всех сторон Коломяжского аэродрома к посадочной полосе бежали люди. Заикин обогнал всех и первым подбежал к искалеченному горящему аэроплану.

Клотильда де ля Рош без сознания лежала под исковерканной конструкцией.

— Клава... Клавочка! — бормотал Заикин и расшвыривал тяжеленные огненные обломки в разные стороны.

Он схватил огромный остов фюзеляжа и с диким напряжением оторвал его от земли.

— Помогите, кто там есть!.. — закричал он, подставляя плечо под полыхающие шпангоуты.

И в эту же секунду к нему подскочили маленький, тщедушный Петр Пильский и великий князь Александр Михайлович.

Они перехватили у Заикина фюзеляж «Фармана».

— Держи! — крикнул Заикин и, нагнувшись, поднял окровавленную Клотильду на руки.

— Немедленно в мой автомобиль! — крикнул великий князь.

Несколько офицеров бросились на помощь великому князю и Петру Осиповичу Пильскому.

— Бегите за ним! — крикнул подполковник Ульянин Пильскому.

И Пильский побежал за Иваном Заикиным. Обожженный, с кровоточащими руками, в сгоревшей рубашке, Иван Заикин почти бежал с Клотильдой де ля Рош на руках.

За ним семенил Петр Осипович.

— К автомобилю, Ванечка... К автомобилю... — бормотал он.

Но Заикин ничего не слышал. Он смотрел в залитое кровью лицо умирающей любимой женщины и говорил ей на бегу:

— Клавочка... Родненькая ты моя! Это я во всем виноват, скотина я неграмотная. Не смог я твоего письмишечки прочитать раньше, все стыдился попросить кого-нибудь...

Де ля Рош открыла глаза, увидела Ивана и слабо улыбнулась.

— Бог ты мой, хорошо-то как! — обрадовался Заикин, и слезы потекли у него по лицу. — Петенька, очнулась она, слава тебе, Господи!

Де ля Рош с трудом сказала несколько слов.

— Что? Что она сказала, Петенька? — на бегу спросил Заикин у Пильского.

— Мне кажется, что я всю жизнь любила тебя, — перевел задыхающийся Пильский.

— И я тебя, солнышко ты мое, бесстрашная ты моя птичка... — сказал Заикин и беспомощно посмотрел на Пильского.

И Пильский повторил то же самое по-французски. Клотильда коротко спросила о чем-то, и Пильский тут же сказал по-русски:

— Я умираю?

— Нет! Нет! Нет! — закричал Заикин в ужасе. — Мы с тобой еще сто лет проживем! И все только счастливо, только счастливо! Мы с тобой над всей Россией летать будем!

И Пильский синхронно переводил Клотильде де ля Рош все, что кричал Иван Заикин.

Они бежали через все поле — Заикин, держа на руках Клотильду де ля Рош, и маленький задыхающийся Петр Осипович Пильский.

Де ля Рош слабо улыбнулась и произнесла два слова.

— Она просит поцеловать ее, — перевел Пильский.

— Сейчас... Сейчас...

Де ля Рош настойчиво повторила эти два слова. И Пильский снова перевел:

— Поцелуй ее.

Заикин замедлил бег и с великой любовью, боясь причинить ей лишнюю боль, поцеловал ее.

И в эту же секунду голова Клотильды де ля Рош откинулась, и глаза ее, устремленные в небо, застыли в мертвой слепоте.

Заикин остановился посреди поля, медленно опустился на колени, да так и остался, осторожно и нежно покачивая на руках тело Клотильды де ля Рош, словно не умерла она, а только уснула и он очень боится ее разбудить.

К одесскому вокзалу медленно подкатывал петербургский поезд.

В купе спального вагона молча сидели Заикин и Пильский. Вещи были собраны, котелки на головах. Сейчас выходить.

Остановился поезд. Пильский и Заикин встали, взяли свои вещи и, не говоря ни слова, пошли к выходу.

Афиши о полете Заикина украшали здание вокзала.

На перроне стояли Куприн, Ярославцев, Риго, франтик и Пташников. Чуть поодаль — группа чисто одетых торжественных амбалов. Старый портовый грузчик, который преподносил Заикину «козу» на арене одесского цирка, держал в огромной лапище один георгин.

Заикин и Пильский сошли на перрон и сразу же попали в объятия встречающих.

Куприн тихонько сказал Заикину:

— Мы все знаем, Ванечка.

Усы Заикина дрогнули.

— Тем лучше. Не будет нужды пересказывать.

Стоявший сзади всех Травин передал Пташникову хлеб-соль на вышитом полотенце, и Дмитрий Тимофеевич с низким поклоном протянул его Заикину.

— Ну, здравствуй, Иван Михайлович! — начал Дмитрий Тимофеевич. — Здравствуй, ты наш богатырь, превозмогший все науки ради большого и светлого...

— Здравствуй, Дмитрий Тимофеевич, — прервал его Заикин. — Здравствуй, благодетель ты мой...

Он сунул хлеб-соль франтику, который тут же отщипнул кусочек, попробовал и презрительно сказал Шарлю Риго:

— Чтоб я так жил, что эта краюха была испечена по случаю отмены крепостного права.

Поближе подвинулась группа огромных молчаливых грузчиков.

— Мы, Ванька, тебя провожали. Мы тебя и встречаем, — сказал старый амбал и протянул Заикину георгин.

Заикин крепко расцеловался с ним и сказал Ярославцеву:

— Откупи самый лучший ресторан на всю ночь! — Повернулся к старому амбалу и попросил: — Скажи всем портовым грузчикам, всей босоте приморской, кто меня помнит и любит, что Ванька Заикин приглашает их ужинать ради встречи. И пусть кто в чем приходят. Фраки не требуются. — И пояснил всем, кто его встречал: — Я сегодня хочу только со своими быть. Я последнее время терял близких мне людей, и в какую-то минуту показалось, что я остался совсем один. Вот я и хочу сегодня убедиться в своей ошибке...

В самом лучшем ресторане Одессы, среди плюша, амурчиков и золотой лепнины по стенам, шел дым коромыслом.
Гремел оркестр, метались затянутые во фраки официанты, плясали грузчики с портовыми босяками, шли споры про то, как ловчее спускать грузы в трюмы, рассказывались невероятные истории о легендарных силачах-амбалах и пелись разные песни. И ни одной женщины.
Куприн, Заикин, Ярославцев, Пильский, Саша Диабели, Риго и франтик сидели за отдельным столом. Перед Заикиным стоял стакан с молоком, и он потихоньку тянул из него маленькими глотками.

— Не простит тебе Пташников! — говорил Ярославцев Заикину. — Не простит!

Заикин окинул взглядом зал, улыбнулся и внимательно посмотрел на каждого из своих друзей:

— Плевать. Я ему завтра из своей доли сбора остаток долга выплачу — и аэроплан мой!

— Ти-ха!!! — громовым голосом рявкнул старый амбал.

Оркестрик сбился и испуганно замолчал.

Остановились танцующие пары. Мимо пробегал официант с подносом. Старик перехватил его за шиворот, приподнял над полом и назидательно произнес:

— Ну, сказал же тиха. Куда ты мечешься?

Он осторожно поставил официанта на пол, и тот замер в ужасе.

— Ванька! — сказал старый амбал и поднял стакан с водкой. — Я к тебе обращаюсь. Встань!

Заикин встал.

— Мы тебе про чувства свои говорить будем. Только ты, господин Куприн, не смейся, ежели я что не так скажу.

— Что ты, Петрович! — сказал Куприн. — Как можно?

— А чувства, Ванька, у нас к тебе вот какие: вроде как у старой портовой шлюхи, которая всю жизнь путалась чертте с кем за корку хлеба и за стакан кислого вина, а потом, когда жизнишка ей показалась и вовсе конченной, вдруг невесть от кого ребеночка родила. Представляешь, Ванька, принадлежала эта бедолага всем и каждому, а у самой ей ничего за душой не было. А? И вдруг ей Бог ребеночка послал! Да как же она должна его любить, как ограждать должна от своей мерзкой жизни?! А ежели он, ее молитвами, и впрямь хорошим человеком вырос, да еще и талантом сподобленный, как же она им гордиться должна! Как она в этой гордости должна возвыситься надо всеми, кто ею помыкал раньше?! Вот мы и гордимся тобою, Иван, что ты из чрева нашего вышел... А ежели ты там на аэроплане покалечишься или бороться да железо гнуть устанешь, а то и просто сердцем ослабнешь — ты приходи к нам в порт обратно. Мы тебя завсегда ждать будем. Хоть ты теперь как авиатор только молоко и трескаешь...

Зал чуть не рухнул от криков, аплодисментов и хохота.

— Шура, — сказал франтик Шарлю Риго и смахнул слезу, — это Одесса... Это моя Одесса.

У закрытых дверей ресторана стояли городовой и швейцар. Подъезжали коляски к ресторану, подходили господа с дамами, спрашивали изумленно:

— В чем дело? Почему закрыт ресторан?

А городовой отвечал бесцветным голосом:

— Проезжайте, господа. Не велено.

— Но ресторан же работает?! — возмущались господа.

И тогда швейцар пояснял:

— Иван Михайлович гуляют.

Через несколько дней писатель Александр Иванович Куприн впервые в жизни поднялся в воздух на аэроплане, управляемом Иваном Михайловичем Заикиным. А еще немного времени спустя Куприн написал об этом рассказ «Мой полет».

«...В очень ненастную, переменчивую одесскую погоду Заикин делает два великолепных круга... достигает высоты пятисот метров.

...Несмотря на то что на аэродроме почти что не было публики платной, однако из-за заборов все-таки глазело несколько десятков тысяч народа, Заикину устроили необыкновенно бурную и несомненно дружескую овацию.

Как раз он проходил мимо трибуны и раскланивался с публикой, улыбаясь и благодаря ее приветственными, несколько цирковыми жестами. В это время, бог знает почему, я поднял руку и помахал. Заметив это, Заикин наивно и добродушно размял толпу, подошел ко мне и сказал:

— Ну что ж, Ляксантра Иваныч, полетим?

Было очень холодно, и дул норд-вест. Для облегчения веса мне пришлось снять пальто и заменить его газетной бумагой, вроде манишки. Молодой Навроцкий... любезно предложил мне свою меховую шапку с наушниками. Кто-то пришпилил мне английскими булавками газетную манишку к жилету, кто-то завязал мне под подбородком наушники шапки, и мы пошли к аэроплану.

Садиться было довольно трудно. Нужно было не зацепить ногами за проволоки и не наступить на какие-то деревяшки. Механик указал мне маленький железный упор, в который я должен был упираться левой ногой. Правая нога моя должна была быть свободной. Таким образом, Заикин, сидевший впереди и немного ниже меня на таком же детском креслице, как и я, был обнят моими ногами.

...пустили в ход пропеллер.

...Затем ощущение быстрого движения по земле — и страх!

Я чувствую, как аппарат, точно живой, поднимается на несколько метров над землей и опять падает на землю и катится по ней и опять поднимается... Наконец Заикин, точно насилуя свою машину, заставляет ее подняться сразу вверх.

...Мне кажется, что мы не движемся, а под нами бегут назад трибуны, каменные стены, зеленеющие поля, деревья, фабричные трубы.

Гляжу вниз — все кажется таким смешным и маленьким, точно в сказке. Страх уже пропал. Сознательно говорю, что помню, как мы повернули налево и еще и еще налево. Но тут-то вот и случилась наша трагическая катастрофа...

Сначала я видел Заикина немножко ниже своей головы. Вдруг я увидел его голову почти у своих колен... С каким-то странным равнодушным любопытством я видел, что нас несет на еврейское кладбище, где было в тесном пространстве тысяч до трех народа.

...Заикин в эту трагическую секунду сохранил полное хладнокровие. Он успел рассчитать, что лучше пожертвовать аэропланом и двумя людьми, чем произвести панику и стать виновником нескольких десятков человеческих жизней. Он очень круто повернул налево. И затем я услышал только треск и увидел, как мой пилот упал на землю.

Я очень крепко держался за вертикальные деревянные столбы, но и меня быстро вышибло с сиденья, и я лег рядом с Заикиным.

Я скорее его поднялся на ноги и спросил:

— Что ты, старик? Жив?!

Вероятно, он был без сознания секунды три-четыре, потому что не сразу ответил на мой вопрос, но первые его слова были:

— Мотор цел?»

— Мотор цел?.. — снова спросил Заикин у подбежавшего Шарля Риго.

— Вы — герой, мсье, — торжественно сказал Риго, помогая подняться Заикину. — Для меня это большой престиж, что я работаю с вами.

— Поди ты к черту!.. — простонал Заикин. — Эк тебя понесло! Ляксантра Иваныч! Не убился?

— Вроде бы нет, — ответил Куприн.

Со всех сторон бежали к аэроплану люди.

В ложе Пташников говорил Травину:

— Немедленно, как только они уедут, пригласите судебного пристава опечатать аэроплан, ангар и запасные части. Идея себя изжила. Бабочки-однодневки должны к вечеру умирать, как это ни грустно. Сообщить судебному приставу об остатке долга нашего авиатора.

В номере гостиницы врач осматривал Заикина. Тут же сидели удрученные Куприн, Пильский, Саша Диабели и Ярославцев.

Распахнулась дверь, и в номер ворвались Шарль Риго и франтик в диком возбуждении.

— Иван Михайлович! — с ходу завопил франтик. — Такая шкода, что вы и представить себе не можете! Эти байстрюки!

Вечно спокойный и невозмутимый Риго что-то вопил по-французски и потрясал кулаками.

— Тихо, Шурик! Тихо!.. — крикнул франтик. — Иван Михайлович! Они опечатали «фармашку» и не пускают нас его чинить! Как вам это нравится?!

— Кто опечатал? — потрясенно спросил Заикин и встал.

— Пташниковы! — закричал Риго и стал ругаться на своем родном языке.

— Братцы... — Заикин обвел глазами друзей и растерянно развел руками. — Как же это так, братцы? Что же мне теперь делать?

Несколько журналистов одесских газет под предводительством Пильского и Саши Диабели стояли в конторе Дмитрия Тимофеевича Пташникова и строчили в блокноты.

По всей вероятности, Дмитрий Тимофеевич решил не церемониться и говорил поэтому нормальным светским языком:

— Я решил покончить с воздухоплаванием.

— Почему бы вам не перекрасить Черное море? — злобно спросил Пильский.

— Это мое предприятие, и я волен продолжать его существование или закрыть. Так же как любой из моих магазинов.

— Чем вызвано подобное решение? — спросил Саша Диабели.

— Мне сейчас необходимо освободить и себя, и весь свой капитал для организации нового большого дела.

— Но ведь все ваши затраты на аэроплан и обучение Заикина возмещены. Его полеты приносят вам чистый доход, — сказал один из репортеров.

— Существует еще одна грань моего решения — моральная. Мне не хотелось бы выглядеть в глазах общества этаким купцом-эксплуататором прекрасного, смелого и уважаемого Ивана Михайловича Заикина...

— Тогда передайте Заикину безраздельные права на аэроплан и расторгните с ним контракт, — сказал Пильский.

— И рад бы, но не могу, — улыбнулся Пташников. — К сожалению, за ним существует зарегистрированный судебным приставом остаток долга в четыре тысячи рублей.

— А если общественность поможет господину Заикину возместить вам и этот долг — вы аннулируете договор? — спросил Пильский.

— Господа, я закрываю предприятие и не собираюсь делать никаких движений ни в ту, ни в другую сторону. Надеюсь, в своих репортажах вы не исказите смысл сказанного мною?

— Вы подлец! — крикнул Петр Осипович Пильский и в ярости выскочил за дверь.

— Прощайте, господа, — снисходительно улыбнулся Пташников и встал из-за стола.

* * *

Спустя некоторое время один из журналистов стоял в своей редакции, и редактор говорил ему:

— Не сходите с ума, Сема! Неужели вы думаете, что я буду сталкиваться лбом с Пташниковыми?! Что мы тогда будем кушать с вами, Сема? Вы об этом подумали?

Второму журналисту его редактор ответил так:

— Уберите все ваши авторские домыслы и выводы, и я напечатаю чистое интервью — вопросы и ответы. Причем учтите — в самом уважительном тоне. Только в уважительном!

Взбешенный Саша Диабели выскочил из кабинета своего редактора с криком:

— Я давно хотел плюнуть на ваш паршивый листок! На мой век газет хватит! Получше вашей!

Вслед ему выскочил редактор и крикнул:

— Если вы будете поднимать кампании против уважаемых людей города, на вас и пипифакса не хватит! Босяк!

— Хорошо, Петя, — сказал четвертый редактор Петру Осиповичу Пильскому, — давай попробуем напечатать. Что из этого получится, кроме неприятностей, понятия не имею. Ты пойдешь под псевдонимом?

Маленький, худенький Пильский гордо выпятил грудку:
— Что?!

Редактор сдержал улыбку и сказал:
— Прости, пожалуйста.

Он поднял колокольчик и позвонил.

В кабинет вошла сухопарая девица. Редактор передал ей рукопись Пильского и сказал:
— В набор.

В столовой дома Пташниковых вся семья пила чай. Сидел и Травин.

— Севастопольской военной школе летчиков срочно требуются аэропланы любых конструкций, — сказал Травин.

— Вот и продайте им наш аппарат за восемьдесят пять процентов изначальной стоимости, — сказал Дмитрий Тимофеевич. — Это примерно в три раза превысит сумму долга Заикина.

— Не очень ли дорого, дядя? — спросил один из племянников.

— Ко Христову дню яички всегда дороги, — сказала добрейшая старушка Анна Ивановна.

Пташников улыбнулся и погладил ее по пухленькой ручке.

— Там же одни обломки, — сказал другой племянник.

— Но это обломки аэроплана, а не забора, — жестко ответил Дмитрий Тимофеевич.

— Но если продажей этой рухляди вы перекроете долг Заикина в три раза, может быть, мы простим Ивану четыре тысячи? — спросил третий.

— Зачем же? — удивился Дмитрий Тимофеевич. — Мы слегка повременим, чтобы не восстанавливать против себя мнений, а через полгода... — Он повернулся к Травину: — ...или того раньше начните взыскивать с него долг равными частями в судебном порядке.

— Слушаюсь, — ответил Травин.

— Грешить надо меньше, дорогие мои племяннички, — сказал Пташников, — тогда и на благотворительность не потянет!

— Кому еще вареньица положить? — спросила Анна Ивановна.

Наутро Саша Диабели и Петр Осипович Пильский шли по Дерибасовской.

— Почему я мог настоять на том, чтобы мой материал напечатали, а ты ограничился праведной истерикой и хлопнул дверью? — раздраженно говорил Пильский. — Меня уже сегодня читает вся Одесса, а ты так и будешь ходить со своей интеллигентной фигой в пустом кармане. Пожалуйста, смотри!

И Пильский показал Диабели на трех молодцеватых приказчиков, которые стояли у дверей какого-то магазина и проглядывали газету.

— Я ручаюсь, что они читают мою статью! — гордо сказал Пильский. — И ручаюсь, что она вызовет необходимый резонанс!

Приказчики услышали голос Пильского и посмотрели в его сторону.

Пильский тщеславно улыбнулся им. Один из приказчиков поклонился и подошел к Пильскому и Диабели.

— Извините великодушно, — сказал приказчик и приподнял картуз. — Кто из вас будет господин Пильский?

Пильский торжествующе посмотрел на Диабели и сказал:

— Это я.

И тут же получил такой удар по физиономии, что отлетел чуть ли не на середину мостовой.

Саша бросился поднимать Пильского. Когда ему с великим трудом удалось поставить Петра Осиповича на ноги, уже не было никаких приказчиков, и дверь магазина была закрыта. А над магазином во всю длину висела вывеска: «Мануфактура бр. Пташниковых».

В одесском порту Заикин, Куприн, Ярославцев, Саша Диабели, франтик и Пильский провожали Шарля Риго во Францию.

У Петра Осиповича один глаз заплыл черно-голубовато-желтым цветом.

Собрались у пассажирского трапа, около вахтенного — молоденького французского матросика.

Неподалеку по грузовому трапу шли знакомые грузчики, сгибаясь под огромными тюками. Когда шли обратно, махали Заикину рукой и кричали:

— Здорово живешь, Иван Михайлович!

На Шарле Риго было широкое пальто балахоном, в котором франтик привез его в Харьков, у ног стояли тот же чемодан и портплед. К чемодану была привязана балалайка. Уезжал Риго в косоворотке.

Пили шампанское прямо из горлышка, пуская бутылку по кругу.

Заикин глотнул в свою очередь, скосил глаза на Пильского:

— Я тебя дома бодягой натру, враз снимет.

— Я им всем покажу! — взъярился Петр Осипович. — Мерзавцы! Развели опричнину в центре такого города! Это ты все виноват! — накинулся он на Диабели. — Если бы не ты, я разорвал бы их в клочья!

— Петя, побойся Бога! — жалобно сказал Диабели. — Я-то тут при чем?!

— И верно, Петенька, ни при чем он, — ласково сказал Заикин и смочил в шампанском платок. — На-ко, приложи пока... Вот меня, жаль, там не было! Я б им ноги повыдергивал, бандюгам паршивым. Прикладывай, прикладывай...

Пильский сначала глотнул из бутылки, потом приложил платок к глазу.

— А что, если всем собраться и разгромить их лавочку к чертовой бабушке? — возбужденно сказал франтик. — Устроить им тысяча девятьсот пятый год, а?

Куприн взял бутылку у Пильского, отхлебнул и протянул ее франтику:

— На, успокойся. Будет им пятый год, будет еще какой-нибудь... Не пройдет и десятка лет, как будет. Просто не может не быть!

Заикин встревожился:

— Это ты про что, Ляксантра Иваныч? Про бунт, что ли?

— Про революцию, — сказал Риго и протянул руку за бутылкой.

— Нет, — сказал Заикин. — Это сейчас ни к чему. Это только приостановит развитие России.

— Батюшки-светы! — воскликнул Пильский. — Это ты откуда же таких премудростей набрался?!

Заикин простодушно ответил:

— А это когда я из Парижа в Россию уезжал. Лев Макарыч Мациевич говорил... — Заикин снял шляпу и перекрестился. — Как же он говорил? Дай Бог памяти... А, вот! «Мне кажется, что Россия минует и смуты, и духовную гибель, на которые обречены многие нации и страны в нашем только что начавшемся веке, если овладеет вершинами науки и порожденной ею техники»... Вот.

— Ох, эта техника! — вздохнул Куприн. — Ох, этот научный прогресс! Интересно, чему он послужит в дальнейшем? А ведь он все ширится, движется, все быстрее, быстрее, все стремительнее... Вчера мы услышали о лучах, пронизывающих насквозь человеческое тело, сегодня открыт радий, с его удивительными свойствами, а завтра или послезавтра — я в этом уверен — я буду из Петербурга разговаривать со своими друзьями, живущими в Одессе, и в то же время видеть их лица, улыбки, жесты...

И Куприн обнял Пильского и Заикина.

Все захохотали так, что вахтенный матрос и пассажиры, поднимавшиеся уже по трапу, испуганно посмотрели вниз на развеселую компанию.

Франтик, Ярославцев, Риго, Заикин и Диабели от души хохотали над фантастической картиной, нарисованной Куприным.

И только Пильский раздраженно вывернулся из-под руки Куприна и закричал:

— Что вы смеетесь?! Как вы не понимаете, что это более чем трагично! Неужели вам хотелось бы жить в этом ужасном мире будущего?! В мире машин, горячечной торопливости, нервного зуда, вечного напряжении ума, воли, души?! А вы подумали, что этот ваш будущий мир принесет с собой повальное безумие, всеобщий дикий бунт или, что еще хуже, преждевременную дряхлость, усталость и расслабление?

— Ну зачем же так мрачно, Петя? — усмехнулся Куприн. — Вон ты даже Ваню испугал, — он показал на присмиревшего Заикина.

— Нет, — сказал серьезно Заикин. — Я не испугался. Я подумал, что к тому времени, вот про которое Сашенька говорил, может, и люди переменятся? Может, в них чего-нибудь такое выработается новое, в голове или в душе, что они смогут спокойно обращаться со всеми этими будущими штуками, и тогда жизнь для них для всех станет удобной, красивой, легкой! А, Ляксантра Иваныч? Или я чего напутал?

— Ай да Ванечка! — воскликнул Саша Диабели.

— От это да! От это я понимаю! От это человек! — восхищенно сказал франтик.

— Ну вас к черту! — обозлился Пильский. — В вас бурлит какой-то отвратительный животный оптимизм! Это после всего!

— О! — сказал вдруг Риго. — Оптимизм — се тре бьен...

— Правильно, Шура! — крикнул франтик. — Жуткое дело! Сейчас бы еще шампанского!

— Будет тебе... Нашампанился, — недовольно заметил Заикин.

Но Куприн подмигнул франтику и сделал успокаивающий жест — дескать, «все будет в порядке».

И в это время пароход дал густой протяжный гудок. Все, как по команде, повернулись к Риго.

Он стоял с полными слез глазами, улыбался и уже держал в руках портплед и чемодан с балалайкой.

— Мне было очень хорошо, — сказал Шарль Риго. — Я буду много рассказывать в старости... И наверное, умру от болтовни.

— Шура! — Голос Заикина дрогнул. Он облапил Риго, поднял его вместе с чемоданом и портпледом и трижды поцеловал. — Спасибо тебе!

И тогда все стали прощаться с Риго, потому что вахтенный матрос у пассажирского трапа уже что-то кричал по-французски и был очень недоволен тем, что Риго еще не на пароходе.

Последним в прощании был франтик. Они поцеловались с Риго, и Риго ему негромко сказал:

— Если у мсье Заикина когда-нибудь будет аэроплан, ты должен помнить, что стальные тросы рулей управления от нагрузки сильно вытягиваются. Их перманентно нужно укорачивать двухсторонними тендерами. А то будет большой люфт. Понял?

— Понял.

— И бензин лучше заправлять через замшу. Помнишь, как я это делал?

— Помню.

— И не ленись чистить контакты у динамо.

— Хорошо.

— И не пей много, — улыбнулся Риго. — Хороший механик не должен много пить.

— Бон вояж, Шурик, — печально сказал франтик.

— Прощай, мон ами, — ответил Риго и ступил ногой на трап.

Пароход был в полумиле от берега, а друзья все стояли и стояли на опустевшей пристани и смотрели в море.

— Торговали кирпичом, а остались ни при чем... — ни к кому не обращаясь, сказал Петр Данилович Ярославцев.

— Прекрати сейчас же! — вскинулся Пильский. — Не слушай его, Иван! Авиация требует больших капиталов и государственного масштаба. Частным предпринимателям в ней не может быть места...

— А ты даже не предприниматель, — сказал Куприн. — А только нищий проповедник авиации, за свой риск, за свою совесть. Но я уверен, что через год, через два ты непременно полетишь на собственном аппарате. И не в угоду зевающей публике, а на серьезных авиационных конкурсах... Что же касается меня, — Куприн рассмеялся, — я больше на аэроплане не полечу!

Все заулыбались. Напряжение спало. Пароход становился все меньше и меньше.

— Ну, хорошо, — сказал практичный Ярославцев. — А пока что делать будем?

— Что пока? — переспросил Заикин и вдруг сказал с легкостью и решительностью: — А пока — цирк, борьба. Списывайся с борцами, афишируй, что Заикин и Ярославцев снова организуют чемпионат. Вот нам и хлеб пока. Правда, я еще не в форме: целый пуд веса потерял, здоровьишком ослаб, но ничего... — И спросил у Куприна почти весело: — А, Ляксантра Иваныч? Ничего?

Цирк был переполнен от лож до галерки. Гремел оркестр. Ярославцев во фраке с бутоньеркой выводил на арену «парад» борцов.

Первым под несмолкаемые аплодисменты шел Иван Заикин.

Через плечо у него была надета муаровая лента с бессчетным количеством медалей. Проходя вокруг арены, Заикин ласково улыбнулся Куприну, Пильскому и Диабели. На ходу поискал глазами франтика, но не увидел его, так как...

...франтик стоял высоко на галерке среди портовых грузчиков и разного простого люда. Чтобы франтика не раздавили, его оберегал Петрович — старый амбал.

Борцы выстроились по кругу. Оркестр смолк. Ярославцев поднял руку, прося тишины.

— Уважаемые дамы и господа! Уважаемая публика! — зычно проговорил Петр Данилович. — Прежде чем начать представление борцов нового чемпионата и парад-алле, представляю слово чемпиону мира Ивану Заикину! Иван Михайлович, прошу!

Заикин вышел на два шага вперед, подождал, пока стихнут аплодисменты, и негромко сказал:

— Господа! — Посмотрел наверх, на галерку, и прибавил: — Друзья мои! Весь сбор от каждого третьего представления нашего чемпионата будет поступать в фонд помощи семьям погибших русских авиаторов. Да сохранит Господь всех ныне здравствующих воздухоплавателей! Все.

Заикин шагнул обратно в строй борцов под шквал аплодисментов. Оркестр грянул марш. Куприн, Пильский и Диабели что-то восторженно кричали Заикину...

А франтик на своей галерке посмотрел на старого амбала и потрясенно сказал:

— От это да! От это я понимаю! От это человек!

СОШЕДШИЕ С НЕБЕС

Ах, эти черные глаза меня пленили!
Их позабыть никак нельзя — они горят передо мной...
Ах, эти черные глаза... Кто вас полюбит,
Тот потеряет навсегда и сердце, и покой... —

лилось с заезженной старой пластинки...

Темнота населена неясными приглушенными звуками. И среди них — шепот — торопливый, срывающийся, лихорадочный, словно горячечный бред:

— Я люблю тебя... Боже мой, как я люблю тебя!
— И я... И я тебя люблю, солнышко мое...
— Тише, родненький... Тише, миленький... Тише, Сереженька.
— Пускай... Чего теперь бояться?
— Господи! Ну почему так поздно? Где же ты раньше был?
— Я всегда был с тобой, Машенька. Ты просто не знала об этом. И я не знал...
— Я люблю тебя... Я так тебя люблю!..

Откуда-то стал возникать слабый желтый свет. Он выхватывал из кромешной тьмы уродливые каменные стены, стонущих раненых — они лежали по углам узкой пещеры, прорубленной в нагромождении скальных пород.

Кто-то нес керосиновый фонарь, негромко выкрикивал:

— Санинструктор! Санинструктор! Маша! Где ты? Там у Тенякова опять кровотечение. Ты где, Маша?..

— Пить... Пить... Пить... — стонут из всех темных углов. Белеют бинты в слабеньком свете керосинового фонаря.
— Маша!
— Иду!

Маше восемнадцать лет. Она худенькая, грязная и оборванная. Поднялась с колен, подхватила санитарную сумку, погладила по лицу лежащего двадцатилетнего младшего лейтенанта:

— Полежи, Сереженька. Я скоро вернусь. Полежи, любимый...

Сережа — летчик. Это видно по погонам истерзанной гимнастерки. На нем брюки с одной штаниной. Нога, на которой нет штанины, замотана грязными бинтами с заскорузлыми пятнами засохшей крови. Под боком лежит немецкий автомат «шмайссер».

Оружие здесь лежит возле каждого раненого. Все полуголые — жара, душно, пот заливает лицо, разъедает глаза.

— Пить... Пить... Пить...

И словно убаюкивая лежащих, откуда-то плывет довоенное, сладкое:

...Был день осенний, и листья грустно опадали,
В последних астрах печаль хрустальная жила,
Слезы ты безутешно проливала — ты не любила,
И со мной прощалась ты...

На полуслове оборвалось танго, и чей-то вкрадчивый женский голос со слабым немецким акцентом и характерной радиохрипотцой сказал:

— Германское командование обращается к вам с благородным гуманным предложением: вы должны выйти из подземелья и сдаться. За это вам гарантируют жизнь и свободу...

Вернулась Маша с огарком свечи. Снова опустилась на колени перед Сергеем:

— Вот у нас с тобой и свет есть... Теперь бы только выжить.

— Нам известно о вас все, — говорил мягкий женский голос с немецким акцентом. — Мы знаем, что вы погибаете от жажды и голода, каждый день вас становится все меньше; нам известно, из остатков каких воинских частей состоит ваш подземный гарнизон; знаем, кто вами командует...

— Не слушай, не слушай... — торопливо зашептала Маша.

— Я не слушаю. Я смотрю на тебя, Машенька моя... Моя Машенька.

Кто-то неподалеку прошелестел:

— Водички... глоточек...

— Нету пока водички, лапушка. — Маша подскочила к раненому. — Потерпи. Может, к ночи... Вчера же удалось, помнишь?

— Не дожить мне до ночи...

— Доживешь, что ты! Мы все доживем. Обязательно!

А женский голос с немецким акцентом откуда-то говорил:

— Мы перекрыли единственный источник воды — колодец у главного входа в каменоломню. За ним установлено круглосуточное наблюдение. Ни одному из вас не удастся достать оттуда хотя бы каплю воды...

Щелчок, и снова мужской надрывный голос страдальчески запел:

Ах, эти черные глаза меня пленили...

В глубине пещеры возник шум борьбы, послышались крики:

— Нет! Нет! Нет! Не дам!!! Не смеете!..

— Попался, гад!

— Пустите! Не отдам! Не отдам!.. Нет у вас таких прав!..

Трое легкораненых держали старика-санитара и вырывали у него из рук металлическую банку — нечто вроде небольшого бидона. Из темноты появился закопченный оборванный подполковник. Посмотрел на старика-санитара тяжелым глазом.

— Заначка у гада! — в истерике кричал один раненый, а второй плакал навзрыд: — Прятал... Прятал, сволочь!..

— Раздать воду раненым, — хрипло приказал подполковник, облизывая пересохшие, растрескавшиеся губы, и ушел в темноту.

— Пустите меня!!! — дико закричал старик-санитар и рванулся.

Банка вылетела из его рук, упала — вода растеклась по земле, оставив только влажный след.

Старик нагнулся, схватил пустую банку, захохотал и побежал. Он несся по полутемным подземным коридорам, расталкивал людей, размахивал банкой и не то пел, не то рыдал:

— «Широка страна моя родная, много в ней лесов, полей и рек!..»

У расщелины, ведущей из подземелья наружу, автоматчик крикнул ему «Стой!», но сошедший с ума старик проскочил мимо него и выбежал на ослепительную, залитую солнцем, выжженную нестерпимой жарой площадку, на краю которой стоял колодец.

Вокруг колодца лежали трупы русских солдат, изрешеченные пулеметными очередями ведра и канистры. Три пулеметные точки немцев держали под прицелом площадку, колодец и выход из каменоломни.

Немцы увидели вылетевшего с банкой несчастного сумасшедшего и подняли глаза на офицера. Тот дал знак одному пулеметному расчету. Простучала короткая очередь. Старика подбросило на бегу, он упал. С жестяным стуком покатилась по камням его банка...

И тогда раздались очереди еще двух пулеметов. Они хлестали по банке, и банка металась, как живая, и куда бы она ни отлетела, повсюду ее настигала пулеметная очередь.

Офицер рассмеялся и одобрительно подмигнул пулеметчикам. И огонь прекратился. Офицер надел фуражку и пошел к большому радиофургону, смонтированному на тяжелом грузовике. На крыше фургона два репродуктора оглушительно говорили мягким женским голосом со слабым немецким акцентом:

— Мы обращаемся к благоразумию ваших командиров — не губите бессмысленно людей. Прекратите сопротивление, прекратите вылазки и атаки, которые ни к чему, кроме потерь, привести не могут...

Перед тем как подняться по короткой лесенке в заднюю дверь радиофургона, офицер застегнул китель на все пуговицы и обтер сапоги пучком травы. Увидел у заднего колеса несколько блеклых цветочков, сорвал их и соорудил немудрящий букетик. И только после этого открыл дверь фургона...

— Пить, сестрица, — хрипел раненый паренек.

— Тс-с... Слышите, ребята? Льется, льется... — шептал матрос с безумными глазами. — Прячут от нас... Слышите? Вода льется...

И тут же совершенно нормальным громким голосом, уже в бреду, капризно проговорил:

— Мама, ну дайте вы мне чаю! Сколько можно! Жду, жду...

— Пить... Пить... Пить...

Утомленное солнце нежно с морем прощалось... —

гремело снаружи.

И снова обезумевший от жажды раненый матрос приподнялся на локте:

— Слышь, браток... Вода льется... Журчит где-то, стерва...

— Точно! — вдруг проговорил Сергей и попытался встать.

Маша с ужасом поняла, что этот психоз, эта галлюцинация сейчас охватит всех. Она бросилась на Сергея, прижала его к земле всем своим телом, закричала:

— Молчать!!! Всем лежать, не двигаться! Нету никакой воды! Нет ее. Нигде она не льется... Не думайте о ней. О чем хотите думайте, только не о воде! Потому что воды нет...

Все затихли. Маша отпустила Сергея, встала и словно в забытьи повторила:

— Потому что воды нет... Но я сейчас принесу ее вам.

Она вынула из кармана гимнастерки расческу и маленькое зеркальце. Приладила зеркальце на скальном выступе, туда же прилепила огарок свечи. Сняла грязную, пропотевшую пилотку, по солдатской привычке засунула ее под ремень и стала тщательно расчесывать свои длинные волосы. Она вглядывалась в маленькое зеркальце, слюнила скомканный платочек, оттирала лицо от копоти, многодневной грязи, прихорашивалась...

— Машка, ты что? Что с тобой?! — Раненые с испугом следили за Машей. — Маш, ты кончай! Ты чего удумала?!

— Не смей, Маша... — сипло сказал Сергей и, держась за стену, поднялся на ноги. Отставил в сторону негнущуюся простреленную ногу, наклонился, взял в руки «шмайссер». — Я тебя никуда не пущу.

— Не могу, не могу больше, Сереженька... — жалобно проговорила Маша, посветила себя огарком свечи и нащупала дужку ведра.

— Потерпите, ребятки. Я сейчас вернусь.

С ведром в руке Маша пошла к выходу из пещеры, откуда неслось чуть приглушенное танго. Волоча раненую ногу, с автоматом в руке, за ней ковылял Сергей.

— Командир! — истошно закричал раненый матрос. — Командир! Машка за водой пошла! Машка за водой... Да остановите же ее кто-нибудь! Командир!..

Маша и Сергей были уже у выхода из подземелья.

— Стой, дура! — крикнул автоматчик, дежуривший у входа. — Совсем спятила?!

Из глубины пещеры бежали несколько человек:

— Остановить! Не выпускать! Убьют, Машенька!..

Но во всем облике Маши была такая решимость, такая внутренняя сила, что автоматчик невольно посторонился.

— Я прикрою ее... Я прикрою... Я ее никому не отдам! — хрипел Сергей, выползая из пещеры с автоматом в руках.

Она вышла открыто, не таясь, под белое слепящее солнце, заливавшее истерзанную землю. От нестерпимого света она зажмурилась, прислонилась к скале и закашлялась.

Рядом с ней, в одной штанине, босиком, с нелепо отставленной в сторону несгибающейся раненой ногой, стоял Сергей со вскинутым на изготовку «шмайссером».

Три немецких пулеметных расчета с трех разных точек свели свои стволы в одну цель. Сергей и Маша оказались заключенными в прорези прицелов...

Внутри радиофургона немецкий офицер сидел рядом с немолодой красивой женщиной в военной форме. Перед ней стоял микрофон. Лежали листки с дикторским текстом. Крутилась на проигрывателе единственная пластинка — известное довоенное русское танго...

Женщина нюхала букетик, поглядывала на офицера с усталым кокетством. Офицер смотрел на нее с нежностью и надеждой...

Молоденький немецкий пулеметчик растерялся, лицо покрылось испариной. Палец лежал на гашетке пулемета, но солдат не стрелял. Он ждал команды.

Не стрелял и второй пулеметчик. С любопытством и удивлением он рассматривал худенькую девочку с длинными волосами, с пилоткой за поясом, с ведром в руке.

Третий сосредоточил свое ироническое внимание на калеке в одной штанине, с автоматом в руках. На что он надеется? Он почти не стоит на ногах и вынужден прижаться спиной к скале.

Но вот оборванная девчонка расправила гимнастерку под солдатским ремнем и двинулась к колодцу. Смешно волоча ногу, поковылял вместе с ней парень в одной штанине. Видно было, как они обходили убитых, приближались к колодцу.

Из расщелины скалы люди напряженно следили за каждым шагом Маши и Сергея.

Не выпускали их из рамок прицела и три немецких пулемета.

Маша опустила ведро в колодец. Слышно было, как оно шлепнулось о воду... Сергей стоял к ней спиной, перекрывая ее от средней пулеметной точки. Его автомат был нацелен прямо на немецкий расчет.

Маша стала вытягивать веревку с ведром из колодца. Но вытащить ведро, полное воды, у нее просто не хватало сил. Она беспомощно оглянулась на Сергея:

— Помоги... — и подала ему конец веревки.

Держа в одной руке автомат, Сергей помог Маше вытащить ведро с водой из колодца. Поставил его на сруб и... упал!

Он упал от того, что нечаянно ступил на раненую ногу всем весом своего измученного тела. Упал неловко, нелепо, задрав вверх забинтованную ногу без штанины...

И немцам это показалось ужасно смешным! Они переглянулись и хохотали — так был смешон этот глупый русский парень со своим дурацким автоматом! Но ни один пулемет из трех так и не выпустил Сергея и Машу из своего прицела. Они следовали за ними шаг за шагом, пока Маша несла полное ведро к входной расщелине, а Сергей, с трудом подтягивая раненую ногу, пятился и прикрывал ее своим автоматом...

Хохотали молодые немцы за своими пулеметами.

Из репродукторов на фоне чуть приглушенного танго женский голос, не лишенный некоторого артистизма, говорил со слабым немецким акцентом:

— Германское командование дает вам два часа для выхода и сдачи оружия. Через два часа будут возобновлены обстрел и взрывы на поверхности. Затем мы пустим газы, и вы умрете все без исключения. Это последнее предупреждение.

А танго летело в знойное небо, окутывало изрытую воронками площадку, опускалось на сруб колодца, витало над телами мертвых русских солдат, заставляло дребезжать изрешеченные банки, ведра, канистры, которые так и не были донесены до умирающих от жажды людей...

Спустя семь лет Сергей демобилизовался.

Он был очень хорош собой — капитан, летчик, увешанный боевыми орденами и медалями, в новенькой (по случаю увольнения в запас) офицерской форме.

И Маша была прекрасна. В строгом темном костюмчике — чуть длинноватая прямая юбка, пиджачок с плечами и короткой орденской планкой, а на голове маленькая забавная шляпка «менингитка».

А между Машей и Сергеем их сын — шестилетний Вовка. Через плечо у Вовки висит настоящий летный планшет на тонком ремешке. И Вовка разодет празднично: по Вовке сразу видно, что последние годы Сергей и Маша служили в Германии.

В полукруглом палисадничке с тополями перед двухэтажным областным управлением Гражданского воздушного флота Маша сказала Вовке:

— Отдай-ка папе планшет, сынок.

Вовка снял с себя планшет, протянул его отцу.
— Ну, я пошел... — кивнул Сергей.
— Проверь документы.
Сережа раскрыл планшет.
— Демобилизационное предписание? — спросила Маша.
— Есть, — ответил Сережа, роясь в планшете.
— Учетная карточка?
— Есть...
Они оба все-таки немного волновались. Начиналась новая жизнь.
— Справка из милиции?
— Вот она.
— Направление горвоенкома?
— Здесь.
— Пап, а на гражданском самолете мне можно будет с тобой летать? — спросил Вовка.
— На гражданском — запросто! — пообещал ему Сергей.
— Летная книжка?
Сергей порылся в планшете, поднял на Машу растерянные глаза.
— Тьфу, дура старая! — выругала себя она. — Летная книжка же у меня в сумке! Держи.
— Слава Богу! Ну, я пошел? — спросил снова Сергей.
— Ни пуха, — улыбнулась Маша.
— К черту, — вставил Вовка.
Сергей направился к дверям областного управления ГВФ, а Маша с Вовкой чинно уселись на скамеечке в палисаднике и уставились на эту дверь.

— Нету у меня для тебя работы, капитан, — говорил Сергею большой толстый человек лет сорока, сидевший за столом.
Ему было жарко, белая пропотевшая рубашка расстегнута, за широченной спиной на стуле висел синий форменный китель.

— То есть как это нет?! — возмутился Сергей. — Я же истребитель!

— Потому и нет. Ни пикировщиков, ни истребителей не берем. Был бы транспортником или тяжелым бомбардировщиком, взяли бы. А истребителей не берем... — Толстому человеку самому было тошно от этого разговора.

Сергей потряс у толстяка под носом своей летной книжкой:

— У меня сто семнадцать боевых вылетов! Шестьсот пятьдесят часов налета!..

— Не смеши меня, капитан, — устало сказал толстяк. — У нас в ГВФ вторые пилоты по пять тысяч часов имеют, а командиры экипажей и того больше. Так что засунь свой налет знаешь куда?

— Но меня же военкомат направил! Вот оно, направление... Я же летчик! Летчик, слышишь ты, бумажная душа?!

— Не кричи. Нам десятиклассника легче научить летать на пассажирской машине, чем тебя переучивать.

— Да я с сорок второго такое прошел, что тебе и не снилось!

— Один, что ли? — поинтересовался толстяк.

— Чего «один»?

— Один, спрашиваю, что ли, прошел? Или еще кто рядом был?

Сергей в отчаянии схватился за голову.

— Не паникуй, капитан. Устраивайся, обживайся. Заходи к осени. К октябрю откроем шестимесячные курсы наземной диспетчерской службы.

Сергей поднял голову, посмотрел на толстяка с ненавистью.

— Ты что же, мать твою в душу, меня — истребителя, боевого летчика — в наземную службу?! — Он перегнулся через стол, сгреб толстяка за пропотевшую рубашку, рывком поднял его со стула. — Окопались в своих кабинетиках, суки! Где ты был в сорок третьем, в сорок четвертом, в сорок пятом?!

Толстяк оказался на полголовы выше Сергея.

Он положил свою ладонь на лицо Сергея и коротким, могучим движением откинул его от себя. Сергей перелетел через весь кабинет, ударился затылком о стену и рухнул на пол.

Толстяк вытащил из-за спинки стула две палки, оперся на них, и, раскачиваясь, вышел из-за стола, скрипя двумя протезами. У него не было обеих ног.

На спинке стула висел форменный синий китель с одинокой золотой звездочкой Героя с потертой муаровой лентой.

Толстяк подошел к лежащему Сергею, тихонько ткнул его палкой в живот и сказал:

— Ладно тебе... Вставай, не психуй. Давай поговорим спокойно...

На окраине города в глубине большого неухоженного двора — двухэтажный деревянный домишко.

Во дворе Маша и Сергей развешивали на веревках вещи, слежавшиеся в чемоданах за дальнюю дорогу. Тут были и немецкий плед, и шинели, белые медицинские халаты и шапочки, гимнастерки, короткая меховая американская летная куртка, детский ватный матрасик. Но венцом этого парада вещей был настенный немецкий плюшевый ковер с грустными желто-коричневыми оленями на ярко-зеленой лужайке под кроваво-красными лучами заходящего солнца...

На шее у Маши связка прищепок. Сергей в нательной рубахе, в галифе, босиком. Не прекращая помогать Маше вытряхивать и развешивать вещи, Сергей тихо и печально рассказывал:

— ...вы, говорит, истребители, летали всегда в одиночку. Привыкли, говорит, каждую минуту рисковать своей шкурой, и вас вроде бы уже от этого не отучить... А нам, говорит, ваши рисковые штуки — до фонаря. Нам, говорит, нужно, чтобы пассажиры были живы-здоровы и груз в сохранности... Нам в гражданской авиации рисковать нельзя. Извини, говорит...

— Сережа, иди в вечернюю школу, кончай десятый класс. На будущий год в областной педагогический поступишь... Мне в больничке к новому году еще немного прибавить обещали... Пойду на полставки в поликлинику, возьму несколько суточных дежурств дополнительно. Вытянем запросто!..

— Ну что ты болтаешь?! Куда я пойду в десятый класс, если я в девятом-то никогда не учился!..

— Во глупый... — удивилась Маша. — Кто тебя за язык тянет? А ты иди сразу в десятый. Как демобилизованному — никаких экзаменов. Ты же умница!..

Из дому на крыльцо, еле передвигая ноги в огромных Сережиных меховых унтах, вышел Вовка в одной короткой майке и трусиках. На голове у него был отцовский шлемофон с соединительной колодкой для радиосвязи.

— Папа! — орал Вовка и потрясал над головой золотыми Сережиными погонами. — Тебе погоны больше не нужны, можно, я их себе возьму?

— Бери. — Сергей махнул рукой.

— Не трогай папины погоны, — строго сказала Маша. — Не дорос ты еще до капитана. Я тебе другие дам.

Она сняла со своей шинели узкие погоны младшего лейтенанта медицинской службы и бельевыми прищепками прикрепила их к бретелькам Вовкиной майки.

— Ой... — презрительно протянул Вовка. — Медицинские... Нужны они мне!

— Вот я тебя сейчас выдеру за эти слова! — взорвался Сергей.

— Что ты, что ты, Сереженька! — испугалась Маша и прижала Вовку к себе. — Он же маленький еще... Ну откуда же ему знать-то все?

В эту секунду, отчаянно сигналя, во двор влетела полуторка. Лихо развернулась и затормозила рядом с крыльцом. Из-за руля вылезла Нюська — соседка Маши и Сергея.

Нюське — тридцатник. Она человек одинокий, веселый и очень привлекательный для всего мужского населения. А еще Нюська человек самостоятельный — заправский шоферюга в местном автопарке.

— Эй, соседи! Принимай койку двухспальную! Будя на чемоданах дрыхнуть! — Нюська откинула боковой борт грузовика.

Там стояла широкая кровать с никелированными дугами спинок, уймой блестящих шишечек и добротной пружинной сеткой.

— Давай, Серега, лезь в кузов, подавай ее нам, а мы тут с Машкой примем...

— Нюсенька, золотце мое! Да нам же с тобой век не рассчитаться! — воскликнула Маша.

— А вы ничего за нее и не должны. Разве что спать на ей покрепче, когда ко мне хахаля приходить будут. И все дела!

Сергей впрыгнул в кузов, осмотрел кровать, сказал Нюське:

— А чего ее целиком таскать? Такие кровати вроде бы разборные.

— Точно! — согласилась Нюська. — Это когда она из магазина, то разборная. А когда со свалки, да сетку пять дней в солярке от ржавчины вымачивали, потом сварщики в автопарке с ею занимались, опосля маляр ее марафетил, а в гальваноцехе вот эту хреновину никелировали, так она стала вовсе не разборная. Подавай! Берись с того краю, Мария! Так, хорошо, хорошо... Полегоньку. Держи, Серега. Маш, перехвати за спинку... Вовка! Вовка, сукин ты кот!

Ты куда же это в кабину в одних трусиках на грязное сиденье полез?! Боже мой! Да подстелите вы ребенку чего-нибудь под задницу, если вы ему на штаны не заработали!.. Отпускай, отпускай, Сереженька! Держим, держим... Ты теперь к нам спрыгивай. Ты нам тут требуешься.

...Кровать стояла на земле. Маша увела Вовку в дом надевать на него штаны, и было слышно, как они спорили там.

Сергей с Нюськой уселись на пружинную сетку покурить. Нюська качнулась на сетке, сказала Сергею:

— На такой коечке еще пару Вовиков можно найти. Это, конечно, если хорошо поискать.

— У тебя, наверное, койка не хуже. Чего же ты сама не поищешь?

— Мне одной не вытянуть. А вас — двое. Вам хорошо.

— Вышла бы замуж.

— Так ведь как же, Сереженька, замуж выходить, когда я даже «похоронки» на своего не имела? Пропал без вести в начале сорок второго и с концами...

По улице бежала стая ничейных собак. Маленькая рыжая сучка заглянула во двор, и вся стая остановилась.

— Кыш отсюда! — крикнула на них Нюська, и собак словно ветром сдуло. — Мечутся, мечутся, бедняги... А вдруг вернется?

— Кто? — не понял Сергей.

— Ну мой-то...

— А-а-а... Да нет, Нюся, теперь уж вряд ли.

Нюська затоптала окурок, сплюнула, встала с кроватной сетки.

— Но я все ж его погожу. Эй, Мария! Ты где? Иди койку тащить!

Маша выскочила на крыльцо вместе с Вовкой, одетым в штанишки. Она сорвала с веревки плюшевый ковер с оленями и накинула его на Нюськины плечи.

— А это тебе от нас. Верно, Сережа?

— Конечно, — впервые улыбнулся Сергей.

— Ой-ой-ой! Какая тетя Нюся красивая!!! Как принцесса! Вот это да! — в восторге закричал Вовка.

Нюську подарок вроде бы и не обрадовал:

— Ошалели? Да такой ковер у нас на «балочке» тысячи стоит. Пока Серега без работы, его там загнать — три месяца продержаться можно.

— Ничего. Мы и без «балочки» обойдемся, — сказала Маша.

— Да что, я себе работы не найду, что ли? — закричал Сергей.

Сергей и еще четверо нанятых мужиков таскали мясные туши из кузова продуктового грузовика в подвальное помещение гастронома.

Руки и лица в мясной сукровице, на головах капюшоном мешки накинуты, пот заливает глаза. Тушу на плечи — и вниз по каменным ступенькам узкой лестницы в подвал, на весы... Кладовщик взвесит, в тетрадочку запишет. На двутавровой балке — крюки. Хоть и невысоко, но вешать нужно вдвоем, втроем. Тяжелые, огромные туши...

И снова наверх, к грузовику. А мяса еще полкузова.

Потом измочаленные, с запавшими глазами, мылись в подсобке у железной раковины, ждали расчета.

Вошел кладовщик, молча отслюнил каждому по красненькой тридцатке, негромко сказал старшему:

— Там, где всегда, оставил вам. Только тару потом верните.

И вышел не попрощавшись.

Неподалеку на пустыре гуляла собачья свадьба. Старшой покопался под чахлым кустиком, достал оттуда солдатский вещмешок. Расстелил на земле газетки, развязал мешок и вытащил оттуда килограммов пятнадцать сырой говяжьей печенки. Аккуратно разделил на пять частей и свою долю опять запихал в вещмешок.

Бездомные псы тут же застыли, подняли морды, стали нервно принюхиваться.

Все разобрали свои доли в заранее приготовленные матерчатые торбы. Только одна доля — Сергея — продолжала лежать на газетке.

Старшой показал Сергею — забирай, мол, но тот с места не двинулся. Стоял и тупо смотрел себе под ноги на печенку.

— Тебе жить, — равнодушно пожал плечами старшой, и все четверо пошли в разные стороны. Загипнотизированные запахом, замерли голодные бездомные городские собаки...

Лежала сырая говяжья печенка на земле, на подстеленной газетке. Стоял над ней бывший капитан, бывший летчик-истребитель, прошедший к своим двадцати семи годам огонь, воду и медные трубы. И черт знает, что творилось у него сейчас в голове...

И вдруг в отчаянии и ярости — с размаху ногой по этой проклятой печенке!.. Полетели вверх кровавые ошметки, шлепнулись метрах в пятнадцати, и тотчас бездомная собачья свора сцепилась над ними в смертельной драке...

Вечером сидели дома, ужинали. Вовка капризничал, не хотел пить молоко. Сергей мрачно ковырял вилкой картофель.

— Меня еще на полставки в поликлинику взяли процедурной сестрой. Так что живем, ребята!.. Вовик, не вороти нос. Допей молоко, пожалуйста! Сережа, подлей масла постного в картошечку, а я еще лучку подрежу, хочешь? — щебетала Маша, тщательно скрывая усталость.

Сергей вынул красную тридцатку, положил на стол.

— Вот это да! Вот это да!!! — поразился Вовка.

Маша зашла сзади, обняла Сергея, стала целовать его в макушку:

— Ах ты ж наш добытчик! Ты ж наш кормилец!

Без стука открылась дверь, заглянула Нюська в крепдешиновом платье, голова — в туго накрученных бигудях.

— Эй, соседи! Вовка задрыхнет, поднимайтесь ко мне. У меня новый хахаль объявился. Из милиции. Божится, что неженатый.

— Спасибо, Нюся. Сережа устал, да и я неважно себя чувствую...

— Да бросьте вы! Поднимайтесь! Печеночки нажарю... Я сегодня такую печенку у одного ханыги купила — пальчики оближете!

— Вот печенку я люблю, — твердо сказал Вовка.

— Марш в постель! Чтобы через минуту я тебя не видел, — тихо приказал ему Сергей.

— В следующий раз, Нюсенька. — Маша тревожно посмотрела на Сергея.

— В любое время дня и ночи, — предложила Нюська. — Помешать нам не бойтесь — все равно ему с первого раза ничего не обломится.

Нюся закрыла за собой дверь, и было слышно, как она затопала к себе на второй этаж.

Ночью лежали в темноте, прижавшись друг к другу. Не спали.

За занавеской сопел разметавшийся во сне Вовка.

Наверху патефон играл «Рио-Риту», смеялась Нюська, бубнил неразборчиво мужской голос.

— Каждую ночь один и тот же сон... — глухо говорил Сергей, глядя в потолок. — Выруливаю на старт, по газам и на взлет! машина бежит, бежит по полосе и не отрывается... Ну никак не взлететь! Я уж обороты — до предела, ручку на себя — до отказа, уже полоса кончается, а я все взлететь не могу!.. И просыпаюсь. — Сергей шмыгнул носом, усмехнулся: — Полоса кончается, а я все...

Маша зажала ему рот рукой, еще сильнее прижалась, прошептала:

— Господи... Счастье-то какое, что ты у меня есть на свете.

Старик-возчик в драном медицинском халате с черными печатями привез на телеге Маше дрова.

— Вот от профкома дровишки выделили сотрудничкам, — сказал он Маше. — Главврач велели самый первый рейс к тебе сделать.

— Спасибо, Семен Петрович. Чаю хотите?

— Не, Маша, что чаю... Мне сегодня еще две ходки сделать нужно — к нервопатологу и Зинке-кастелянше. Вы тута разгружайте скоренька, а я за папиросками сбегаю. Я б вам помог, но прострел замучил, проклятый!..

И старик пошел со двора еле-еле, нога за ногу.

Скатилась со своей верхотуры Нюська в сарафане и тапочках на босу ногу. Стала помогать Сергею и Маше разгружать телегу.

Маша подавала дрова с телеги, Нюська с Сергеем таскали в поленницу за сарай. Нюська раскокетничалась с Сергеем, спасу нет! То, словно ненароком, прижмется, то бедром заденет, то жарко дохнет ему в лицо. И все со смешком — мелким, волнующим, голос с хрипотцой. Сама себя распалила, да и что греха таить, и Сергея из равновесия вывела...

Маша все делала вид, будто ничего не замечает, а потом попросила Сергея как ни в чем не бывало:

— Сереженька, дружочек мой, поищи Вовика. Он, наверно, опять через дорогу к Салтыковым усвистел. Не поленись, родненький, сбегай. А я тут с дровишками сама разберусь.

— Ага! Сейчас приволоку... Момент! — Сергей выбежал со двора.

Вовка же в это время преспокойненько сидел на чердаке дома, играл с толстым ленивым котом.

Маша взяла с телеги кнут, зашла за поленницу, окликнула Нюську:

— Нюсь! Иди сюда, чего скажу интересное!

Разгоряченная Нюська прибежала за поленницу:

— Чего? Чего такое, Маш?

Маша оглянулась — не видит ли кто, и со всего размаху вытянула Нюську кнутом — один раз, другой, третий... Нюська от неожиданности и боли завизжала, заметалась и свалилась на дровишки.

Маша встала над ней с кнутом в руке, приложила палец к губам:

— Не визжи, как свинья на веревке. Люди услышат, самой потом совестно будет. У тебя, Нюсенька, мужиков может быть сколько угодно, а у меня всего один — мне его оберегать нужно. Так что ты уж не взыщи. И не вздумай больше перед его носом хвостом крутить. Поняла? — негромко и беззлобно приговаривала Маша.

Нюська тихонько подвывала, закрывала голову руками. Маша заботливо одернула на ней сарафан, прикрыла голые Нюськины ноги.

— Поняла, я тебя спрашиваю?

— Поняла... — проикала Нюська.

— Ну вот и хорошо. — Маша свернула извозчичий кнут. — Потом зайдешь ко мне, я тебя одной хорошей мазью смажу, и все заживет. Главное, Нюсенька, чтобы это у тебя в башке осталось, а задницу я тебе подлечу. Еще и лучше потом будет.

Словно щенок, высунувшийся из собачьей конуры, на все это испуганно и потрясенно смотрел Вовка из слухового чердачного окна...

* * *

Вечером Маша укладывала сына спать. Поправила подушки, только хотела задвинуть занавеску, как Вовка взял ее за руку, притянул к себе и тихо прошептал:

— Ма... А ты за что так тетю Нюсю?

Маша поняла, что Вовка все видел. Не знала, как ответить.

— Это чтобы она к папе не подлизывалась, да? — спросил Вовка.

Маша утвердительно кивнула, виновато посмотрела на Вовку.

— Я никогда ни к кому подлизываться не буду, — сказал Вовка.

— Правильно, — поцеловала его Маша. — Никогда, ни к кому!

— Ты только папе про тетю Нюсю не говори, — попросил Вовка.

— И ты. Ладно?

— Ладно. Знаешь, ма, а мне все равно тетю Нюсю жалко.

— Конечно, — прошептала Маша. — А мне, думаешь, не жалко ее?

На нефтебазе Сергей работал с молодым здоровенным парнем. Голые по пояс, в брезентовых рукавицах, сочащихся нефтью, измазанные так, что на лицах были видны только белки глаз и зубы, они вкатывали двухсотлитровые бочки с соляркой на высокую эстакаду.

От нечеловеческого напряжения дрожат руки, подгибаются ноги, подошвы сапог скользят в керосиново-масляных лужах.

А на эстакаде двое других перекантовывают бочки в грузовики, кричат Сергею и его напарнику:

— Давай, мужики, веселей! Не задерживай!..

Вкатили наверх бочку, и несколько секунд, пока идут за следующей, — маленький отдых. Молодой парняга даже поет дурашливо:

Я демобилизованный, пришел домой с победою,
Теперь организованно в неделю раз обедаю...

— А как правильно петь — помнишь?
— Конечно!

Я демобилизованный, пришел домой с победою,
Теперь организованно работаю как следует...

— Вот и не калечь песню. Тогда и обедать каждый день будешь.
— Эхма, Серега! Если бы за песни платили, я бы рот не закрывал! — рассмеялся парень. — Давай, взяли!..
И поползла вверх новая двухсотлитровая бочка...

И снова ночь. Спит за своей занавеской Вовка.
Сергей в одних трусах полусидит, полулежит на кровати. Маша внимательно осматривает и ощупывает его раненую ногу. Неровный белый шрам пересекает левое колено, уходит в деформированную икроножную мышцу.
— Сколько лет не чувствовал, а сегодня...
— Что же ты хочешь? Такие нагрузки... — говорит Маша.
— Можно подумать, что у меня *там*... — Сергей раздраженно ткнул пальцем в потолок, в небо, — были нагрузки меньше!
— Те были для тебя привычные. Ложись, размассирую...
Слышно было, как за стеной скрипнула деревянная лестница, ведущая в Нюськино царство, послышались осторожные шаги по ступеням: тяжелые — мужские, легкие — Нюськины. И приглушенные голоса с лестницы:
— Ну рано же еще, Нюсь...
— Самое время. Иди, иди.

— Ну, Нюсь...

— Вот женишься — тогда хоть ложкой хлебай.

— А я тебе что толкую — давай распишемся!

— Мне в тебе никакой надобности. Я правил дорожного движения на нарушаю.

— Вот дура.

— Не дурей тебя. Убери руки!

— Ну, Нюсь...

— Я кому сказала?

Сергей рассмеялся. Маша сердито замотала головой, поднесла палец к губам. Сергей обнял ее, притянул к себе, стал целовать, расстегивать на ней домашний халатик...

В пяти метрах над головой четкий квадрат синего неба.

Оттуда в темноту трюма спускается крюк со свободно болтающимися четырьмя стальными стропами. На концах стропов тоже крюки, только поменьше. Их нужно зацепить за железные проушины контейнера, спрыгнуть с него и крикнуть в синий небесный квадрат: «Хорош!» Тогда уже с палубы невидимый бригадир заорет крановщику:

— Вира помалу!

Большой крюк поползет вверх, провисшие стропы осторожно натянутся, полуторатонный контейнер легонько качнется и поплывет вверх, на секунду перекрывая синее небо над головами трюмной разгрузочной команды.

Этим Сергей и занимается. Он только что прыгнул с контейнера на мокрый железный пол трюма, крикнул «Хорош!» и стал помогать остальным троим «подваживать» короткими ломиками очередной контейнер на место уплывшего в небо...

На разгрузочном причале сидит Вовка и грызет вареный початок кукурузы. Одновременно Вовка следит за работой причальной бригады. Каждый выгруженный контейнер Вовка отмечает куском мела на асфальте. Контейнер — черточка, контейнер — черточка...

Причальная бригада отцепляет стропы, разворачивает стрелу крана, опускает крюк со стропами в трюм огромной сухогрузной баржи.

Вовка посчитал черточки на асфальте, закричал, обращаясь ко всей причальной бригаде:

— От двадцати отнять одиннадцать, это сколько?
— Девять, Вовка! Девять! — донеслось ему в ответ.
— Ой, еще как много... — огорчился Вовка.

...Сергей зацепил крюки стропов за проушины и только собирался спрыгнуть с контейнера, как увидел, что в углу трюма два его напарника взломали контейнер и выгребают оттуда пачки женских кофточек.

— Вы что, сволочи?! — закричал он.

Третий — лет сорока пяти, весь в замысловатых наколках, ухмыльнулся, поиграл коротким стальным ломиком в мускулистой лапе:

— Тихо, вояка. Ты не на фронте. Только пикни. — Ногой он откинул в сторону валявшийся на полу ломик Сергея и почти добродушно добавил: — Закон — тайга, медведь — хозяин. Понял, сявка неученая?

И тогда вдруг в ушах Сергея прозвучал короткий кусочек мотива старого довоенного танго «Черные глаза»...

— Врешь, гад, — негромко сказал Сергей. — Врешь!..

Он спрыгнул вниз, мгновенно метнулся в сторону, и в ту же секунду короткий стальной лом просвистел у него над головой и воткнулся в стоящий застропленный контейнер...

Бригадир, стоявший наверху у кромки трюма, так и не дождался команды снизу и закричал в трюм:

— Чего там возитесь, черти полосатые? За простой крана вы платить будете!

Он наклонился, заглянул в трюмную сумеречность, и первое, что ему бросилось в глаза, это разбросанные пачки с яркими женскими кофточками. Потом он увидел, что один из трюмной команды сидит у контейнера, обливаясь и захлебываясь кровью, а трое сплелись в жесточайшей драке не на жизнь, а на смерть...

— Хлопцы!!! Бичи Серегу убивают!.. — истошно закричал бригадир и первым спрыгнул вниз на контейнер, стоявший в трюме.

Вся причальная бригада помчалась по трапу на баржу.

Вскочил испуганный Вовка. В одной руке недоеденный кукурузный початок, а другой — стертый мелок...

Вечером Сергей и Вовка сидели в чайной. У Сергея была перевязана голова, глаз заплыл, верхняя губа вспухла до чудовищных размеров. Рука забинтована, только концы пальцев торчат.

Рядом с буфетной стойкой на небольшом возвышении сидит слепой аккордеонист. Он в гражданских брюках и стареньком военном кителе с двумя медалями и желтой нашивочкой — знаком «тяжелое ранение». На коленях аккуратно расстелена суконочка, чтобы не протирать инструментом брюки.

> Давно прошли кошмарные те годы.
> В туманном утре гасли фонари...
> Мой гитарист играл рукой усталой,
> И пела я с заката до зари:
> «Эх, смелей да веселей
> Лейся песнь раздольная,
> Не хочу я быть ничьей,
> Родилась я вольная!..» —

пел слепой аккордеонист.

— Папа, почему дядя поет «родилась я вольная»? Он же мужчина, — сказал Вовка.

— Все мы мужчины... До поры до времени. Ешь, сынок.

— Ой! — обрадовался Вовка. — Мама!

Сергей поднял глаза на входную дверь. В проеме стояла Маша.

— Мама! Иди к нам! Мы здесь! — крикнул Вовка на всю чайную.

Маша увидела их, помахала рукой и стала пробираться между столиков. Подошла, тревожно оглядела Сергея и сказала чуть веселее, чем нужно:

— Вот вы где, бродяги мои дорогие! — и села за стол.

— Ой, мама! Что у нас в порту было!.. — начал Вовка. — Что было!

— Я все знаю, — быстро проговорила Маша и погладила забинтованную руку мужа. — Нюся приехала в больницу, рассказала. И меня отпустили с дежурства.

— Ей-то откуда известно? — спросил Сергей.

— От дружка своего. Он же в милиции работает.

— Вот это да! — удивился Вовка.

К чайной подъехал «Москвич-401» с ручным управлением. Из него вылез на протезах огромный толстяк из областного ГВФ. Он достал из машины свои палки, алюминиевый бидон и поковылял к дверям чайной. Был он в старой летной кожаной куртке.

В дверях столкнулся с двумя мужичками. Те увидели толстяка на протезах, подтянулись, уступили ему дорогу.

— Здравия желаем, товарищ полковник! — поприветствовал один из них.

— Ну какой я теперь полковник? Такой же, как и ты — гражданский человек.

— Не скажите! Не скажите, Иван Иванович!

— Вот это другое дело. Не торопишься?

— Иван Иванович! Товарищ полковник... Как можно? Об чем вопрос!..

Иван Иванович достал из кармана кошелек:

— Вот тебе денежка, вот бидон. Сходи-ка, пусть мне пивка нацедят. А я тебя здесь подожду, на свежем воздухе.

— Нет вопросов! — лихо заявил мужик, подхватил бидон и вместе с приятелем вернулся в чайную.

Иван Иванович закурил папироску и стал через окно разглядывать народ за столиками.

Увидел, как его гонцы протолкались к буфетной стойке и, тыча пальцами в сторону улицы, наверное, объясняли буфетчику, чей это бидон и для кого это пиво...

Потом его взгляд задержался на слепом аккордеонисте.

Потом он увидел Машу, Вовку, узнал Сергея и уже не отрывал от них глаз. Он увидел, как Маша что-то ласково говорила Сергею, как прикрыла своей ладонью стакан с водкой; как Сергей вдруг схватился за голову, как затряслись у него плечи; как Маша гладила его, что-то шептала ему, а маленький Вовка испуганно смотрел то на мать, то на отца...

Иван Иванович в полной форме сидел в кабинете самого главного областного руководителя и раздраженно говорил:

— Хорошо, Миша, давай считать! Давай, Миша, займемся простой арифметикой, если до тебя не доходит...

— Иван Иванович! До меня доходит, может, даже больше, чем нужно! — Областной руководитель Миша был на пару лет моложе Ивана Ивановича.

— Нет. Раз ты отмахиваешься, значит, не доходит, — упрямо сказал Иван Иванович. — Будем считать: с семнадцати лет они на фронте. Чему их там учили? Стрелять, бомбить, взрывать, окапываться, «Ура!», «За Родину!»... Как положено. В сорок пятом, если он, конечно, дожил до девятого мая, сколько такому пацану? Двадцать один. И чему же он научился за четыре года войны? А тому же — стрелять, бомбить, взрывать, окапываться — только лучше, чем в сорок первом. Потому и войну выиграл. Учти, Миша, он — победитель! Это особая психология. У него уже орденов до пупа. Ему сам черт не брат! На сегодняшний день ему двадцать пять, двадцать шесть лет... Он уже офицер. Старший лейтенант, капитан... А тут мы на «гражданку» списали этих капитанов. «Все силы на мирное строительство!» А они в мирном строительстве ни уха, ни рыла. Они воевать умеют и боле ни хрена, потому как на войну мы их брали со школьной парты! И ходят они по мирной жизни в растерянности: стрелять не нужно, взрывать не требуется, окапываться не от кого... А на собраниях «ура!» кричать да из президиумов «За Родину!» призывать — это не каждому дано. Тут особый талант требуется.

— Вы кого это в виду имеете? — ощетинился хозяин кабинета.

— Ты, Миша, шерсть на загривке не поднимай. Ты думай, как помочь таким ребятам. А то они черт-те чем занимаются. По толкучке шляются, в чайной портки просиживают. А у них жены, дети...

— Иван Иванович! Все мы воевали. И я, как вам известно, не в кулак свистел. Но я за четыре послевоенных года область на ноги поставил! Промышленность восстановил, жилищное строительство поднял выше довоенного уровня!..

— Один, что ли? — с интересом спросил Иван Иванович. Любил он этим вопросом людей на землю ставить.

— Что «один»? — не понял Миша.

— Промышленность восстанавливал, область на ноги ставил... Один, спрашиваю, что ли? Или еще вокруг тебя люди были?

— Извините, Иван Иванович... — смутился Миша. — Дурацкая привычка появилась за последнее время.

— Действительно дурацкая, — согласился Иван Иванович. — А помнишь, Миша, в сороковом ты у меня в аэроклубе занимался?

— Ну что вы, Иван Иванович! Разве такое забудешь!

Иван Иванович оперся на палки, встал, скрипя протезами:

— Так какого же... лешего, до войны был у нас аэроклуб, а теперь нету! Ведь могли бы туда хоть с десяток демобилизованных летунов пристроить, не говоря уже об остальной пользе... Может, у тебя на такое дело просто времени нету? Так сказал бы мне, я бы Саше Покрышкину в Москву позвонил. Мне лично это — раз плюнуть, коль ты такой занятый...

Было солнечное утро выходного дня.

В комнате, разложив на столе бинты, перекись, йод, вату, пинцет, Маша молча перевязывала Сергея.

Через настежь распахнутое окно было видно, как во дворе у водонапорной колонки Нюська полоскала белье. Ей ассистировал Вовка в одних трусиках.

Они вместе отжимали тяжелое белье, и Нюська развешивала его на просушку.

Маша осторожно сняла пинцетом с головы Сергея последнюю отмоченную перекисью марлевую салфеточку в бурых пятнах засохшей крови.

— А если бы тебя убили?
— Меня уже убивали. Два раза не бывает.
— В нашей с тобой жизни все бывает. — Маша осмотрела рану, сказала: — Сделаю наклеечку, и через пару дней сможешь снова вступать в бой за социалистическую собственность.
— Надо будет, и вступлю.
— Давай, давай...
— А ты что предлагаешь? Стоять и смотреть?
— Дурак и уши холодные! Уж если судьба дала нам новую жизнь, так и начни ее по-новому, от нуля!
— Я и начал.
— Врешь! — яростно проговорила Маша, не прекращая обрабатывать рану Сергея. — Врешь. Все эти твои поденные работенки — там неделька, там неделька, там еще пол-

месяца, к концу дня — расчет наличными — это новая жизнь?! Дерьмо это, а не жизнь — перетаскивать с места на место то, что производят другие!

— Кто-то должен и перетаскивать.

— Должен! Тот, кто другого ничего не может. Тогда пусть грузит. Пусть это делает хорошо, замечательно, лучше всех, и его даже очень будут уважать за это! Но тот, кто способен на большее...

— Я — военный летчик, уволенный в запас! Я другого ничего не умею!..

— Не ори! И истерики мне не устраивай. Я тебе сколько раз предлагала пойти учиться? Не хочешь в институт, иди в автошколу! Вози пассажиров на автобусе. Только вчера Нюська говорила, что два автобусных маршрута прикрыли — водителей не хватает!.. — Теперь Маша промывала ему раненую руку.

— Ну, правильно! Я должен сидеть за одной партой с малолетками! А дома уроки учить!.. — Сергей вздрогнул, лицо его исказилось от боли: — Ну больно же, Машка! Куда ты йоду столько льешь, черт тебя побери?!

— Это тебя «черт побери»! — огрызнулась Маша. — Посмотри на себя — молодой, здоровый, красивый...

Сергей скосил глаза в зеркало, увидел фингал под глазом, рассеченную губу и рассмеялся:

— Очень красивый! Просто картинка маслом...

Со двора послышался Нюськин крик:

— Маша! К тебе пришли!

Маша выглянула в окно и увидела во дворе старушку с узелком и корзиночкой.

— Иду! — Маша торопливо бинтовала руку мужа.

— Кто там? — спросил Сергей.

— Понятия не имею, — ответила Маша и выскочила из комнаты.

Она пересекла двор и подбежала к старушке:

— Вы ко мне?

— К тебе, деточка, к тебе, Машенька. — Старушка прямо светилась радостью. — Да ты никак меня не узнала! Я же...

— Господи! — всплеснула руками Маша. — Баба Шура! Вы ли это?! Как же вы чудесно выглядите! Как же вас узнать, если вы только за месяц после больницы так расцвели?! Просто чудеса!

Маша расцеловала старуху, закричала на весь двор:

— Ничего не знаю, у меня гости! Сережа, забирай Вовку и уматывайте куда хотите! Выходной есть выходной! Нюся! Тащи стол под яблоньку, сейчас девишник устроим!.. Это моя самая любимая больная — баба Шура! То есть она теперь самая здоровая!

— Вот, я тебе гостинцев привезла, — быстро сказала баба Шура. — Тута яички, маслице домашнее, и крендельков напекла с маком...

— Гуляем, девушки! — крикнула Маша — Все дела побоку!

В городском парке был маленький тир. Рядом — пивной ларек.

Сергей приволок от ларька какой-то ящик, взгромоздил на него Вовку и теперь учил его стрелять из духового ружья. У стойки тира толпилось несколько подростков.

Заправлял тиром однорукий инвалид лет пятидесяти.

— Прижмурь левый глазик, прижмурь, — говорил инвалид Вовке. — И целься точно в середку... Это ружьишко у меня по центру бьет, — объяснил он уже Сергею. — Ф-ф-фу... Духотища! Не продохнуть... — Инвалид присел на стул, стоящий по другую сторону стойки рядом со стеной, помял темной ладонью небритое лицо. — У меня бывает так — воздуху, видишь ли, мне не хватает, — улыбнулся он Сергею. — Причем, заметь, на фронте мне его всегда хватало, а теперь...

Вовка наконец выстрелил и попал в мишень.

— Ну, молодец! Ну, снайпер... Ну, батькина радость... – ласково похвалил Вовку инвалид и подозвал одного из подростков: — Вить, а Вить... Сбегай в ларек к тете Лизе, скажи, дядя Петя кружечку кваса просит. На-ко вот...

Однорукий положил мелочь между ружьями и тут же спросил Сергея:

— А может, и тебе принести? Что одну, что две — все едино.

— Нет, спасибо, — ответил ему Сергей и сказал Вовке: — Что-то ты больно долго целишься...

— Устанешь и промажешь, — подтвердил инвалид. — Я вот, к примеру, знаешь, как устал? Просто сил никаких нет...

Однорукий попытался глубоко вздохнуть и обмяк на стуле.

Вовка выстрелил и промазал. Он виновато посмотрел на инвалида и тревожно произнес, не отрывая от него глаз:

— Папа... Папа!

Сергей повернулся к однорукому. Тот сидел, привалившись спиной к стойке и стене, глаза у него были полуоткрыты, из уголка рта тянулась тоненькая струйка слюны...

«Девишник» во дворе шел полным ходом.

— ...Адреса не знаю, фамилию не ведаю, Машенька да Машенька... — рассказывала баба Шура. — Я прямиком в больницу. Не сообразила, голова куриная, что выходной! Хорошо, дежурный доктор признал. Как на меня глянул и говорит: «Вы у нас недавно на хирургии лежали...» И дал мне твой адрес.

— Это надо же, на попутках семьдесят верст отшлепать — чаю попить! Здорово вас подлечили, баба Шура! — поразилась Нюська.

— А все она, Машенька, — гордо сказала баба Шура.

Маша посмотрела на часы, поднялась из-за стола:

— Посидите без меня минуток пятнадцать. Я тут одного старичка колю через каждые четыре часа. Я скоренько. — И направилась к воротам.

Нюська крикнула:

— Маш, а шприц, иголки там разные?

— У него все свое. Уже на плите стоит — кипятится. — И ушла.

Баба Шура посмотрела ей вослед. Посерьезнела, оглянулась и сказала Нюське тихо, испуганно и торжественно:

— Помню, войдет в палату, враз болеть перестает! У всех... Она как святая. Будто она к нам с небес сошла!..

А у тира стояли милицейский «газик» и «скорая помощь». Двери в тир были закрыты, и около них собрались в скорбном молчании несколько подростков и плачущая толстуха в грязно-белом фартуке — продавщица из пивного ларька.

Внутри, прямо под мишенями, на носилках лежало уже накрытое тело мертвого однорукого инвалида.

В крохотном помещении тира негде было повернуться: врач и фельдшер со «скорой», два милиционера (один в штатском) и председатель организации всех тиров.

Тут же стоял Вовка, крепко держал отца за руку. Штатский записывал показания Сергея:

— ...Ну, я послал здешних паренъков вызвать «скорую» и вас, закрыл тир — какое ни есть, а оружие — и стал ждать. И все.

— Ни разу больничного не брал, — удивлялся руководитель тиров. — Всегда как штык!

— Потому и умер, — буркнул фельдшер.

— Так... — проговорил штатский и показал карандашиком на кружку с нетронутым квасом, стоящую на прилавке среди духовых ружей: — А это чье?

— Его. — Вовка показал на носилки.

— Почему здесь ребенок?

— Это мой сын, — жестко ответил Сергей.

— Иди к нам работать, — прошептал Сергею начальник всех тиров. — План небольшой, квартальные премии... Конечно, и самому крутиться надо, а так — сиди себе, постреливай...

— Я в вашей жизни крутиться не умею. А стрельба мне вот так надоела. — Сергей провел ребром ладони по горлу и поднял Вовку на руки: — Айда, сынок.

Смеркалось. Баба Шура уже уехала. У водонапорной колонки Маша и Нюська мыли посуду. Маша в раздражении говорила:

— Он, видишь ли, стесняется, что ему в двадцать семь лет...

— Ну и правильно! На кой ляд ему с сопляками три месяца в этой автошколе огибаться?! Да я его здесь во дворе за две недели сама выучу!.. — сказала Нюська.

И старый огромный неухоженный двор превратился в учебный автодром!

— Мама! — кричал Вовка с крыши сарая. — Зачем вы меня сюда засадили!

— По технике безопасности, — отвечала ему Маша.

— А что это такое? — вопил Вовка.

— Скоро сам увидишь!

Маша вынесла на крыльцо столик со швейной машинкой — ставила заплаты на Вовкины штаны.

По двору козлом скакала полуторка. Рев мотора, прыжок вперед, тишина... Заглох двигатель.

В кабине за рулем сидит мокрый от напряжения Сергей. Рядом Нюська.

— Сцепление-то полегоньку отпускать надо!.. — стонет Нюська. — Давай сначала.

Сергей заводит двигатель, выжимает сцепление, со скрежетом рывком включает первую скорость.

— Нежней, нежней! Прибавляй оборотики... — приговаривала Нюська. — Газу... Газу... Газу...

Неожиданно набрав скорость, машина врезается в забор. Удар, треск, звон разбитого стекла!

Задним ходом машина выдирается из пролома в заборе и останавливается. Сергей и Нюська вылезают из кабины — согнут передний бампер, разбита фара, смято крыло...

— Куда же ты гонишь, чертова кукла?
— Сама же говорила: «Газу, газу, газу...»
Подбежала Маша, быстро сказала:
— Мы заплатим. Мы заплатим за ремонт, Нюсенька...
— Еще чего! — хохочет Нюська. — Да я у себя в парке только глазом поведу...

Рано утром в автопарке двое слесарей-ремонтников приводили машину Нюськи в порядок. Тут же стояла Нюська, щелкала семечки.

В ремонтную зону влетел чумазый парнишка:
— Нюся! Вас Кузьмич требует!
Нюська кивнула ему, томно проговорила:
— Мальчики, я на вас надеюсь!
— Все будет в лучшем виде, — заверили ее «мальчики».
Нюська пошла из цеха, преувеличенно раскачивая бедрами. Уверена была, что ей смотрят вслед.

Так оно и было. Один слесарь не выдержал:
— За такую бабу — отдай все, и мало!
...Начальник автопарка Василий Кузьмич, представительный мужчина при галстуке, сидел за столом и говорил:
— Поступил сигнал, что уже несколько дней ты свою машину только к ночи в парк загоняешь. Есть мнение, что калымишь. Так?
— Калымлю, — покорно сказала Нюська.
— Врешь! — не поверил начальник.
— Вру, — согласилась она.

— Ты мне дурочку из себя не строй! — рассердился начальник.

Нюська скромненько одернула юбку и ласково проговорила:

— Василий Кузьмич, дусенька мой! Можно мне еще недельку после смены машиной попользоваться? Я ремонтик в доме затеяла. То привезти, то... А я ведь женщина одинокая, мне помочь некому.

Начальник парка откашлялся и расправил орлиные крылья:

— Об чем речь, Нюся! Пришла бы ко мне сразу... — и решительно направился к Нюське.

— Ой, кто-то идет... — интимно шепнула хитрая Нюська.

Начальник застыл на месте, в смущении поправил широкий узел шелкового галстука.

— Пригласила бы как-нибудь... Может, я еще пригожусь.

— Василий Кузьмич! Прелесть вы моя! Да в любое время! — сказала Нюська и выскользнула за дверь.

Ночью Сергей и Маша лежали в своей никелированной кровати и изучали ПДТ — «Правила движения транспорта». Маша держала в руке тоненькую книжечку «Правил» и спрашивала:

— Тормозной путь при скорости шестьдесят километров в час при сухом дорожном покрытии?

— Тридцать метров.

— Правильно. При мокром?

— Восемьдесят.

— Верно... А ваши действия при въезде на Т-образный перекресток при необходимости совершить левый поворот?

— Пропускаю весь транспорт, движущийся в обоих направлениях по главной дороге, и только после этого совершаю левый поворот. — И Сергей совершенно недвусмысленно обнял Машу.

— Стоп, стоп, стоп! Цурюк! — оттолкнула она его. — А знаки?

В ногах на спинке кровати висела таблица дорожных знаков. Маша высунула слегка ногу из-под одеяла, ткнула большим пальцем стопы в один знак:

— Это что обозначает?

— Ограничение габаритов по высоте до пяти метров. Маша сверилась с книжкой, сказала тоном учительницы:

— Верно. А вот это?

Сергей тоже высунул ногу из-под одеяла, прижал своей большой ступнёй Машину ножку к таблице:

— Какой? Что-то я не разберу... — и снова попытался обнять Машу.

Та уже была готова ответить ему на ласку, но в это время отодвинулась занавеска, показалась сонная мордочка Вовки:

— Папа... Ну это же «Проезд всем видам транспорта запрещен», — пробормотал Вовка и тут же заснул...

На ступеньках крыльца сидела домашняя «экзаменационная комиссия» — Нюся, Маша и Вовка.

Между специально расставленными чурбаками по двору замечательно ездил на «газике» Сергей. Он лихо вписывался в крутые повороты, заезжал задом в узкие «ворота», разворачивался чуть ли не на одном месте. И все это он делал так ловко и уверенно, что вызывал бурю восхищения у своих «экзаменаторов».

Наконец он мягко остановил машину пред самым крыльцом, вылез из кабины и раскланялся.

«Комиссия» встала и зааплодировала, а Маша благодарно поцеловала Нюсю. Гордая Нюська показала Сергею большой палец и ткнула рукой в угол двора — дескать, поставь машину вон там.

Радостный Сергей сел в кабину, включил заднюю скорость и быстро поехал задом в указанном Нюськой направлении. Выворачивая руль влево, он совершенно забыл, что с правой стороны от него стояла водонапорная колонка.

Раздался страшный грохот, колонку сорвало с постамента, и в воздух ударил десятиметровый фонтан воды.

Сергей выпрыгнул из кабины, и в одно мгновение на нем не осталось ни одного сухого места.

— Вода! — неожиданно закричала Маша и бросилась к Сергею.

Она влетела в рушащийся водопад, прижалась к нему, шепча, словно в забытьи: «Вода... Вода...»

Обнявшись, они стояли в этом потоке, одежда их прилипла к телам, и вдруг, словно хлыстом по лицам, сквозь шум воды прорвалась короткая музыкальная фраза, обрывок старого довоенного танго «Ах, эти черные глаза...».

Они ошеломленно посмотрели друг на друга, в испуге перевели взгляд на хохочущих Нюську и Вовку и поняли, что ни Нюська, ни Вовка, к счастью, не слышали этой страшной мелодии... она явилась только им, и они еще теснее прижались друг к другу.

Выше дома била тугая струя воды.

— Вот это да! — радостно кричал Вовка.

В первом автобусном рейсе Сергею помогал Вовка.

Они оба были очень напряжены и даже изредка тихо переругивались. Вовка сидел рядом с водительским креслом отца и подсказывал ему:

— Ну, «Полтавская» же, папа! «Полтавская»! Тормози! Ты что, не видишь, люди стоят?.. — шипел Вовка склочным голосом.

Люди на остановках входили и выходили. Сонная кондукторша с довоенной кондукторской сумкой на животе и рулонами билетов на необъятной груди лениво собирала плату, уже в полудреме отрывала билеты и намертво засыпала до следующей остановки.

— Следующая «Александровская». Ты помнишь, папа? Ну, папа!

— Да отвяжись ты! Сам знаю.

— А чего же ты тогда улицу Жертв революции проскочил? — ядовито спрашивал Вовка.

Автобус катил по городу. В первый раз за спиной Сергея сидели пассажиры — его горожане. Он им открывал и закрывал двери автобуса, вез их по разным человеческим надобностям, и странное ощущение сопричастности к их делам, жизни, бедам и радостям горделиво наполняло его душу...

— Пап! Мы же с мамой договорились! Ты забыл? — прошептал Вовка. — Сразу после площади Победы...

— Точно! — Сергей стал сворачивать с трассы в переулок.

В салоне автобуса заволновались пассажиры:

— Эй, ты куда поехал?

— Каждый день маршрут меняют!

— Послушайте, но мне же совсем сюда не нужно!..

Проснулась кондукторша, удивленно поглядела в окно, крикнула через весь салон:

— Сереж! Что за остановка?

Вовка сжался, снизу заглянул Сергею в лицо.

— Горбольница, — громко ответил Сергей. — Остановка по требованию.

— И правильно! Давно нужно было здесь остановку сделать! — сказала какая-то тетка с кошелками и стала протискиваться к выходу.

Сергей остановил автобус напротив больницы, выпустил тетку и коротко гуднул.

Из дверей приемного покоя выскочила Маша в белом халате, сорвала с себя шапочку и стала махать ею у себя над головой.

Автобус еще раз гуднул и поехал дальше, возвращаясь на официальную трассу. Пассажиры успокоились и стали обсуждать достоинства изменения маршрута...

— Пап, а что такое «остановка по требованию»? — спросил Вовка.

— Ну, это когда кому-нибудь очень-очень нужно остановиться и он требует...

— А кто требовал? — удивился Вовка и оглянулся на пассажиров.

— Ну, ты нахал! — поразился Сергей. — Ты же требовал, я и остановился.

Вовка захихикал, зажимая рот ладошками...

Нюськиному лейтенанту милиции было лет тридцать пять. На синем милицейском кителе — коротенькая планочка фронтовых наград. Звали его Гришей.

Они стояли с Сергеем во дворе. Покуривали, ждали Машу и Нюську.

— Очухался после того случая в порту? — спросил Гриша.

— Зажило как на собаке. А с теми что?

— Сидят. Куда они денутся? Лихо ты там одного уделал...

— Ну, и они мне накидали будь здоров.

— Тоже верно. Запросто пришить могли. Такая публика...

Из кухонного окна в первом этаже высунулась расфуфыренная Нюська. Грозно, по-хозяйски спросила Григория:

— Билеты взял?

— Вот. На всех. — Он показал ей четыре билета.

Нюська нырнула обратно в кухню, тихо смеясь, сказала Маше:

— Третий раз иду это кино смотреть. Один раз с нашим электриком пришлось сходить. За фару, помнишь? Второй раз с кузовщиком, когда Серега в яблоню врубился. Теперь — третий...

— Бедная ты моя, — посочувствовала ей Маша. — Чего же ты так надрываешься?

— Гришке про это не скажешь... Он ревнивый до ужаса!

Они вышли на крыльцо. Нюська с ходу завопила на Гришу:

— Ты чего это в форме приперся?

— Не успеть мне после кино переодеться. Дежурю по отделению с двадцати четырех часов. Извини, Нюсенька.

Маша оглядела военные брюки и старую кожаную летную куртку Сергея и сказала ему:

— С первой же твоей получки тоже купим тебе штатский костюм.

— Стой, ребята, — сказала Нюська задумчиво. — Погодите, граждане. Гришенька! Посиди, солнце мое, на лавочке. Мы сейчас... Ну-ка, поднимитесь ко мне на секундочку.

Нюська первая пошла к себе наверх, уводя Машу и Сергея.

Комната ее была куда более обжитой и ухоженной, чем комната Маши и Сергея. Тут были и патефон с пластинками, и шкаф зеркальный, и столик туалетный. У кровати на стене висел подарок Маши — плюшевый немецкий ковер с печальными оленями.

Одна стенка сплошь завешана фотографиями киноартистов и родственников. А в центре, в лаковой рамочке, большая (наверное, увеличенная с маленькой) фотография Нюськи и ее мужа. Нюська на фото — совсем девочка, с напряженными вытаращенными глазами, да и муж ее — молодой паренек, чем-то неуловимо похожий на Сергея, тоже сидит напружиненный.

Нюська распахнула шкаф, сказала Сергею:

— Раздевайся!

— Что?!

— Скидавай, говорю, куртку со штанами, — пояснила Нюська и достала из шкафа большой сверток, закутанный в чистую простыню. — Скидавай, скидавай, не бойся. Меня ничем таким не напугаешь...

Сергей переглянулся с Машей, стал неуверенно раздеваться. Нюська вынула из простыни мужской серый костюм в широкую полоску, сказала Маше:

— Мужа моего. Он в этом костюме только один раз со мной в сорок первом в ЗАГС сходил, и все. Чего, спрашивается, берегла? На-ко вот, примерь. Вроде бы вы по фигуре одинаковые были...

Сергей уже стоял в трусах и рубашке. Смущаясь, он взял из Нюськиных рук брюки, надел их на себя, застегнул, а Нюська уже сама подала ему пиджак. Сергей просунул руки в рукава, и костюм оказался ему в самую пору.

— Ну-ка, поворотись... — Нюська неожиданно охрипла.

Сергей застегнул пиджак, повернулся.

Нюська посмотрела на него сумасшедшими глазами и вдруг заголосила, словно на похоронах:

— Пашенька!.. Павлик мой!.. Ой, мамочки мои, да что же это?!

Почти в беспамятстве она повалилась на колени, обхватила ноги Сергея, зарыдала в голос:

— Ой, прости меня, Пашенька! Ой, прости меня, родненький... Где же ты лежишь сейчас, Павлик ты мой единственный?! Уж я ли тебя не ждала, я ли тебя не помнила... Ох, прости меня, бабу скверную. Пашенька-а-а!

Маша бросилась к Нюське, обняла ее за плечи, крикнула Сергею:

— Воды!

Сергей метнулся к графину, налил в стакан воды, подал Маше. У Нюськи тряслись руки, стучали зубы. Маша прижала ее голову к своей груди, поила водой, гладила, успокаивала...

Сергей стал лихорадочно стаскивать с себя пиджак. Нюська увидела это, захлебываясь рыданиями, замотала головой, замахала руками:

— Нет! Нет... Нет...

— Что, Нюсенька? — пыталась понять ее Маша.

— Пусть... пусть в костюме... От меня с Павликом. В память его. От Павлика и меня...

Сергей вышел на крыльцо в сером костюме в широкую полоску.

Гриша сделал вид, что ничего не слышал и перемен никаких не заметил. Только пододвинулся на край скамейки, уступая рядом место Сергею.

Сергей сел. Гриша кашлянул и протянул ему папиросы. Сергей закурил, нервно затянулся пару раз. Слышно было, как наверху всхлипывала Нюська.

Гриша помолчал, глухо проговорил, уставившись в землю:

— Скажи ей, пусть за меня замуж выйдет...

Теперь Сергей ездил на своем автобусе без всяких Вовкиных подсказок, да и без самого Вовки.

Так же дремала старая толстая кондукторша у задней двери, так же входили и выходили пассажиры...

Так же повторялись заезд к больнице, короткий сигнал, и появление Маши на пороге приемного отделения.

Напротив больницы уже привычно толпился народ в ожидании автобуса (хотя остановка там не была обозначена), и только кто-нибудь изредка спрашивал:

— Эй, куда это мы свернули?

Ему тут же отвечали сами пассажиры:

— Так теперь у горбольницы остановку сделали.

Маша махала Сергею белой шапочкой, и автобус уезжал, возвращаясь на указанный маршрут.

Иногда на улице он сталкивался с Нюськой и ее грузовиком. В кабине «газика» рядом с Нюськой нередко сидел Вовка и что-то возбужденно рассказывал ей, размахивая руками.

Заметив автобус Сергея на остановке, Нюська тут же подъезжала вплотную, перекрывала своим грузовиком все движение и кричала:

— Ну, как оно?

— Порядок, — отвечал Сергей. — Аккумулятор, мерзавец, зарядку не принимает, так я целый день двигатель не глушу...

— Надо с нашим Кузьмичом поговорить, — озабоченно отозвалась Нюська. — У него на складе этих аккумуляторов — как у дурака махорки!..

Задние машины отчаянно сигналили Нюське — в то время сигналы были еще разрешены, — но Нюська не обращала на это никакого внимания.

— Ты его кормила? — спрашивал Сергей про Вовку.

— Ну а как же?! — обижалась Нюська. — Мы с ним в нашей столовой обедали!

— Ой, папа! Я два вторых съел! — сообщал Вовка.

— Молодец! — хвалил его Сергей и отъезжал от остановки.

А Нюська с Вовкой следовали своим путем...

Нюськины именины затянулись далеко за полночь.

На патефоне крутилась пластинка, и начальник автопарка Василий Кузьмич танцевал с Нюськой танго в маленьком закутке между кроватью и зеркальным шкафом.

Мрачный Гриша сидел на узком диванчике, старался не смотреть на то, как Василий Кузьмич облапил Нюську, а Нюська постреливала глазами в Гришину сторону, преувеличенно хохотала и кокетничала с Василием Кузьмичом напропалую.

На Грише был гражданский костюм. Белая рубашка апаш с выпущенным на пиджак воротником. Из-под лацкана пиджака свисали солдатские награды — орден Славы третьей степени, медаль «За отвагу» и две-три медали за взятие разных европейских городов. Наверное, лейтенантом Гриша стал только в милиции.

Сергей и Маша, обнявшись, сидели у стола. Маша положила голову на плечо Сергею, блаженно закрыла глаза, а он целовал ее в мочку уха и отодвигал мешающую ему прядь Машиных волос.

Потом увидел страдающего Гришу и что-то прошептал Маше. Та сразу открыла глаза, оценила создавшуюся обстановку и закричала:

— Все, все, все! Кончаем танцы и за стол! Все за стол!..

Победно ухмыляясь, Василий Кузьмич порылся среди пластинок, стал накручивать патефон. Благодушно спросил Сергея:

— Аккумулятор подошел?

— Аккумулятор — зверь! — ответил Сергей.

— Большое спасибо вам, Василий Кузьмич, — добавила Маша. — Вы очень Сережу выручили. Садитесь, пожалуйста. И за именинницу!..

— Сейчас, только музычку сообразим... — сказал Василий Кузьмич.

Он пустил пластинку, и из патефона полилось знаменитое, довоенное — «Ах, эти черные глаза...».

Маша в ужасе вскочила, зажала уши руками, умоляюще посмотрела на Сергея. Тот бросился к патефону, сдернул с него пластинку, положил на самый верх шкафа.

— Ты чего? — удивился Василий Кузьмич. — Не любишь?

Сергей не ответил, вернулся за стол. Маша тихо сказала:

— Простите нас, пожалуйста...

Нюська тревожно метнула на них взгляд и предложила:

— Пусть Василий Кузьмич скажет тост. Он у нас самый уважаемый гость. Мой самый-самый главный начальник! И я его жутко люблю!

Она показала поникшему Грише язык и расхохоталась.

Польщенный Василий Кузьмич встал:

— Ну конечно, перво-наперво, за нашу дорогую именинницу! За нашу Нюсеньку! За лучшего водителя моего автопредприятия! За ее счастье, здоровье и так далее. И конечно, за всех присутствующих! Потому что мы все вместе, и между нами нет такого: начальник — не начальник, воевал — не воевал... Мы сейчас все равны! И слава те, Господи, что на пятом послевоенном году это дело стерлось. А то, помню, что получалось? По одну сторону вы — фронтовики, а по другую — все мы (он показал на себя и Нюську), которые вам тыл обеспечивали. И получалось, что мы вроде бы как второй сорт... Нехорошо. Я не оспариваю, были на фронте подвиги... Конечно, были. Конечно... Но если разобраться поглубже — риск был далеко не всегда, правда? Согласны?

Гриша и Сергей переглянулись. Маша слушала, опустив голову на руки. Нюська удивленно смотрела на Василия Кузьмича. А того несло:

— Или вы думаете, мы не знали, как жили офицеры? Знали... Или, извините, за что девицы ордена получали?

Лицо Гриши налилось кровью. Он стал приподниматься.

— Сиди, — негромко приказала ему Маша.

Нюська в испуге открыла рот. Сергей сжал под столом Машину руку. Но Василий Кузьмич всего этого совершенно искренне не замечал:

— Мы в тылу четыре года сидели на голодном пайке, раздетые, разутые... А куда все шло? Фронту, фронту, фронту... Вам хорошо было — вас в армии одевали, кормили...

— Молча-а-а-ать!!! — Маша с размаху ударила кулаком по столу.

Разлетелись в стороны рюмки, опрокинулись бутылки.

— Ты нам, сукин сын, позавидовал, что нас в армии кормили и одевали? — спросила Маша. — А то, что нас в армии убивали, ты забыл? Забыл, гад?! А я помню! Я всех мертвых до сих пор помню! Они тебя же, пьяную сволочь, защищать шли! Где они? Где они, я тебя спрашиваю?!

Василий Кузьмич растерянно опустился на стул.

— Встать! — скомандовала ему Маша.

Василий Кузьмич немедленно вскочил.

— И запомни, мразь, слякоть обывательская, если ты еще хоть один раз свою поганую пасть откроешь...

Уже не помня себя, Маша нашарила на столе бутылку, взяла ее за горлышко, но Нюська положила ей руку на плечо и сказала:

— Слышь, Кузьмич... Шел бы ты отсюда. А то тебя сейчас сто хирургов по чертежам не соберут, дерьмо собачье!..

Глубокой ночью, в кромешной тьме, Маша и Сергей сидели на крыльце, тесно прижавшись друг к другу. Маша кугалась в пуховый платок, на плечи Сергея была накинута старая кожаная летная куртка.

— Тебя не знобит? — тихо спросил Сергей.
— Чуточку...
— Прижмись ко мне крепче.
— Ты заметил, что мы, может быть, только вдвоем?
— Да. Я знаю: меня без тебя — нет. Один я просто не существую...
— И меня нет без тебя.
— Иногда мне кажется, что нас вообще нет на свете. Будто нас кто-то выдумал, — прошептал Сергей.
— Нас двоих, — сказала Маша. — А мы уже сами выдумали Вовку.
— Ты права. Если бы не ты...
— И если бы не ты...

Маша тихо и счастливо рассмеялась...

Сергей подкатил на автобусе к остановке у горсовета и заметил, что через тротуар к серенькому «Москвичу», стоявшему метрах в пяти, ковыляет Иван Иванович в своей гэвээфовской форме с одинокой золотой звездочкой Героя на форменном кителе.

Иван Иванович тоже увидел Сергея и подковылял к водительской дверце автобуса. Сергей в это время впускал и выпускал пассажиров.

— Здорово, капитан, — поприветствовал Иван Иванович.
— Здравия желаю, — ответил Сергей и улыбнулся.
— Как жена, пацан?
— Спасибо. Нормально.
— А живешь?
— То есть?.. — не понял Сергей.
— Ну, адрес какой у тебя?
— А... Козакова, тринадцать. Квартира один.

Сергей посмотрел в выносное зеркало, убедился, что в салоне все расселись, и закрыл входные пассажирские двери.

— Извините, Иван Иванович. График жесткий, — сказал он.
— Поезжай, поезжай, капитан.

Автобус уехал. Иван Иванович подошел к «Москвичу», достал старый толстый штурманский планшет и положил его для удобства на капот машины. Вынул из планшета большую клеенчатую тетрадь и записал в нее: «Козакова, 13, кв. 1».

— Горбольница! — объявила старая толстая кондукторша.

Сергей улыбнулся: теперь у больницы висела официальная табличка остановки с номером его автобусного маршрута. Под табличкой толпились люди...

Как только автобус совсем приблизился к остановке, узаконенной силой любви, от больничных дверей к машине побежала Маша. Она, как всегда, сорвала с головы белую шапочку и размахивала ею.

Маша бежала легко и весело, совсем как девчонка, и Сергей не мог отвести от нее восторженных глаз. Он открыл водительскую дверь, свесился вниз:

— Дай поцелую...

Маша обхватила его руками за шею, сама поцеловала.

— Ты во сколько заканчиваешь? — спросила она.

— В восемнадцать ноль-ноль.

— Очень хорошо! Значит, я не ошиблась. Я так Нюське и сказала.. Они тут заезжали ко мне... Она забрала Вовку в какой-то совхоз, километров за сорок. И привезет его к тебе прямо в гараж, к концу твоей работы. Потому что у нее потом не будет ни одной свободной секунды. Она сегодня к семи приглашена в гости к Гришиным родителям.

— Вот это да! — проговорил Сергей с Вовкиной интонацией.

— Вот именно, — сказала Маша.

— Смотрины, что ли?

— Что-то вроде... А ты возьми Вовку, и, не торопясь, приходите сюда за мной. Я освобожусь только к восьми вечера. Пока ты сдашь машину, пока помоешься, пока добредете... Короче, я жду вас к восьми!

— Понял, — сказал Сергей и тронул автобус с места.

Над проходной автобусного парка висели часы. Под ними стоял Сергей.

В шесть пятнадцать подкатила Нюська на своем «газике».

— Серега! У вас в парке душ работает? — крикнула она из кабины.

— Конечно. Сейчас сам иду мыться. Вас только жду.

— Тогда порядок! Вот этого чумового простирни хорошенько! Он там в совхозе с целой свинофермой подружился. Теперь от него несет, как из нужника! — И Нюська высадила из своей кабины чудовищно грязного Вовку.

Сергей понюхал Вовку, закрыл глаза и с ужасом вскрикнул:

— Ой!..

— «Последний нонешний денечек гуляю с вами я, друзья!..» — спела Нюська, развернулась и уехала в облаке пыли.

В душевой кабинке голые Вовка и Сергей вдвоем стояли под одной струей, и Сергей оттирал Вовку мыльной мочалкой, а Вовка вертелся у него в руках, выскальзывал и все пытался рассказать:

— ...и там был такой поросеночек... Ну, папа! Послушай же! Его звали Тихон...

— Поросеночка?

— Нет! Дядьку с фермы... И он говорит: «Хочешь, возьми себе поросеночка...»

— А поросеночек говорит...

— Ну, папа! Ты смеешься и не даешь мне досказать!

Чистенькие и прилизанные, отец с сыном подошли к больнице ровно к восьми, о чем возвещали часы у больничного входа. Маши не было.

— А где мама? — спросил Вовка.

Сергей пожал плечами, повел Вовку в приемный покой. Пожилая нянечка мыла кафельный пол.

— Здравствуйте, тетя Клава, — сказал Сергей. — Маша не выходила?

— Так она... это... — Нянечка не знала, как сказать. — Прихворнула малость... В процедурной лежит. У ей там доктор...

Сергей побежал наверх по лестнице. Вовка помчался за ним.

У процедурной столпились ходячие больные в серых байковых халатах.

— Враз упала как подкошенная, — говорила одна больная другой.

— Господи, спаси и помилуй!..

— Куда ваш Господь смотрит? — зло сказал мужчина в халате и кальсонах. — Всякое барахло живет и не тужит, и ни хрена ему не делается, а такую женщину уберечь не может!..

Сергей растолкал больных, рванул дверь процедурной. Навстречу ему выскочила медсестра, загородила собой дорогу:

— Куда?! Да еще без халата!..

Через ее плечо Сергей увидел лежащую на белом клеенчатом топчане Машу, сидящего возле нее доктора.

Маша тоже увидела Сергея, слабо улыбнулась ему.

Медсестра вытолкала Сергея, закрыла дверь процедурной, закричала:

— Ну-ка, больные, сию же минуту по палатам! Нашли себе кино!..

Больные стали нехотя расходиться.

— Что с Машей? — испуганно спросил Сергей.

— Доктор сейчас выйдет и скажет тебе. А туда не лезь! Больные! Я кому сказала «по палатам»?!

Вышел из процедурной врач. Поздоровался с Сергеем за руку, сказал медсестре:

— Иди посиди с ней.

Он погладил Вовку по голове. Отвел его и Сергея к окну, присел на подоконник.

— Что с ней, Анатолий Николаевич?

— Все будет хорошо... — Врач смущенно посмотрел на Вовку, сказал Сергею негромко: — Беременна она. А в начальном периоде всякое бывает. Идет полная перестройка организма. Вот и... Мы ей пару укольчиков сделали. Пусть полежит, отдохнет. Думаю, минут через сорок она сможет встать.

Прибежала нянечка из приемного покоя, принесла два белых халата. Один дала Сергею, другой на Вовку накинула.

— Вот это правильно, — сказал врач. — Посиди, Сережа. Все будет хорошо. Не нервничай. А я пойду распоряжусь, чтобы вам сантранспорт дали, до дому доехать.

* * *

Сергей и Вовка сидели в халатах у процедурного кабинета, не сводили глаз с двери. Коридор был уже пуст, больные разбрелись по палатам. Только в самом конце коридора светилась лампочка на столе дежурной сестры.

— Что такое «беременна», папа? — спросил Вовка.
— Это значит, что мама должна будет родить ребеночка.
— Вот это да... — грустно протянул Вовка. — А как мы его назовем?
— Ну откуда я знаю? — раздраженно ответил Сергей. — Кто родится — мальчик или девочка...

Он нервно посмотрел на часы. Сорок минут уже давно прошли.

— Папа...
— Помолчи, Вовик.
— Ну, папа... Я хочу сказать...
— Да помолчи ты, черт тебя побери!

Повисла тягостная пауза.

— Ты меня не любишь, — тихо сказал Вовка.
— Люблю.
— Нет. Ты маму любишь, а меня нет.
— И тебя люблю. Только иначе.
— Я не хочу иначе. Я хочу так же.
— Так же не бывает. Прости меня, пожалуйста. — Сергей попытался обнять Вовку, но тот отодвинулся:
— Не прощу.
— Ну, будет тебе, Вовик...
— Я тебя никогда не прощу, — прищурил Вовка злые глаза, полные слез.

Как-то со второй половины дня пошел дождь.

Нюся, Гриша, Маша, Сергей и Вовка сидели за одним большим столом на общей кухне и пили чай с вареньем.

И увидел Вовка сквозь мелкий дождичек, как к ним во двор въехал небольшой серый «Москвич».

— Дядька какой-то заблудился, — сказал мальчик.

Все посмотрели в окно. Сергей узнал машину, набросил старую кожаную куртку на плечи:

— Да нет... не заблудился.

Он вышел во двор к «Москвичу». В нем сидел Иван Иванович, тоже в старой летной кожаной куртке.

— Привет, капитан! — поздоровался Иван Иванович. — Свободен?

— День работаю, день гуляю. Пойдемте, Иван Иванович, чай пить с вареньем.

— С удовольствием. Но потом. А сейчас давай в одно местечко съездим. Залезай в мою «коломбину».

— Надолго?

— На часок, не больше.

— Маша! — закричал Сергей. — Я скоро вернусь!

Когда «Москвич» свернул с загородного шоссе на проселок, дождь прекратился. Они совсем немного проехали по проселочку, и вдруг неожиданно перед ними раскинулось большое ровное поле, у края которого стояли заброшенные одноэтажные строения. Только одно было двухэтажным. Второй этаж — словно будка надстроенная: вместо стен со всех четырех сторон — оконные рамы с переплетами и остатками стекол.

— КаПэ бывший? — догадался Сергей.

— Точно, — подтвердил Иван Иванович и остановил «Москвич».

Он с трудом вылез из машины, оперся на палки. Сергей тоже вышел и остался стоять у машины.

— Принимай аэроклуб, капитан, — сказал Иван Иванович.

Сергей ничего не ответил, смотрел на заросший бурьяном аэродром.

Так они стояли по разные стороны серого «Москвича» с инвалидным ручным управлением — два бывших военных летчика в одинаковых потертых армейских летных кожаных куртках...

Что это был за прекрасный день — открытие аэроклуба! Солнце стояло в зените, духовой оркестр сверкал трубами, играл знаменитый авиационный марш «Все выше, и выше, и выше...».

Над командным пунктом — КП — были подняты флаги; полосатый конус — указатель ветра — ровно заполнен воздухом; на ухоженном аэродромном поле стояли учебные самолеты: Ан-2 для тренировки парашютистов, один Як-12 и три пилотажных Як-18.

Один «як» стоял совсем рядом с КП.

У тщательно подновленных строений разных аэроклубовских служб выстроились автомобили — ЗИМы, «Победы», «Москвич» Ивана Ивановича, десяток автобусов, которые привезли из города на праздник зрителей.

На краю летного поля — трибуны из свежевыструганных досок. А на них нарядные гости. Человек двести. Но конечно, впереди всех... Маша с Вовкой, Нюська с Гришей и его старенькими родителями, баба Шура и доктор Анатолий Николаевич, больничный старик-возчик и старая толстая автобусная кондукторша, портовый бригадир грузчиков и вся его причальная бригада с детьми и женами, слесари из Нюськиного автопарка и рабочие с нефтебазы, а перед самым первым рядом расселись подростки из городского парка, от тира...

У КП собрались — Иван Иванович с золотой звездочкой Героя на светлом пиджаке, его приятель Миша — самый главный областной руководитель, подполковник — военком города, несколько летчиков ГВФ и человек семь демобилизованных военных — теперь инструкторов аэроклуба.

Все они стояли вокруг Сергея. Он был в сером гражданском костюме в широкую полоску, и из-под лацканов его пиджака струились и сверкали боевые награды бывшего летчика-истребителя.

— Ну, давай, капитан, начинай праздник, — сказал Иван Иванович.

— Слушаюсь! — ответил Сергей и направился к «яку», который стоял рядом с КП.

Там его ждал один из инструкторов в летном комбинезоне. Он держал в руках шлемофон и парашют для Сергея.

Сергей подошел к самолету, взял у инструктора шлемофон.

— А я слышал, что ты погиб, — сказал инструктор.

— Вранье! — Сергей надел шлемофон.

— Будто бы вас всех тогда убили в этой каменоломне...

— Как видишь — не всех. — Сергей повернулся к нему спиной.

Инструктор подал ему сзади парашют, накинул лямки подвесной системы на плечи:

— Но именно про тебя говорили, что...

— Мало ли что скажут! — Сергей поправил ордена под лямками. — Меньше обращай внимания на такие слухи.

И стал застегивать нижние карабины системы.

— Трепались, что сами видели, как тебя...

— Да плюнь ты! Чего только не натреплют! — рассмеялся Сергей и застегнул грудной карабин парашюта.

Он взошел на крыло, отодвинул прозрачный фонарь кабины. На секунду задержался, посмотрел в сторону Маши и Вовки, помахал им рукой. И сел в пилотское кресло.

— Странно, — сказал инструктор. — Очень странно...

— Вот тут ты прав, — улыбнулся Сергей. — Действительно, очень странно. Я и сам иногда не могу поверить во все это...

Он обвел глазами летное поле, флаги, оркестр, людей и очень близко увидел Машу и Вовку.

Заревел двигатель «яка». Сергей закрыл над головой фонарь, сдвинул назад оконную створку, высунул руку, прося разрешения на взлет.

Стартер махнул клетчатым флажком.

— Я люблю тебя!!! — закричал Сергей Маше, стараясь преодолеть шум мотора, марш оркестра и аплодисменты зрителей.

И Маша услышала! Она протянула к нему руки, вскочил со своего места Вовка...

Самолет побежал по полю, с каждым мгновением наращивая скорость. Вот он уже оторвался от земли, и вдруг пошел свечой вверх, в синее южное небо...

Там он перевернулся через крыло, спикировал с огромной высоты и прошел бреющим полетом над самым аэроклубовским полем.

— Вот это да! — закричал в восторге Вовка. — Вот это да!!!

А самолет с Сергеем уже снова стремительно мчался вверх, прямо навстречу солнцу...

— Я люблю тебя!.. — неслось с высоты и растворялось в солнечном мареве...

Семь лет тому назад так же в зените стояло солнце...

Ах, эти черные глаза меня пленили!
Их позабыть никак нельзя — они горят передо мной... —

летело в самую синь неба.

...Держа в одной руке автомат, Сергей помог Маше вытащить ведро с водой из колодца. Поставил его на сруб, и... упал. Упал от того, что забылся и ступил на раненую ногу. Упал неловко, нелепо...

И немцам это показалось ужасно смешным!

Они переглядывались и хохотали, но ни один пулемет из трех так и не выпустил Сергея и Машу из рамки своего прицела.

Пулеметы следовали за ними шаг за шагом, пока Маша несла спасительную воду к скальной расщелине, а Сергей подтягивал раненую ногу, пятился и прикрывал ее своим автоматом...

Ржали немецкие пулеметчики — уж очень смешно ковылял этот русский в одной половине штанов!..

На их хохот вышел офицер из радиофургона. Несколько секунд он с улыбкой следил за странной парой — хромым двадцатилетним мальчишкой и тоненькой замурзанной восемнадцатилетней девочкой с ведром воды в слабой руке.

Потом офицер громко сказал своим:
— Кончайте этот балаган!
И разом загрохотали все три пулемета.
Упала мертвая девочка, протягивая руки к хромому мальчишке...

А он, уже растерзанный и бездыханный, все-таки успел нажать на спусковой крючок автомата. Но его пули помчались только лишь в палящее безжалостное солнце...

Они лежали совсем рядом — Маша и Сергей...

Только ведро с водой почему-то не опрокинулось. Оно стояло, бережно опущенное Машей в последнее мгновение своей маленькой жизни.

Три пулемета взялись расстреливать это ведро!

В оглушительном пулеметном грохоте возникают и исчезают неправдоподобно высветленные солнцем или светом несостоявшихся судеб прекрасные картинки уже известной нам жизни:

...капитан Сережа, Маша в шляпке и Вовка с планшетом перед управлением ГВФ...

Короткая пулеметная очередь! Солнце стоит в зените...

...Сергей с Машей в никелированной кровати с шишечками, в ногах — Вовка. Что-то рассказывает, размахивает руками...

Бьют безжалостные пулеметы...

...Сережа задним бортом грузовика втыкается в яблоню. Сыплются, сыплются яблоки...

Очередь, очередь!..

...автобус, остановка любви, Маша на ступеньках больницы...

Грохочет пулемет! Жуткое танго плывет по раскаленному небу!..

...ревет двигатель спортивного самолета, кричит Сергей: «Я люблю тебя!», и Маша протягивает к нему руки с трибуны, хохочет маленький Вовка...

Короткая пулеметная очередь и...

...уходит серебристый «як» в небо навстречу тому солнцу и растворяется в его вечном тепле и свете.

И оттуда, с бескрайней высоты, из ослепительных солнечных лучей, несется, перекрывая все:

— Я люблю тебя!..
— Я люблю тебя!..
— Я люблю тебя!..

СТАРШИНА

Был март сорок четвертого, грязная снеговая слякоть и страшный завывающий рев подбитого танка Т-34. Он вертелся на одном месте, на уцелевшей гусенице, разбрызгивая вокруг себя грязный снег и случайную смерть. Пулеметы его били неприцельно сквозь желтое пламя и черный дым горящего солярового масла.

Откинулся верхний люк, и из башни высунулся объятый пламенем человек. Он что-то кричал и вслепую палил из автомата вокруг себя. А потом — то ли потерял сознание от ожогов, то ли был настигнут пулей — выронил автомат и, как тряпичная кукла, повис смрадным дымным факелом на орудийной башне.

Под танком что-то грохнуло, взметнулся светлый язык огня, и танк прекратил свою нелепую пляску.

Вскинулись передние люки, и обожженный кряжистый человек стал поспешно вытягивать из танка третьего, еще живого, маленького и худенького. Маленький горел и плакал в голос, а кряжистый, пользуясь тем, что танк остановился задом к немцам, мгновенно вытащил худенького и скатился с ним в грязную снеговую лужу. Маленький горел и плакал, а кряжистый лихорадочно валял его в снегу, накрывал своим телом, пытаясь потушить на нем огонь, и когда сбил пламя с его комбинезона, потащил волоком в сторону от горящего танка.

Немцы не заметили их, потому что в ту секунду внутри танка стали рваться снаряды и взрывом сорвало башню вместе с орудием.

Кряжистый потащил маленького в неглубокую ложбинку, притаился и прижал его к себе. Это был парнишка лет семнадцати.

— Старшина... — всхлипнул парнишка, и его худенькое тельце затряслось от рыданий.

— Тихо, — приказал кряжистый и поволок парнишку по грязному снегу.

— Старшина!..

— Да тут я, вот он я! Чего блажишь?! — задыхаясь, проговорил кряжистый, продолжая тащить паренька в сторону от полыхающего танка.

Старшина остановился, подтянул к себе легкое мальчишеское тело и увидел, что паренек умер.

Старшина прижал его к себе, и в ушах у него прозвучал тоскливый, предсмертный мальчишеский крик: «Старшина!..»

Было лето сорок четвертого, было тепло и безветренно, и по госпитальному садику шатались легко раненные и выздоравливающие. Цеплялись к молоденьким санитаркам и сестричкам, которые деловито шмыгали из одного корпуса в другой. Сестры и санитарки польщенно огрызались, не стесняя себя в выборе выражений. Раненые запахивали мышиные халаты, подтягивали кальсончики с черными печатями госпиталя на самых видных местах, заламывали мудреные шляпы и пилотки, состряпанные из газет, и, стараясь скрыть смущение, ржали вослед языкастым девахам...

Длительное пребывание в госпиталях и больницах примиряет с нелепостью госпитальной одежды. Выцветшие от частых стирок халаты, бесформенные полосатые пижамы, кальсоны со штрипочками, тапочки без задников и почти обязательное газетное сооружение на голове спустя месяц пребывания на госпитальной койке начинают носиться с откровенной долей пижонства.

Сама собой определяется «мода», и от вынужденного больничного безделья способ завязывания кальсонных тесемок, по особому запахнутый халат, кокетливо подшитый белоснежный подворотничок к полосатой пижаме становятся несокрушимой движущей силой, определителем характера и воли и даже вырастают в особое нравственное направление. И каким бы смешным и жалким это ни показалось со стороны, раны от этого заживают быстрее, напропалую идет флирт с младшим медперсоналом и даже ампутации переносятся менее трагично. И в этом есть прекрасная победа Духа над Плотью, столь необходимая в условиях мирных больниц и военных госпиталей, где так легко начать жалеть самого себя...

...Под самым большим деревом госпитального садика врыт в землю деревянный стол с лавками. Четверо забивают «козла». Один сидит в кресле с колесами. Ног у него нет. Зато есть прекрасные ухоженные усы. У его партнера вся голова в бинтах. Только один глаз и рот смотрят на свет божий. У третьего — рука от плеча задрана и пригипсована к сложной конструкции из проволоки. Во всех госпиталях такое сооружение называлось «самолет». Его партнер по «козлу» — широкоплечий, кряжистый, с недоброй физиономией старшина, который по весне горел в танке. Старшина играет стоя, опершись коленом о скамейку.

Все четверо были давно сыгравшейся командой, никаких специальных «доминошных» слов во время игры не употребляли, при неверном ходе не было взаимных упреков, и ожесточенная борьба велась под самый что ни на есть житейский разговор.

Собственно, в разговоре участвовали только трое. Старшина играл молча.

— Протез протезу тоже рознь, — сказал «самолет» безногому.

— Эт-то верно... — Безногий сделал ход, вытащил из кармана пижамной куртки зеркальце и расчесочку и пригладил роскошные усы.

— Американцы самодвижущийся протез сделали. Скоро нам поставлять начнут, — послышалось из забинтованной головы.

— По ленд-лизу, что ли? — спросил «самолет», глянул в свои костяшки и добавил: — Мимо...

— А хрен их знает...

— Раз положено, пускай дают...

— Как же ты с бабой со своей теперь будешь? — рассмеялся «самолет». — Во насуетишься!..

Безногий сделал еще один ход, снова вынул зеркальце, с удовольствием провел расчесочкой по усам:

— Не боись, корешок, как-нибудь пристроюсь!

«Самолет» и забинтованный совсем развеселились, а старшина криво ухмыльнулся, стукнул костяшкой по столу и хрипловатым тенорком, с оттенком презрения сказал партнерам:

— «Рыба». Считайте бабки, чижики.

— Во гад! — удивленно сказал безногий и стал испуганно проверять свои и чужие костяшки.

Со стороны госпитального корпуса раздался женский крик:

— Старшина!.. Кацуба! Старшина Кацуба!..

Кацуба нехотя повернул голову. Кричала молоденькая сестричка со списком в руках.

— Оглох, что ли?! К замполиту!

Кацуба неторопливо снял ногу со скамейки, а сестричка закричала еще громче:

— Старший лейтенант Симаков! Лейтенант Троепольский! Капитан Васин! Старший сержант Бойко! К замполиту, живенько!.. Кацуба, тебе что, особое приглашение?..

* * *

Их было человек пятнадцать, почти все одного возраста — не старше тридцати. Кто капитан, кто лейтенант, кто сержант или старшина — не разобрать. Халаты, пижамочки, замысловатые газетные треуголки. Все на своих двоих. Ни бинтов, ни костылей. Все — вылеченные. Готовые к выписке. Днем раньше, днем позже...

У майора, заместителя начальника госпиталя по политической части, белый халат внакидочку, кулаком воздух рубит для убедительности, говорит горячо, страстно, самую малость любуясь самим собой.

Все сидят, слушают. Стоят только двое — замполит у стола, Кацуба в последнем ряду прислонился к дверному косяку.

Рядом с замполитом, тоже в халате внакидку, какой-то полковник с абсолютно невоенным лицом. Все подтягивает и подтягивает сползающий халат. Видно, не привык к такой форме одежды. Не то что замполит госпиталя. Тот в халате — словно черкес в бурке. И говорит замполит выразительно и, как ему кажется, очень доходчиво:

— Прошел самый страшный час войны!.. И народ наш преодолел трагический пик напряжения всех человеческих сил в борьбе с врагом! Не за горами победа, товарищи!.. Чем и объясняется такое замечательное и гуманное решение командования снять рядовой и сержантский состав тысяча девятьсот двадцать шестого и тысяча девятьсот двадцать седьмого годов рождения с передовой ряда фронтов. Сохранить от случайной пули, от слепого осколка... Кто из них не доучился на гражданке до семи классов средней школы — направить для дальнейшего прохождения службы в строевые части тылового расположения. Кто же имеет семь классов и больше — поедут обучаться в военные школы и училища различных родов войск! Понятно, товарищи?

Сидящий в первом ряду молодой, лысый шутовски провел по своей плеши ладонью и спросил:

— Разрешите, товарищ майор? А к нам это какое отношение имеет? Мы вроде все тут не двадцать шестого, не двадцать седьмого, а постарше... — И снова погладил лысину.

Все рассмеялись.

— Да вы что, Рубцов! — искренне возмутился замполит. — Как же вы не понимаете важности такого политического мероприятия?! Вот товарищ полковник из штаба армии специально приехал...

— Позвольте мне, товарищ майор, — сказал полковник.

Он встал из-за стола, нервно поправил сползающий халат и вдруг увидел стоящего у двери Кацубу.

— Вы почему стоите? Садитесь, пожалуйста.

Кацуба выпрямился по стойке «смирно».

— Садитесь, садитесь... Там есть свободное место, товарищи?

— Он садиться не может, — лениво сказал Рубцов. — У него сложное ранение в «мускулюс глютеус».

Все беспощадно заржали.

— Куда?! — ошарашенно спросил полковник у замполита.

Замполит наклонился и тихо пояснил полковнику, куда ранен Кацуба.

— Простите, пожалуйста, — сказал полковник Кацубе, и тот снова привалился к дверному косяку. — Товарищи! Скоро война кончится...

— Как же... — протянул кто-то.

И тогда невоенный полковник сказал вдруг с яростью:

— Война скоро кончится! Полгода... Восемь месяцев. Максимум — год! Тем, кто родился в двадцать шестом и в двадцать седьмом, сейчас семнадцать-восемнадцать лет. И их нужно беречь! Нельзя, чтобы мальчики погибали в окопах и умирали в госпиталях. Вы, прошедшие страшную школу войны, поедете в военные школы и училища в качестве командиров учебных взводов, старшинами курсантских рот, помощниками командиров батальонов по строевой... Мы снимаем с фронтов не только семнадцатилетних мальчишек, но и вас — опытных и обстрелянных взрослых людей, которые прекрасно знают, почем фунт лиха. И я не обещаю вам легкой тыловой жизни. Но сегодня воспитать их сможете только вы!.. Их очень нужно сберечь!

Полковник закашлялся и уж совсем не по-военному вынул платок из кармана и обтер лицо.

Кацуба вдруг увидел грязную снеговую лужу, обожженного мальчишку в слезах и услышал предсмертный захлебывающийся тоненький крик: «Старшина-а-а!..»

Потом, растягивая от злости слова, неожиданно для всех спросил у полковника:

— А как быть с теми? — Кацуба показал пальцем в землю. — Им тоже было по семнадцать...

Замполит испуганно посмотрел на полковника.

А полковник еще раз обтер лицо платком и печально ответил Кацубе:

— А про тех помнить. Каждую секунду... — Подумал и добавил: — И всю свою жизнь.

— Виноват, — сказал Кацуба.

Через несколько дней Кацуба сошел с поезда в маленьком жарком среднеазиатском городке.

За железнодорожной станцией — базарчик и чайхана.

Кацуба снял двубортную офицерскую шинель (что за старшина военного времени, у которого нет офицерской шинели!), одернул кителек с одним лишь гвардейским знаком, поправил плоскую танкистскую фуражечку, перекинул через плечо вещмешок, подхватил фанерный чемоданчик и не спеша пошел вдоль торговых рядов, вглядываясь и внюхиваясь в неведомую ему доселе азиатскую еду.

Теперь, в форме, у Кацубы оказались очень широкие вислые плечи, был он кривоног, коренаст и казался старше своих двадцати шести лет. Шел, слегка прихрамывая, мягко ступая летними брезентовыми сапожками, и во всем его кряжистом обличье чувствовалась громадная физическая сила.

Не торопясь, он шел мимо базарных рядов, где продавцов было втрое больше, чем покупателей, и остановился только в конце базарчика, около безрукого инвалида в немыслимых остатках военной формы, который торговал папиросами «Дукат» поштучно.

Рядом с инвалидом стояла миловидная, лет двадцати пяти, женщина и пыталась продать какие-то московско-ленинградские зимние вещи.

— Почем? — спросил Кацуба у инвалида и поставил чемоданчик у ног.

— Цена стандартная. Два рубля штука, тридцатник — пачка. У кого хошь спроси...

Невысоко пролетел самолет с приглушенно работающими двигателями. Видно, собрался садиться где-то за городом.

— Почем, говоришь?

— Два рубля штука, тридцатник — пачка...

Кацуба сдвинул свою приплюснутую фуражечку на нос и почесал в затылке.

— А любую половину? — сонно спросил он.

— Это как же? — удивился инвалид.

— Пятнадцать, — сказал Кацуба.

Женщина с зимними вещами рассмеялась.

Инвалид обиделся:

— Что, чокнулся?! Себе дороже выходит!..

По рядам шли четверо курсантов авиационной школы. Хохотали, пробовали тертую редьку из ведер, толкали друг друга и пребывали в прекраснейшем увольнительном настроении.

У одного была красная нашивочка за легкое ранение, у второго — медаль «За оборону Ленинграда», у третьего —

такой же гвардейский знак, как и у Кацубы, а у четвертого, кроме значка ГТО на цепочках, не было ничего.

— Покуда с военкоматов присылали, все было тихо, мирно, — сказал инвалид, следя за приближающимися курсантами. — А как вот таких сопляков с фронта поснимали да на учебу бросили, так хоть на танцплощадку не ходи...

— А ты чего, на танцплощадку ходишь? — поинтересовался Кацуба.

И женщина снова рассмеялась. И снова обиделся инвалид.

— При чем тут я?! Люди ходят. Людям тоже потанцевать охота.

Один из курсантов прошелся вдоль рядов в дурашливой лезгинке.

— Ишь, чего выкамаривают — кобели сытые... — совсем обиделся инвалид. — Девятую норму трескают. А в дни полетов — пятую... А там и сгущенка, и белый хлеб, и масло коровье...

— Да что вы!.. — поразилась женщина. — Даже сгущенка?!

— Ну так что? — спросил Кацуба. — Отдаешь дешевле? Я пачки три возьму.

И все было бы прекрасно, если бы первому курсанту не попался под ноги чемоданчик Кацубы. Он об него споткнулся и очень оскорбился этим.

— Чей «угол»? — грозно спросил он.

Кацуба посмотрел на свой опрокинутый чемодан, оглядел сонными глазами четверых и процедил сквозь зубы:

— Что в таких случаях делают приличные люди? Поднимают чемодан, ставят его на место, просят прощения и тихо топают дальше.

— А в глаз хочешь? — коротко спросил другой курсант.

— Не связывайся, — тревожно сказал инвалид Кацубе.

— Очень я не люблю, когда незнакомые люди со мной на ты разговаривают, — пожаловался Кацуба инвалиду. Снял с плеча сидор и положил на прилавок.

У курсанта с медалью уже прыгало бешенство в глазах.

— Чемоданчик на место, — негромко сказал ему Кацуба. — И без нервов, пожалуйста...

— Ах ты ж сука! — задохнулся курсант. — Это ты мне?.. И, не выдержав напряжения, бросился на Кацубу.

Кацуба недобро усмехнулся, резко и коротко ударил курсанта в солнечное сплетение. Курсант отлетел метра на три, а трое остальных мгновенно рванулись к Кацубе.

Кацуба бил точно, расчетливо, без единого лишнего движения, и восемнадцатилетние мальчишки отлетали от него, взрывая своими телами серую азиатскую базарную пыль.

Инвалид старался перелезть через прилавок, чтобы помочь Кацубе, но тот приказал:

— Сиди торгуй, не рыпайся...

Он подхватил налетевшего на него курсанта с медалью за штаны и гимнастерку и перебросил через торговый прилавок.

— Полетай немного, авиатор. Потренируйся, — сказал ему Кацуба и ногой дал пинка в зад другому, встающему с земли.

— Патруль! Да где же патруль?! — в отчаянии закричала московско-ленинградская молодая женщина. — Господи!.. Да бегите же кто-нибудь за патрулем!..

В то время «патруль» было магическим словом.

— Полундра!.. Патруль!.. — не разобравшись, в чем дело, крикнул кто-то из курсантов, и все четверо бросились врассыпную.

Но Кацуба успел прихватить одного из них — со значком ГТО. Он просто приподнял его за ремень и разорванную гимнастерку над пыльной землей и сказал ласково:

— Не прощаются... За собой не убирают... Что за воспитание! — Аккуратно опустил курсанта на ноги и приказал: — Чемоданчик на место.

Курсант поднял чемодан и поставил его у ног Кацубы.

— Спасибо. — сказал Кацуба. — До свидания.

— Ну, погоди... — прошипел курсант и побежал вслед за приятелями.

— Хорошо, — коротко согласился Кацуба и сплюнул кровью. Кто-то из мальчишек все-таки успел достать его.

— М-да-а-а... — потрясенно произнес инвалид.

— Да как же вам не стыдно?! — вдруг заплакала молодая женщина. — Они совсем еще мальчики! А вы их... Дурак здоровый...

Кацуба осторожно потрогал верхнюю губу, опять сплюнул кровью и удивленно сказал:

— Довольно шустрые мальчики...

И в первый раз посмотрел на эту женщину. И она ему очень понравилась. Он перекинул сидор через плечо и спросил инвалида:

— Так почем, ты говорил, папиросочки?

Инвалид облегченно рассмеялся и лихо махнул культей:

— А-а!.. Бери по пятнадцать!..

— О! — удовлетворенно сказал Кацуба. — Это же другой разговор!

Это была военно-авиационная школа, рожденная войной. Ни традиций, ни сладких воспоминаний «старичков» о лучших днях мирного бытия здесь не существовало.

Была далекая от фронта Средняя Азия, бескрайние просторы, которые позволяли самолетам заходить на посадку и взлетать с любого направления; почти постоянные курсы ветров и крайне малое удаление от районного центра.

Все службы авиашколы размещались в длинных деревянных одноэтажных бараках на добротных каменных фундаментах. Даже штаб школы. Но два здания были сооружены капитально. Из кирпича, в три этажа каждое, с широкими лестницами и светлыми помещениями.

Чахлая, пыльная азиатская растительность на всей территории авиашколы была буйно расцвечена врытыми в землю стендами с немеркнущими изречениями из уставов и немудрящими афоризмами, прославляющими именно тот род оружия, которому служила эта школа...

Повсюду было чистенько — фундаменты побелены известкой, на спортплощадках под турниками и брусьями — свежие опилки, проходы и проезды окаймлены белыми крашеными камешками.

По одному из таких проездов пылил «виллис» начальника школы генерал-майора Лежнева. Генерал ехал с аэродрома после тренировочных полетов. На коленях у него лежали кожаный шлемофон и планшет с картой. На гимнастерке виднелась звездочка Героя.

Отдавали честь «виллису» проходившие офицеры, пробегавшие курсанты и самый различный техсостав.

Генерал кивал головой направо и налево, внимательно разглядывая свою школу.

— В штаб? — спросил пожилой шофер в комбинезоне.

Генерал самую малость помолчал и сказал:

— В первую эскадрилью. Там Хижняк личный состав собрал. Пополнение инструктирует.

— Этому пополнению еще титьку сосать, — мрачно сказал шофер.

— А им воевать пришлось, от голода пухнуть... — то ли согласился генерал, то ли упрекнул шофера.

У барака первой эскадрильи «виллис» затормозил.

— Поезжайте обедать.

Генерал легко выпрыгнул из машины и, помахивая шлемофоном и планшетом, подошел к бараку первой эскадрильи.

Одуревший от тоски и жары дневальный вскочил с преувеличенным рвением и уже открыл рот, чтобы завопить молодцеватое «смир-р-но!», но генерал приложил палец к губам. Дневальный испуганно посмотрел на генерала и шепотом доложил:

— Товарищ генерал-майор... дневальный по эскадрилье курсант Тараскин...

Генерал махнул рукой и прошел в барак. Встал за косяком настежь открытой двери и закурил. Дневальный с откровенной завистью втянул носом дым генеральского «Казбека».

По обе стороны в казарме стояли сдвоенные ряды двухъярусных железных коек. Посредине, в широком проходе, выстроилась вся учебная эскадрилья — немногим более ста человек. Перед строем стояли шесть офицеров и Кацуба.

В этом царстве покорителей воздуха и завоевателей пятого океана Кацуба, в своей приплюснутой фуражечке с черным околышем и неуместно черных погонах с танковыми эмблемками, казался случайно заблудившимся, нелепым, невесть откуда взявшимся существом.

Курсанты на него поглядывали насмешливо, офицеры — с чувством неловкости, и только командир эскадрильи, молодой и щеголеватый капитан Хижняк, ничего такого не замечал и говорил:

— ...Кто прибыл к нам из различных воинских частей, а кто, может, успел и понюхать пороху — попрошу забыть всяческую фронтовую вольницу и тому подобные отклонения от строжайшей воинской дисциплины. А также тем, кто призван военкоматами. Кончилась ваша мирная гражданская жизнь! Тут нету мамы и папы, дяди и тети. Тут армия! И чтобы никаких таких различий — дескать, я фронтовик, а ты, дескать, салага — быть не должно!.. Все вы теперь курсанты военно-авиационной школы — будущие авиаторы, летчики! Представители самого современного и самого грозного рода оружия!

При последней фразе командира эскадрильи Кацуба скривил губы.

— А самое главное, — продолжал Хижняк, — вы обязаны помнить, что, пока в спокойных и далеких от войны условиях вы будете служить и учиться летать, там, на фронтах, насмерть дерутся ваши старшие братья, отцы и товарищи!.. И погибают за то, чтобы вы могли...

— А мы не просили, чтобы нас снимали с передовой! — вдруг прервал Хижняка чей-то голос из строя.

Кацуба повел своими маленькими сонными глазками и увидел, что выкрикнул это знакомый ему по привокзальному базарчику курсант с медалью «За оборону Ленинграда». Под глазом у курсанта красовался замечательный фингал.

— Молчать! — крикнул Хижняк. — Два шага вперед!

Курсант вышел из строя.

— Фамилия?

— Рядовой Никольский.

— Курсант Никольский, — поправил его Хижняк. — И прекратить разговорчики! Встать в строй!

Подобие улыбки тронуло лицо Кацубы. Он увидел второго знакомца, со вспухшей губой... Потом третьего... И наконец, четвертого, со значком ГТО. Кацуба удовлетворенно крякнул и стал слушать капитана.

— Эскадрилья делится на четыре звена... Командирами звеньев будут летчики-инструктора, которые после прохождения вами теоретического курса в УЛО, учебно-летном отделе, будут учить вас летать.

И Хижняк показал на двух младших лейтенантов, лейтенанта и старшего лейтенанта.

— Ну и я — командир эскадрильи... Это, так сказать, летно-подъемный состав. Теперь состав наземный: помощник командира отряда по строевой — майор Кулюгов. Он бывший пехотинец и знает свое дело туго. Уставы, строевая подготовка, несение нарядов и караульной службы...

Маленький, толстенький майор Кулюгов заискивающе улыбнулся курсантскому строю.

— Ну и, наконец, старшина эскадрильи! — торжественно провозгласил капитан Хижняк и четким рубленым жестом указал на Кацубу.

— Кто самый главный человек в армии? Кто ближе всех стоит к рядовому и сержантскому составу? — театрально возвысив голос, спросил комэск. — Старшина! — И поощрительно похлопал Кацубу по вислому плечу. — Ничего, что его погоны пока еще не соответствуют... Это дело поправимое! Старшина Кацуба тоже прибыл к нам с фронта. И он, как никто, должен вам стать отцом родным! Все через старшину!..

Кацуба холодно смотрел на отлупленных им четверых курсантов. Курсанты ненавидяще разглядывали Кацубу.

— За все отвечает старшина! — с пафосом продолжал Хижняк. — За внешний вид курсанта-авиатора, за дисциплину, за поведение в столовой, в казарме, в увольнении... Заправка коек, утренняя зарядка, вечерняя поверка... Это все старшина, старшина и старшина! — Хижняк улыбнулся Кацубе и спросил его бодро, как свой своего: — Ты меня хорошо понял, старшина?

И тогда Кацуба медленно и раздельно произнес:

— Я те-бя очень хорошо понял, ка-пи-тан.

Это было всеобщим потрясением. Поражены были все — и курсанты, и летно-подъемные лейтенанты, и наземный майор Кулюгов.

Совершенно ошеломлены были за дверью и генерал с дневальным.

Но больше всех растерялся командир эскадрильи капитан Хижняк.

— Товарищ старшина! Вы что, с ума сошли?!

— Никак нет, това-рищ ка-пи-тан, — отчеканил Кацуба. — Я вас действительно очень хорошо понял.

Дневальный, курсант Тараскин, с ужасом смотрел на генерала. Сейчас генерал ворвется в казарму... и всех бросит в железные тиски военного трибунала!..

Но генерал испугал Тараскина еще больше, когда сказал с тихим злорадством:

— Ну теперь я за вас спокоен!.. Этот старшина даст вам под хвост! — Он легонько стукнул дневального по затылку, нахлобучил ему пилотку на нос и грозно добавил: — Неси службу как следует!

Рассмеялся, перекинул шлемофон и планшет с картой через плечо и, насвистывая, вышел из барака.

— Раз-два! Раз-два! Выше ножку! Держи равнение!.. Раз-два! — кричал Кацуба. — Правое плечо вперед! Марш! Левый фланг — почти на месте, правый — шире шаг!.. Прямо! Выше ножку!..

Господи Боже мой! Ну зачем авиаторам строевой плац? Ну на кой черт это «выше ножку!»? Скорей бы начать летать!

Скорей бы кончились эти мучения... Эту морду квадратную, этого дракона железобетонного, старшину этого, Кацубу распроклятого, хоть реже бы видели!..

— Шире шаг! Держать равнение!..

Если есть Бог на свете — покарай старшину Кацубу!

— Левое плечо вперед! Шире шаг!..

В километре за бараками садятся и взлетают один за другим самолеты... Ревут на взлете двигатели. Приятно урчат на посадке. Хоть бы один из них свалился на Кацубу.

— Эскадрилья-а-а-а, стой! Пять минут на перекур! Разойтись...

...Делают же, черт подери, самолеты, танки, пулеметы скорострельные — по тысяче восемьсот выстрелов в минуту!.. Ну неужели трудно сделать машину, которая бы чистила картошку! Почему эти полторы тонны картошки нужно чистить руками?!

Да еще ночью! Да еще Кацуба торчит за спиной! Чтоб ему ни дна ни покрышки!

— Что же вы полкартошечки-то срезаете, товарищ курсант? Это же все-таки Средняя Азия... Здесь картошечка не растет. Ее вам сюда за три тысячи верст возят!..
— В гробу я эту картошку видел! Что я, нанялся?!
— В гробу, товарищ Никольский, вам вообще ни хрена не нужно будет. А вот с утра весь личный состав школы есть захочет. Так что садитесь, не вскакивайте, ножичком не размахивайте. Здесь не баррикады, и вы не Гаврош... Показываю еще раз: в левую руку берете картошечку, а в правую — ножичек. И аккуратненько...

...В столовой от него тоже спасу нет! Все старшины как старшины — сидят за своим столом, трескают кашу с мясом, а Кацуба (чтоб он сдох!) стоит и свою эскадрилью глазами сверлит. Кусок в глотку не лезет...
Стол — отделение, стол — отделение... На столах делят хлеб. Делят как положено: один отвернулся, другой тычет пальцем в пайку, орет:
— Кому?
— Селезневу, — говорит отвернувшийся.
— Кому?
— Прохоренко...
Все честь по чести. Никто не обижается.
— Кому?
— Отставить! — Кацуба, кто ж еще?! — Это еще что за жмурки? — А голос такой противный — хуже некуда.
— Чтобы по справедливости, товарищ старшина.
— Хорошенькая «справедливость»! Сами себе не доверяете. Еще раз увижу — два часа строевой...

— Курсант Чеботарь, подъем!
Кацуба стоит у верхней койки Чеботаря с часами в руке и засекает время. Это уже после отбоя-то! Бедный Чеботарь в одних трусах неуклюже спрыгивает с койки и лихорадочно начинает одеваться. Все у него валится из

рук, пряжка ремня на боку, две пуговицы отлетели, ширинка не застегнута...

— Неплохо, — говорит Кацуба, глядя на часы. — Курсант Чеботарь, отбой! — И снова засекает время.

Чеботарь поспешно начинает раздеваться и складывать обмундирование. Гимнастерку — так, бриджи — так, портянки обернуть вокруг голенищ... И под одеяло!

— Курсант Чеботарь, подъем!

И все с самого начала.

Мокрый от напряжения, с искаженным от бессильной яростью лицом, одетый Чеботарь вытягивается перед Кацубой.

— Отбой!

Мгновенно раздевшись, измученный Чеботарь буквально вспархивает в свою койку. Ненавистью к Кацубе горят его глаза из-под одеяла.

— Прекрасно, — говорит Кацуба и прячет часы. — Вы способный человек, товарищ Чеботарь. Неплохо потренировались, верно? И не нужно слов благодарности. Я же знаю, они у вас в сердце. А я только выполняю свой долг. Так что благодарить меня не за что. Вы теперь поняли, как нужно ложиться после команды «отбой»? Спите спокойно. И пусть вам приснится что-нибудь вкусное...

Ну, прямо инквизитор какой-то! Чеботарь ему это запомнит!

Кацуба живет в каптерке, среди стеллажей с чистым нательным бельем, сапогами, шинелями, гимнастерками. Стол, стул и обычная курсантская железная койка. Висят танкистский китель Кацубы с гвардейским значком и фуражечка с черным околышем. Чистенько, как в девичьей светелке.

За столом сидит Кацуба в нижней рубашке, в галифе и тапочках на босу ногу. Заполняет какие-то ведомости, чертит график, составляет служебную записку в строевой отдел...

Услышал, как кто-то вошел в предбанник эскадрильи, и посмотрел на часы. Первый час ночи. Слышно, как дневальный залопотал:

— Товарищ капитан! За время вашего отсутствия...
— Ладно тебе... Тихо, тихо. Старшина спит?
— Никак нет, товарищ капитан. Только что выходили...
Раздался стук в дверь.
— Да, да, — сказал Кацуба. — Не заперто.

Вошел командир эскадрильи капитан Хижняк. Усталый, в стареньком стираном комбинезоне, с шлемофоном на поясе и планшетом через плечо.

— Не спите, старшина?
— Никак нет, товарищ капитан. Проходите, пожалуйста.

Кацуба подал капитану стул, а для себя вытащил из-под стола патронный ящик.

— Я после ночных полетов — как лимон выжатый... — виновато сказал капитан. — До дома не доскрестись.
— Хотите чаю?
— Чаю? — переспросил капитан. — Чаю — это хорошо... Послушайте, старшина, а у вас чего-нибудь другого, покрепче, не найдется?

Доставая со стеллажа чайник, Кацуба на секунду замер. Пауза была почти невесомой, он тут же повернулся к капитану и легко, не разыгрывая сожаления, сказал:

— Никак нет, товарищ капитан. Не держу. Чаю хотите?

Хижняк вздохнул. Ему не столько хотелось выпить, как просто так, по-человечески, посидеть со старшиной, пожаловаться ему на что-нибудь, в ответ услышать такую же жалобу и убедиться, что Кацуба подвержен тем же человеческим слабостям, каким подвержен и он, Хижняк. А еще Хижняк хотел послушать о фронте. Сам он до сих пор не воевал, и чувство вины не покидало его ни на секунду...

— Да нет, спасибо, — отказался Хижняк от чая. — Вот покурю и пойду...

И тогда Кацуба пожалел капитана и положил на стол пачку «Дуката».

— Попробуйте.

Хижняк закурил, с удовольствием затянулся и сказал:

— Да, в нашем ПФС таким не разживешься.

— Инвалид один на толкучке торгует.

— Дерет, наверное, три шкуры...

— Ничего, терпимо. На что мне еще тратить?

Капитан посмотрел на висящий танкистский китель и фуражку с черным околышем.

— Храните?

— Нехай висит до своего часа.

Никак не получался у капитана Хижняка откровенный разговор!

— Вы знаете, Кацуба, я уже давно хотел вам посоветовать...

— Слушаю вас, товарищ капитан.

— Вы бы с курсантами того... полегче, что ли... А то вы их больно круто взяли... А? Все-таки это, как говорится, авиация. Тут своя специфика в отношениях... Не как в других родах войск.

— Но авиация-то военная?

— Конечно, военная, — излишне торопливо подтвердил Хижняк. — Но вот они скоро у нас летать начнут, а тут... Чего скрывать? Полеты начнутся — каждый день своей жизнью рисковать будут. Это на таком-то удалении от фронта! А потом вы на них поглядите — они же дети совсем еще... Дети, старшина...

...И тогда Кацуба вдруг снова увидел грязную снеговую лужу, обожженного окровавленного мальчишку в слезах — своего башенного стрелка, и услышал его предсмертный захлебывающийся тоненький крик: «Старшина-а-а!»

* * *

— У вас есть ко мне какие-нибудь конкретные претензии, товарищ капитан? — холодно спросил Кацуба.

— Да нет, что вы! Я просто так, вообще... — Хижняк загасил папиросу и встал.

Встал и Кацуба. Натянул сапоги, надел гимнастерку и подпоясался ремнем.

Вдвоем они вышли в предбанник. Вскочил дневальный. И в это же время, не замечая ни старшину, ни капитана, совершенно сонный курсант, шатаясь, с полузакрытыми глазами, вышел из казармы. Маленький, худенький, в длинных синих трусах, пилотке и сапогах на босу ногу, курсант являл собою жалкое зрелище.

— Товарищ курсант! Вернитесь, — приказал ему Кацуба.

Ничего не соображавший курсант остановился, откровенно переминаясь с ноги на ногу.

Кацуба подвел курсанта к большому зеркалу.

— Обратите внимание на свой внешний вид, — сказал Кацуба.

— Но я же в уборную, товарищ старшина! — простонал курсант, продолжая свой трагический танец.

— Марш в казарму! Одеться как положено!

Курсант, чуть не плача, побежал в казарму, а Кацуба с капитаном вышли на крыльцо.

— Скоро банный день, — сказал капитан.

— Так точно, — скучно ответил ему Кацуба.

— М-да... — сказал капитан.

В эту секунду мимо них со стоном промчался тот самый курсант. Уже в галифе, гимнастерке, с ремнем. И только наспех замотанные портянки торчали из сапог. Подвывая, курсант исчез в темноте. Капитан посмотрел ему вслед и рассмеялся. Что-то похожее на улыбку выдавил из себя и Кацуба.

— Спокойной ночи, — сказал Хижняк.

— Спокойной ночи, товарищ капитан.

Кацуба вернулся в каптерку, закрыл на крючок дверь и из глубины стеллажа, из-за чистых кальсон и нательных рубах, вытащил початую бутылку водки. Налил себе, неторопливо выпил. А потом почему-то вслух сказал:

— Спокойной ночи, товарищ капитан. — И снова уселся за стол составлять какие-то ведомости.

Через весь маленький городок эскадрилья шла в баню. Шла она мимо почты, мимо саманных домиков за глинобитными дувалами, мимо двухэтажных домов старой кирпичной кладки. Вел эскадрилью старшина Кацуба. Вел мимо кинотеатрика с «Джорджем из Динки-джаза», мимо сводок Совинформбюро на стенах, мимо военкомата. Эскадрилья орала:

Жил на свете Джонни-подшкипер,
Плавал семнадцать лет,
Знал заливы, моря, лагуны, Старый и Новый Свет!..

Шла эскадрилья мимо станции и чайханы, шла мимо пристанционного базарчика...

— Старшина! Здоров! А старшина!.. — донеслось от базара.

Кацуба оглянулся и увидел инвалида, торговца папиросами.

— Попов! — крикнул Кацуба, и из строя выскочил сержантик. — Доведите эскадрилью до бани и раздевайте. Там все приготовлено. Я сейчас...

— Слушаю! — И Попов побежал догонять строй.

Кацуба подошел к базарному прилавку и сказал:

— Здорово, браток!

— Ишь, как тебя перекрестили!.. — восхищенно сказал инвалид.

— Не перекрестили, а перекрасили, — усмехнулся Кацуба.

— Один черт, — махнул рукой инвалид.

— Тоже верно, — согласился Кацуба. — Слушай, браток... А чего, эта краля тут больше не торгует?..

— Что за краля?

— Ну, которая тогда патруль звала...

— А, Наташка, эвакуированная... Нет. Она тут бывает редко. Только когда уж больно сильно прихватит. А чего?..

— Да так просто, — сказал Кацуба.

— Ты Наташку не тронь, — сказал ему инвалид. — Она и без тебя нахлебавшая. А ты мне, старшинка, вот лучше чего скажи. — Инвалид вороватo оглянулся и зашептал: — Ты там у себя в роте мне какие-нибудь «прохоря» списать можешь? А то глянь, в чем хожу...

Он положил на прилавок ногу в разбитом солдатском ботинке и бурых обмотках.

— А я бы тебе папироски толкал по пятиалтынному...

— Чего ж ты с папиросок-то себе сапоги не купишь?

— Да ты что, чокнулся?! — презрительно сказал инвалид и убрал ногу с прилавка. — Перво-наперво у меня коммерция, сам видишь, мелкая... А за сапоги две — две с половиной тыщи не греши — отдай! А во-вторых... — И замолчал.

— А во-вторых? — сказал Кацуба.

— А во-вторых, я человек пьющий, — сказал инвалид печально. — И мне без этого никак нельзя. Я да шнапс — вот и вся семья... «А без шнапсу жизнь плохая, не годится никуда!..» — вдруг лихо пропел инвалид с тоскливыми глазами.

Кацуба вытащил два рубля и положил их на прилавок. Взял у инвалида одну папиросу из открытой пачки и закурил.

— У тебя размер какой? — спросил Кацуба.

— Обыкновенный, — оживился инвалид. — Сорок два...

— Ладно, придумаем что-нибудь, — сказал Кацуба. — Бывай. — И пошел.

— Я тебя научу, как это дело замастырить! — закричал ему вслед инвалид. — Я, браток, сам старшиной батареи был! Знаешь, какие дела проворачивал!

И возбужденно потряс своими культями.

В банном пару, как в дымовой завесе, двигались неясные очертания голых мальчишеских тел. Стояли крик, хохот, визг, ругань... Плескалась вода, бренчали цинковые шайки, кто-то пел: «Утомленное солнце нежно с морем прощалось...»

Кацуба сидел в раздевалке мокрый и взъерошенный. На свободной лавке — стопки чистого белья и портянок. На маленькой тумбочке — ведомость на получение и невыливайка с ученической ручкой. Один из курсантов, голый по пояс, помог Кацубе пересчитать комплекты. А вокруг стояли сто пар сапог с накрученными на голенища портянками, лежали сто гимнастерок, сто галифе, сто пилоток, хозяева которых в эти минуты смывали с себя азиатскую пыль строевого плаца и десятидневную усталость классов учебно-летного отдела.

Из помывочного отделения вылетел голый мокрый курсант и заорал:

— Товарищ старшина! Там Сергееву плохо!

— Что такое? — рванулся Кацуба.

— Брякнулся на пол и дышит, дышит!!!

— На второй этаж, в медпункт! — приказал Кацуба своему помощнику. — Зовите врача, фельдшера... Кто там есть!

— Он так дышит, товарищ старшина! — в ужасе сказал голый.

— Это как раз неплохо... — И Кацуба влетел в парную. — Где?

— Товарищ старшина! Сюда!.. — раздался крик.

Расталкивая голых мальчишек, Кацуба пробрался в парной мгле к лежащему Сергееву и подхватил его на руки.

Кацуба вытащил его в раздевалку и положил на лавку. Там уже стояла женщина в белом халате и полуголый помощник Кацубы.

— Что случилось? — спросила она, и Кацуба увидел, что это та самая эвакуированная Наташка, которая когда-то безуспешно пыталась торговать в жару зимними вещами и так отчаянно звала патруль.

Дыхание с хрипом рвалось из груди Сергеева. Кацуба наклонился и стыдливо прикрыл его чьей-то гимнастеркой.

— Подложите ему что-нибудь под голову, — сказала Наташа.

Помощник Кацубы метнулся к стопке чистых кальсон и сунул несколько пар под мокрый затылок Сергеева.

Наташа села и стала считать у него пульс.

Кацуба, стаскивая через голову мокрую гимнастерку, сказал:

— Здравствуйте, легки на помине.

Наташа глянула на него, не прекращая считать шевелящимися губами. Потом достала из кармана пузырек, смочила ватку и сунула ее под нос курсанту. Сергеев вскочил, закашлялся, слезы потекли у него по лицу.

— Нашатыря не много ли? — Кацуба обалдело крутил носом и прикрывал глаза.

— Нет, — сказала Наташа и спросила ожившего Сергеева: — Дистрофия была?

— Была...

— Тебе бы есть побольше и не утомляться сильно. — Она с вызовом посмотрела на Кацубу, считая его виновником всех бед.

Кацуба криво ухмыльнулся. Его помощник прыснул от смеха. И даже сам очнувшийся улыбнулся.

— Не веселиться, а плакать надо. — Наташа устало оглядела всех троих.

Скрывая уже откровенно-издевательскую улыбку, Кацуба отвернулся и стал отжимать промокшую гимнастерку.

И тогда Наташа увидела спину Кацубы.

Страшный багровый шрам, изменяющий нормальное, привычное представление о человеческом теле, начинался под левой лопаткой и уродливым руслом уходил под брючный ремень, неровно разрубая поясницу. А еще увидела два выходных пулевых отверстия...

Она сделала всего лишь один шаг к Кацубе и осторожно дотронулась пальцем до шрама. Кацуба почувствовал прикосновение и замер.

— Простите... — тихо сказала Наташа.

Кацуба медленно повернулся к ней и, одевая отжатую гимнастерку, сказал:

— Извините, что побеспокоили. Большое спасибо, доктор.

Наташа проглотила комок и махнула рукой:

— Я фельдшер...

— Спасибо, — сказал Сергеев, все еще прижимая ватку с нашатырем к носу.

С шумом и гиканьем распахнулась дверь помывочного отделения, и в клубах пара в раздевалку выскочило несколько голых ребят.

— Ну как Митька?.. Очухался?

Увидели женщину и завопили:

— Полундра! Пацаны, здесь баба!.. — В ужасе бросились обратно.

Кацуба шел по широким коридорам учебно-летного отдела. Подошел к слегка приоткрытой двери класса бомбометания и заглянул.

Если бы не разрез огромной фугасной авиабомбы, если бы не висящие на стенах графики расчетов бомбометания, если бы не плакаты, изображающие взрыватели разных конструкций, если бы не химические формулы самых страшных взрывчатых веществ, если бы по углам класса не стояли различные автоматические прицелы для наиболее точного уничтожения человеческих жизней и если бы пареньки были одеты не в военную форму, — класс этот ничем бы не отличался от обычного девятого класса средней школы... Кто играет в «морской бой», кто дремлет, кто-то стоит у доски и страстно ловит оттопыренным ухом подсказку...

Кацуба вздохнул, осторожно прикрыл дверь и пошел дальше, к кабинету с табличкой «Начальник УЛО — полковник Егоров В. А.». Для приличия стукнул в дверь и тут же открыл ее.

— Разрешите, товарищ полковник?

Полковник Егоров удивился, но, будучи человеком интеллигентным, сказал по-домашнему:

— Ради Бога, ради Бога... Чем могу быть полезен?

— Старшина первой учебной эскадрильи — старшина Кацуба.

— Очень приятно, товарищ старшина. Присаживайтесь.

— Благодарю, товарищ полковник.

— Слушаю вас... — Полковник отложил бумаги в сторону.

— Товарищ полковник, нельзя ли сделать так, чтобы я мог иметь в своем распоряжении каждые десять дней постоянную сводку успеваемости всех моих курсантов по всем существующим предметам?

— Но примерно такую сводку получает командир эскадрильи, — с любопытством сказал полковник. — А вам, простите, зачем? Насколько я понимаю, ваши функции...

— Сейчас я постараюсь вам объяснить, — прервал полковника Кацуба.

Эскадрилья была выстроена перед своим бараком. Шло распределение личного состава на хозяйственные работы. Лицом к строю стояли командиры звеньев, комэск, Кацуба и «покупатели» — начальники продовольственно-фуражирного, обозно-вещевого снабжения, вооруженцы, представители хозяйственных служб школы...

— Сегодня наша эскадрилья дежурит на хозработах, — сказал капитан Хижняк. — Старшина Кацуба зачитает сейчас списки групп и определит места ваших работ. Пожалуйста, товарищ старшина.

— Внимание, товарищи. На разгрузку муки со склада ПФС — восемь человек: Лебедев, Сергеев, Попов, Сабирзянов, Климов, Чеботарь, Липатов и Бойко...

По эскадрилье пошел удивленный шумок. Смутились и командиры звеньев. Один из них, младший лейтенант Пугачев, возмущенно рванулся к Кацубе, но комэск тихо и резко приказал ему:

— Стоять!

— Мне восемь человек мало, — раздраженно сказал начальник ПФС. — Там шестнадцать тонн муки... Мешки по восемьдесят килограммов.

— Хватит, — холодно сказал Кацуба. — Этих восьмерых — хватит. На рытье котлована под фундамент парашютного склада — шесть человек...

И снова фамилии, названные Кацубой, вызвали всеобщее изумление. Теперь к Кацубе рванулся другой командир звена. Но капитан прихватил его сзади за гимнастерку и остановил.

— На станцию, на разгрузку авиабомб, в распоряжение начальника склада боепитания — пятнадцать человек, — прочитал в своих бумагах Кацуба. — Я поеду старшим...

— Ну мало этого! Мало!.. — Начальник склада боепитания чуть не плакал.

— Я же сказал, что я еду старшим. Значит, уже шестнадцать, — презрительно проговорил Кацуба и стал зачитывать список: — Никольский, Страхов, Семеняка...

В кабинете командира эскадрильи было шумно, бестолково и накурено. Командиры звеньев осаждали Хижняка напористо и без особого чинопочитания.

— Да где это видано, чтобы отличники, успевающие и талантливые посылались по нарядам, как в наказание! — кричал один.

— Где это видано?!

— А все «сачки», бездари, бездельники и разгильдяи оставались в расположении! — кричал Пугачев. — Гуляй — не хочу!.. Они и так ни черта не делают, так их теперь даже на хозработы не пошлешь!

Хижняк сидел за столом, обхватив руками голову.

...В каптерке Кацуба, в рабочем комбинезоне, с брезентовыми рукавицами за поясом, разглядывал пятьдесят пар новых сапог, стоявших на стеллаже. Одну пару снял с полки, глянул на подошву. Размер — сорок два.

Он поставил сапоги на место, опустился на колени и услышал, как в кабинете Хижняка кто-то сказал:

— Что же это такое?! Старшина эскадрильи будет теперь ломать нам весь учебный процесс?!

— Прислали неизвестно откуда, неизвестно кого... — послышался голос Пугачева.

Кацуба спокойно вытащил из кармана связку ключей и из-под койки достал фанерный чемодан с замочком.

Хижняк не выдержал, вскочил со стула и застучал кулаком в стену, разделяющую его кабинет с каптеркой:

— Старшина! Старшина Кацуба!..

...Кацуба открыл чемодан и достал бумажник. Он отсчитал две с половиной тысячи рублей и спрятал их в карман комбинезона. А потом снова замкнул чемодан...

— Старшина! — треснул еще раз в стену капитан Хижняк.

...Дверь кабинета открылась, и вошел Кацуба.

— Слушаю вас, товарищ капитан.

— Товарищ Кацуба, объясните, по какому принципу вы назначили людей на хозработы? Мне перед строем выяснять не хотелось.

Младший лейтенант Пугачев закричал:

— У вас есть свои функции — вы ими и занимайтесь!

— Что же это такое, действительно, — неприязненно сказал другой командир звена.

Кацуба посмотрел на лейтенанта своими маленькими сонными глазками и неторопливо сказал:

— Функции у нас, товарищи лейтенанты, одинаковые.

Пугачев иронически расхохотался:

— Ну дает старшина! Придет же такое в голову! Какая-то мания величия...

— Функции у нас с вами, товарищ младший лейтенант, одинаковые, — жестко повторил Кацуба. — Нам с вами требуется их сберечь. А для этого их нужно учить. И заставлять хорошо учиться. Тогда у них больше шансов выжить. Курсанты, успевающие по всем предметам, могут быть заняты на хозработах. От них не убудет... А отстающим и двоечникам это только во вред. Им на это время уже назначены дополнительные занятия в учебно-летном отделе. Полковник Егоров, начальник УЛО, в курсе. Разрешите идти, товарищ капитан?

«Студебекер» ехал через городок на станцию.

В кабине сидел начальник склада боеприпасов. В кузове — Кацуба с курсантами. Он перегнулся через борт к открытому окну кабины и крикнул водителю:

— Около бани притормозите на минутку!

И водитель притормозил.

— Не расходиться, — приказал Кацуба и спрыгнул через задний борт.

Он взбежал на второй этаж и открыл дверь банного медпункта.

Наташа сматывала стираные бинты.

— Здравствуйте, — сказал Кацуба.

— Это вы? — не удивилась Наташа. — Здравствуйте, старшина.

— Вы того безрукого знаете? Который «Дукатом» торгует. Два рубля штука, тридцатник — пачка...

— А, Иван Никанорыч, — улыбнулась Наташа. — Знаю. Сосед мой.

Кацуба деловито достал из кармана деньги и положил их перед Наташей.

— Вот тут две с половиной. Купите ему на рынке у барыг новые сапоги. Размер сорок два. Скажите, что сапоги передал старшина Кацуба. И все. Ни про деньги, ни про базар — ни звука. Ему нужны сапоги, а все остальное ему должно быть до лампочки. Договорились?

— Да... Но я не понимаю...

— Я спешу. Меня ждут. Договорились?

— Да.

Неподалеку от станции, в тупике, стояли два крытых пульмана. Их охраняли четыре солдата с карабинами. Солдаты были восточного происхождения, никого близко к вагонам с бомбами не подпускали, покрикивая гортанными голосами.

Был уже поздний вечер. «Студебекер» приткнулся задним бортом вплотную к дверному проему вагона. Грязные и усталые курсанты прямо из вагона перекатывали бомбы в решетчатых длинных ящиках в кузов «студебекера». Кацуба стоял в кузове и еще с одним курсантом ровно укладывал стокилограммовые бомбы в плотный штабель.

— Хорошо? — спросил шофер, когда кузов был забит доверху.

— Порядок, — ответил Кацуба и тяжело спрыгнул на землю.

Надрывно рыча, грузовик медленно пополз в темноту.

— Перекур, — сказал Кацуба.

Тут же были все четверо, которые дрались на базаре. Один из них, Никольский, зло проговорил, глядя в черное среднеазиатское небо:

— Пока он туда доедет, пока его там разгрузят, пока он вернется... А мы, как бобики, должны здесь загорать!..

— Конечно, бардак получается, товарищ старшина. Что, машин лишних нету, что ли? — сказал его приятель.

— Так мы и к утру не справимся, — крикнул третий.

Начался возмущенный галдеж.
Со стороны вагонов раздался испуганный голос:
— Нэ курить! Отойти от вагонов!
Никольский вскинулся, прокричал яростно:
— А пошел ты!.. Пехота занюханная!
— О! — сказал Кацуба и встал. — Вот это правильно! Какая-то занюханная пехота... Да как она смеет! Ну, просто распустились! Не огорчайтесь, товарищ Никольский. Это они так, по серости. А вы, человек образованный, я бы даже сказал, частично интеллигентный, имеющий свои восемь классов, должны их простить. И действительно не курить у вагонов. Подъем!
Все уже ржали над Никольским, даже его приятели.
— Но кое в чем товарищ Никольский прав. Транспорта у нас маловато, — задумчиво сказал Кацуба. — Пока есть время, предлагаю тихонько пройтись к станции и посмотреть, не найдем ли мы еще какую-нибудь тягловую силу. По дороге и покурим.

...К контрольно-пропускному пункту авиашколы медленно полз здоровенный трактор и тащил за собой целый состав — четыре грузовых прицепа с бомбами. Замыкал колонну «студебекер». Тоже нагруженный доверху. На бомбах лежали курсанты. Были они все грязные, измученные, не похожие на людей, но при этом чрезвычайно возбужденные.
За рычагами трактора сидел старшина Кацуба и с небрежным мастерством вел этот ночной медленный поезд. Рядом с ним развалился пьяный тракторист и говорил:
— Ты меня уважил — я тебя уважил. Ты меня не знаешь — я тебя не знаю... Понял? И все!
Тракторист достал из-под ватника бутылку с водкой.
— Пить будешь?
— Нет, — сказал Кацуба.
— Не уважаешь, — укоризненно сказал тракторист и выпил.

* * *

На КПП их встречали генерал Лежнев, дежурный офицер, капитан Хижняк и еще несколько офицеров.

Генерал скрестил руки над головой, и Кацуба остановил трактор.

Пьяный тракторист увидел генеральские погоны и тут же попытался отрапортовать:

— Товарищ генерал...

— Это еще что за чучело? — спросил Лежнев.

— Разрешите доложить, товарищ генерал, — вытянулся Кацуба. — Это наш благодетель. Трактор нам одолжил. Очень сознательный товарищ.

— А почему дежурному по части звонят со станции и сообщают, что команда из авиашколы угнала четыре прицепа, приготовленные к отправке? — с интересом спросил генерал. — Дежурный! «Благодетеля» снять с трактора и оставить у себя. В расположение школы не пускать, — приказал генерал. И спросил у Кацубы: — Он сам сможет перегнать трактор обратно?

— Одну секундочку... — Кацуба порылся под ватником у тракториста и вытащил бутылку. Посмотрел на оставшуюся водку и снова засунул бутылку за пазуху трактористу.

— Не думаю, товарищ генерал. Придется мне отогнать и трактор, и прицепы. Лишь бы разгрузили побыстрее. Курсанты очень устали.

— Где начальник боепитания? — спросил генерал.

— Здесь, товарищ генерал!

— Утром доложите начальнику строевого отдела, чтобы он наложил на вас взыскание за необеспечение команды транспортом.

— Слушаюсь!

— Капитан Хижняк! Поднимите людей, обеспечьте разгрузку. Этих, — генерал показал на притихших грязных курсантов, — отдыхать. И чтобы отмылись как следует!

— Слушаюсь!

— Дежурный! Пошлите кого-нибудь на кухню. Пусть принесут поесть «благодетелю». А то он совсем окосел... А вы, Кацуба, как перегоните прицепы и трактор, явитесь ко мне. Часа вам хватит?

— Так точно, товарищ генерал.

И тут вдруг ожил тракторист:

— Товарищ генерал-майор!..

— Отставить! — сказал генерал.

— Слушаюсь! — вытянулся пьяный тракторист.

У генерала в кабинете была постелена постель. У дверей висели генеральская фуражка, шлемофон и планшет.

Сам генерал Лежнев, в свитере и кожаной куртке внакидку, сидел за столом и говорил по телефону:

— Я из него душу выну за это самоуправство... А прицепы уже погружены на платформы? Ну, слава Богу...

Открылась дверь кабинета.

— Разрешите, товарищ генерал?

На пороге стоял Кацуба, чистый, переодетый, щуря свои маленькие глазки от яркого кабинетного света.

Генерал кивнул, показал рукой на стул и сказал в трубку:

— Я ему за это так под хвост надаю — век будет помнить! Я рад, что все обошлось... Спасибо большое... Спокойной ночи!

Положил трубку, уставился на Кацубу.

Кацуба спокойно и выжидательно смотрел на генерала.

Вообще-то генерал был достаточно молод — лет тридцать пять, но уже вполне усвоил генеральские повадки. Он, покряхтывая, встал со стула и подошел к небольшому шкафчику. Открыл его, вытащил бутылку коньяку и два стакана. Разлил. Кивком предложил Кацубе.

— А закусить? — спросил тот.

Генерал молча ткнул пальцем в тот же маленький шкафчик.

Кацуба достал из шкафчика тарелку с двумя рублеными котлетами и горкой картофельного пюре.

— Вилка только одна, — сказал Кацуба.

Генерал открыл ящик письменного стола, достал финский нож и подцепил им котлету. Кацуба взял вилкой вторую.

— Давай, — сказал генерал.

И они выпили стоя.

...В помещение штаба вошел дежурный по первой эскадрилье младший лейтенант Пугачев. Отдал честь школьному знамени, около которого неподвижно стоял сонный часовой, и прошел к дежурному по школе.

— У тебя закурить нету? — спросил младший лейтенант у капитана, дежурного офицера.

— Махорка. Папиросы еще с вечера кончились.

Они свернули себе по большой самокрутке и закурили.

— Генерал-то еще не спит, — сказал младший лейтенант. — Я сейчас из эскадрильи шел — у него в окне свет горит...

— А он нашего старшину шпыняет, — лениво сказал дежурный по школе.

— Давно пора, — мстительно затянулся младший лейтенант. — Нарвался все-таки, дракон несчастный! Веришь, курсанты его видеть не могут! Их прямо колошмат бьет, когда он в казарму заходит!..

— М-да-а... Не повезло вам...

— ...А родом откуда? — спросил генерал Кацубу.

Они сидели, курили. В бутылке оставалось совсем немного.

— Из Феодосии я, Николай Николаевич.

— А кем до войны был?

— Спасателем. — Кацуба усмехнулся. — Есть такая профессия.

— То есть как это спасателем? — не понял генерал.

— Пляж... — мечтательно сказал Кацуба. — Море... Дамочки, пижоны, отдыхающие, командировочные... И все такие морские волки, и все хотят плавать только за волнорез и только в хорошую волну. И тонут. А ты их спасаешь... Спасатель.

— И целый день на пляже?! — потрясенно спросил генерал.

— На воде. Около пляжа... В катерочке. Или в лодочке...
Генерал разлил остатки коньяка и завистливо вздохнул:
— Целый день в лодочке... Хорошо-то как!
— Мечта! — сказал Кацуба.

Кацуба проверял чистоту оружия. Вынимал винтовки из пирамиды и, втыкая белой тряпочкой в казенники, придирчиво осматривал затворы, заглядывал в стволы на свет электрической лампочки. Эскадрилья занималась в УЛО, и в казарме было только три человека — старшина у оружейной пирамиды, дневальный у входа и курсант Лесаев, освобожденный от занятий по причине какого-то придуманного им недомогания.

Над каждой винтовочной ячейкой была написана фамилия владельца. Кацуба читал фамилию и начинал осмотр. Лесаев стоял за его спиной и записывал все, что говорил Кацуба. И тихонько докладывал:

— А Никольский из первого звена вместе с Хрипуновым вчера в самоволку бегали. Там у какой-то девки, из местных, день рождения был...

— Так... — говорил Кацуба, заглядывая в ствол. — Юрьев... Порядок. Ставьте в пирамидку, Лесаев. Чеботарь... Ну-ка, что там у Чеботаря?

— Менджеридзе и Прохоренко кальсоны и нательные рубашки обменяли на урюк и сушеные дыни. Потом всю ночь жрали...

— У Чеботаря все хорошо... — говорил Кацуба. — Никольский...

— Никольский еще песню на вас сочинил, — сказал Лесаев, — на мотив «Челиты»...

— Пойте, — неожиданно приказал Кацуба.

— Ну что вы, товарищ старшина... Неудобно.
— Ничего.
— Да я всю не помню... Только половину одного куплета и припев.
— Давайте, Лесаев, не стесняйтесь. Страна должна знать своих героев. Сергеев. У Сергеева грязь в казеннике. Пишите. И пойте.

> И оспой вся морда изрыта,
> И сам он похож на бандита...
> Айя-яй! Ну что за зануда!
> Во всей авиации нету такой,
> Как наш старшина Кацуба!..

Кацуба продолжал разглядывать винтовку.
— И ствол нечищеный, — сказал Кацуба. — Запишите, Лесаев: Сергееву три наряда вне очереди за небрежное содержание личного оружия. Поставьте на место винтовку.
— А что у Никольского? — осторожно спросил Лесаев.
— У Никольского — порядок. Стихи — не фонтан. Не Пушкин, прямо скажем. А что, Лесаев, действительно здорово заметна оспа на моей вывеске?
— Что вы, товарищ старшина! — лживо отвел глаза Лесаев. — Абсолютно не заметна!..

...Потом Кацуба сидел у себя в каптерке и внимательно разглядывал себя в зеркальце.
— Заметна, заметна, — сказал он своему отражению и увидел через окно эскадрилью, которая возвращалась из УЛО в казарму.
Кацуба встал и вышел.
— Прямо в казарму на построение, — сказал он старшине первого звена.
— Хоть учебники-то положить можно?! — заорал Никольский.
— Отдохнуть бы до обеда! — завопил Сергеев.

— Разговорчики! — рявкнул Кацуба. — Равняйсь... Смирно!

И когда в казарме наступила тишина, Кацуба негромко скомандовал:

— Вольно.

Строй обмяк, настороженно и ненавидяще глядя на Кацубу.

— Товарищи, — сказал Кацуба, — я не хочу, чтобы у вас создавалось неверное впечатление обо мне. Не хочу, чтобы вам казалось, будто я замечаю только плохие стороны и занимаюсь только тем, что наказываю вас. Это совсем не так. Я отлично вижу и ваши хорошие качества, вашу готовность помочь командованию. И вот вам пример: курсант Лесаев, два шага вперед!

Обмерший Лесаев вышел из строя.

— Кру-гом! — скомандовал Кацуба.

Лесаев повернулся лицом к строю. Никто ничего не понимал.

— Товарищ Лесаев — один из тех товарищей, кто мужественно, с полным сознанием ответственности и своего воинского долга, честно и прямо борется со всеми отклонениями от установленного порядка нашей жизни... Только благодаря товарищу Лесаеву мы располагаем подробной информацией о недостойном поведении некоторых наших товарищей...

Лесаев был близок к обмороку. Эскадрилья стояла не шелохнувшись. Ласково глядя на Лесаева и укоризненно на эскадрилью, Кацуба продолжал:

— Я не буду называть фамилии. Товарищи сами узнают себя и сделают соответствующие выводы. Но я надеюсь, что никто больше не захочет бегать после отбоя в самовольные отлучки, даже на день рождения к любимой девушке. Никто больше не станет менять казенное имущество в виде кальсон на урюк и сушеные дыни! А тем более жрать их ночью под одеялом!.. Я уже не говорю о сочинении разных песен про своих непосредственных начальников. Спасибо вам, товарищ Лесаев! — Кацуба посмотрел на часы: — До обеда у нас есть еще достаточно времени. И пока я буду в отделе вещевого снабжения выписывать вам же летное обмундирование, вы сможете обсудить свое недостойное поведение и правильно оценить мужественную деятельность таких замечательных товарищей, как курсант Лесаев. Разойтись!..

И Кацуба, тяжело ступая своими кривыми ногами в брезентовых сапожках, вышел из казармы...

Вечером Кацуба читал дневную рапортичку командиру эскадрильи капитану Хижняку:

— Списочный состав — сто четыре... В наряде — семнадцать. В отпуску — нет. На гауптвахте — нет. В санчасти — один.

— Кто?

— Курсант Лесаев.

— Что с ним?

— Какое-то осложнение после простуды... — небрежно сказал Кацуба. — Закружилась голова, говорит, упал в курилке, обо что-то стукнулся...

На КПП авиашколы стоял инвалид Иван Никанорович в новых сапогах и лаялся с дежурным курсантом:

— Ты человек или кто? Тебе чего сказано: вызови старшину первой эскадрильи Кацубу! А ты чего делаешь?

— Я уже вызвал.

— И где он?

— А я почем знаю?

— Вызывай еще раз!

— Мое дело петушиное — я прокукарекал, а там хоть не рассветай, — сказал дежурный. — Что мне, бежать за ним?

— Надо будет, и побежишь. И еще «уря» кричать будешь!

— А ну, давайте, гражданин, проходите отсюда...

Очень Иван Никанорович обиделся на «гражданина».

— Ах ты, салага мокрохвостая! Я тебе покажу «гражданина»! Я тебе счас устрою переход Суворова через Альпы!.. Ты меня вовек не забудешь! Нашел «гражданина»!

И в это время пришел на КПП Кацуба.

— Здорово, Иван Никанорыч. Чего базаришь?

— От, старшинка, чего делается?! Меня, фронтовика-калеку, «гражданином» обзывает! Мы ему уже не «товарищи»! Куды там! Они уже себя генералами мыслют...

— Да чего они привязались ко мне, товарищ старшина? — отчаянно завопил дежурный по КПП.

— Тихо, тихо, все в порядке, все смеются. — Кацуба взял под руку Ивана Никаноровича и отвел его подальше от КПП.

— Ну, как сапожки? В размер? — спросил Кацуба.

— Как на меня, старшинка! Как на меня... Наталья-фельдшарица принесла, ноги заставила помыть, портяночки мне простирнула и только тогда дала. Надевай, говорит, Иван Никанорыч, старшина Кацуба тебе вот чего, говорит, передал... А потом, говорит, старшину этого надо в гости пригласить. Так что приходи. Мы тебя ждать будем. А то они быстро сносятся. — Иван Никанорович показал на сапоги.

— Приду, — просто сказал Кацуба. — Уложу спать своих гавриков и приду...

Играл патефон. Трясущимся голоском пела Эдит Утесова.

Наталья посуду мыла, пьяненький Иван Никанорович рассказывал Кацубе про свою неудачную жизнь.

— Вся закавыка в том, что я без сознания был... Ежели б мне в тот момент сознание, я бы ни за что не дал бы их оттяпать! — Иван Никанорович помахал своими культями. — Это что за мода такая — чуть что, ампутация! Ты вылечи! Ты же доктор на это!..

Кацуба молчал, курил. Наталья оскорбилась за медицину, грохнула сковородочку о рукомойник. Иван Никанорович понял.

— Ты, Наталья, свою обиду не показывай. Думаешь, без рук-то легко жить? Вот я и ищу виноватого.

Иван Никанорович не заплакал, а слезы сами, просто так, покатились у него по щекам.

— Это не доктор, Иван, а война виновата, — сказал Кацуба. — Доктор тебя жить оставил.

— Война вообще виновата, — не согласился Иван Никанорович. — А вот передо мной лично кто?

— И перед тобой лично. И перед Наташей. Перед каждым из нас в отдельности.

Иван Никанорович затряс головой и запричитал:

— Э-эх, рученьки мои, рученьки! Где вы, мои рученьки?! Играл бы я счас на баяне разные песни! А люди бы пели...

Наталья и Кацуба одновременно взглянули на Ивана Никаноровича.

— А ты что, раньше на баяне хорошо играл? — осторожно спросил Кацуба.

— Нет, — опустил голову Иван Никанорович. — Я на нем и совсем не умел.

Помолчал и вдруг спросил с сумасшедшей надеждой:

— Но ведь мог бы научиться, правда?

— Конечно, — быстро согласился Кацуба.

Глубокой ночью Наталья и Кацуба вышли из калитки Ивана Никаноровича и сразу же, метров через десять, остановились у другой калитки, которая вела в дом Натальи.

— Недалеко меня провожать, правда? — нервно спросила Наталья.

— Уж куда ближе, — буркнул Кацуба и посмотрел на часы.

— Послушай... — вдруг зло сказала Наталья. — Не смотри на часы! Умоляю тебя, не смотри на часы...

— Все в порядке, — растерянно сказал Кацуба.

— Что «в порядке»? Что ты мелешь? Какой «порядок»? У тебя, что ли, все в порядке? У Никаноровича? У твоих курсантиков?.. А может быть, у меня все в порядке? Может быть, у меня все в порядке, а я просто об этом не знаю?! А? — задыхаясь, проговорила Наталья.

— Успокойтесь, Наташа.

— Слушай, старшина! Да что же это, черт подери! Что я, с ума сошла?.. Слушай, останься со мной хоть немного... Я больше не могу так! Господи, да что я... Ну, до утра хоть останься. Ну, прости меня, прости, прости...

Она истерически целовала его сильные большие ладони, и он осторожно пытался высвободить то одну, то другую руку...

...Потом он лежал в ее постели, а она сидела по-турецки у него в ногах и курила, завернувшись в какое-то тряпье. В свете керосиновой лампы она казалась совсем еще девочкой, и непривычная нежность вливалась в душу Кацубы. Он вглядывался в ее белеющее лицо и вслушивался в ее глуховатый, спокойный, чуточку монотонный голос.

— ...Я уже еле ногами двигала. Он меня в самолет на руках внес. Последний самолет из Ленинграда. Мороз. Помнишь, какой мороз был в сорок втором? Истребители сопровождали нас до Тихвина. Прилетели в Свердловск — у него брюшняк. Похоронила. Ни аттестата, ничего. Кто такая? Почему не расписаны? Надо было успеть... Упустили мы свое материальное счастьице! Устроилась в медпункте на вокзале. Все мерзла и есть хотела... Военный комендант орет — в медпункте спать нельзя! А где спать? Платить нечем, карточки — «служащие», одежонки — кот наплакал. А беременность уже четыре месяца... Все лейтенантишка один, помощник военного коменданта, приставал. А как узнал, что я в положении, так испугался, что даже здороваться перестал, дурачок. Родила семимесячного. Дней десять всего лишь пожил, бедненький. Из больницы выписалась, села в эшелон с эвакуированными — и сюда...

* * *

...Кацуба вдруг снова, и страшно отчетливо, увидел грязную снеговую лужу, летящую по воздуху орудийную башню и обожженного, умирающего у него на руках мальчишку... И откуда-то издалека услышал его предсмертный последний всхлип: «Старшина!..»

Кацуба рывком приподнялся в постели, притиснул Наташину голову своими огромными ручищами и зашептал в самое ухо:

— Замолчи, замолчи, замолчи, замолчи!..

— Прости меня, — сказала Наталья.

Но он уже целовал ее лицо, руки, шею, глаза, рот. Его трясло как в лихорадке, он что-то бессвязно шептал ей, потом вдруг стиснул зубы, зажмурил глаза, еще сильнее прижал к себе эту внезапно ставшую ему родной одинокую женщину...

Перед самым подъемом Кацуба переступил порог эскадрильи.

Уже светало. Дневальный курсант Чеботарь сидел без пилотки, с расстегнутым воротничком у тумбочки с телефоном. Валялись какие-то бумажки на тумбочке. Чеботарь сидел опустив голову на руки, и покачивался всем телом, тихонько постанывая, словно от зубной боли. Он даже прихода Кацубы не заметил.

Кацуба почувствовал недоброе, тронул Чеботаря за плечо.

Чеботарь поднял глаза на Кацубу и медленно встал с табуретки. Он не застегнул гимнастерку, не надел пилотку. Он стоял прислонившись к тумбочке, и какая-то бумажка дрожала у него в руках...

— Что случилось, Чеботарь?

Чеботарь тупо смотрел на Кацубу.

— Что там у вас такое? — Кацуба взял бумажку из неживых рук Чеботаря, пробежал глазами типографский текст с вписанными чернилами словами.

— Батьку убили... — хриплым шепотом произнес Чеботарь.

— Сядь, Чеботарь. Сядь... — растерянно сказал Кацуба, все еще держа похоронку в руках.

— Батьку убили, — почти беззвучно повторил Чеботарь. — Голова у него затряслась, и он привалился к стене. — Убили! — Потрясенный Чеботарь впервые посмотрел на Кацубу.

— Погоди... Не садись! — Кацуба метнулся к своей каптерке, отомкнул ее ключом и широко распахнул дверь. — Иди сюда! Ну, держись, держись за меня... Ах ты ж Чеботарь ты мой, Чеботарь... Ах, в гроб, в Бога, в душу!..

Поддерживая Чеботаря, Кацуба усадил его на свою койку и стал стаскивать с него сапоги, приговаривая:

— Да за что же это так всех? За какие грехи-то?! Ты ложись, ложись... Полежи тут у меня, поплачь... Плачь, не держи в себе... Похоронку-то возьми. Спрячь похоронку... Вот так. Тебе и завтрак, и обед сюда принесут. Лежи, поминай отца. Лежи!..

Кацуба накрыл трясущегося Чеботаря своей шинелью и вышел. Он закрыл каптерку и прижался спиной к двери.

Из каптерки послышались приглушенные рыдания Чеботаря...

Зимой начались полеты. К шести часам утра к столовой подкатывал грузовик, и курсанты в зимних комбинезонах и унтах, с самодельными планшетами на тонком длинном ремешке по-медвежьи переваливались через борт грузовика в кузов. И уезжали на аэродром.

Какое-то время Кацуба стоял на ступеньках столовой, курил. А потом, резко выщелкнув окурок в снег, уходил в хозяйственные службы школы. Иногда шел прямо в опустевшую казарму и с освобожденными от полетов или отдыхающим нарядом занимался починкой коек, покраской дверей. Или садился в каптерке за свои приемо-сдаточные ведомости...

К тому времени курсанты на аэродроме уже стояли в очереди на получение парашютов и возбужденно переговаривались между собой.

Бомбардировочная спарка, то есть бомбардировщик с двойным спаренным управлением, выглядела непривычно и нелепо: кабина летчика была продолжена по фюзеляжу длинным прозрачным горбом. Впереди — курсант, сзади — инструктор.

Курсантов и не узнать сразу: теплый шлемофон с подкладкой из овчины, белый кант гигиенического подшлемника стягивали мальчишеские физиономии, делая их старше, резче, с бровями, невольно сдвинутыми к переносице.

Из-за рева двигателей не было слышно ни единого слова, но по выражению лиц, по артикуляции, по действиям в кабине и того и другого становилось ясно, кто из инструкторов был нервен и требователен, кто спокоен и насмешлив, кто свято чтил дух и букву инструкций, которыми так богата авиация по нынешний день...

Взлет — посадка... Взлет — посадка...

Что-то кричит по переговорному устройству летчик-инструктор. Испуганные глаза Чеботаря меряют оставшиеся до земли метры...

Уверенно выбирает на себя штурвал Никольский. Довольное лицо его инструктора, он чуть помогает Никольскому секторами газа...

Пошел на разворот с набором высоты Сергеев. Заложил слишком большой крен. Его инструктор — младший лейтенант Пугачев орет в ларингофоны. Да, кажется, еще и матом честит Сергеева!..

Менджеридзе начинает снижение: убирает газ, выпускает закрылки. Щелкнул тумблером выпуска шасси... Очень доволен капитан Хижняк, показывает Менджеридзе большой палец в меховой перчатке. Менджеридзе видит это в зеркальце и от счастья промазывает посадку. Самолет «козлит», ударяется колесами о полосу, подпрыгивает и снова обрушивается всеми своими двенадцатью тоннами на посадочную полосу...

Хижняк мгновенно перехватывает штурвал, отчаянно пытается «притереть» машину к полосе. Что он кричит сейчас Менджеридзе — можно только себе представить...

А потом в воздух уходит другая смена, и мальчишки в меховых комбинезонах сбрасывают парашюты, валяются в снегу и клянчат друг у друга окурки цигарок. Как заправские асы, они двумя ладонями показывают развороты, крены, наборы высоты, заходы на посадку...

— Что же вы в снегу-то валяетесь? — крикнул капитан Хижняк.

— Обсохнем, товарищ капитан! — крикнул Сергеев и дурашливо задрыгал ногами в собачьих унтах.

— Нет на вас старшины Кацубы!

— И слава Богу, товарищ капитан! — крикнул Менджеридзе.

Хижняк в сомнении покачал головой:

— Не знаю, не знаю...

Отлетавшие курсанты вокруг своих инструкторов. Несколько курсантов и молодых офицериков кружатся около ЭМПАР — автофургона с так называемой малой приводной радиостанцией. Тут работают прекрасные сержантики — девчонки лет двадцати.

— Менджеридзе! — сказал капитан Хижняк. — Если ты на посадке будешь так высоко выравнивать, как в прошлый раз, и меня, и себя угробишь...

— Никогда, товарищ капитан! — закричал Менджеридзе. — Вот если бы со мной старшина Кацуба летал — тогда другое дело. Тогда и своей жизни не жалко!..

Капитан Хижняк сплюнул и под хохот курсантов и летчиков пошел на КП к группе старших офицеров.

— Да-а, — сказал Никольский, — тут и я бы себя не пожалел...

— Здорово он вас скрутил, — сказал младший лейтенант Пугачев. — Надолго вы его запомните...

— Кончим школу, получим звездочку — и думать о нем забудем! Попил кровушки. Одна рожа чего стоит, — сказал Сергеев. — Словно булыжников нажрался...

— Да ладно вам, — неприязненно проговорил Чеботарь. — Как бабы... Оставьте покурить, товарищ младший лейтенант.

Пугачев протянул Чеботарю окурок и рассмеялся. Никольский удивленно посмотрел на Чеботаря и голосом Кацубы скомандовал:

— Курсант Чеботарь, подъем! Курсант Чеботарь, отбой!

Все заржали. Чеботарь даже головы не поднял.

— И после всего этого! — всплеснул руками Никольский. — Господа офицеры! На наших глазах гибнут лучшие люди!..

— Не успеть нам выпуститься до конца войны... — задумчиво произнес Чеботарь. — Не успеть.

— Не имело смысла нас с фронта снимать, — сказал Никольский.

— Я бы «За отвагу» получил... — мечтательно сказал Сергеев. — Меня представили, а дать не успели.

— Не свисти, — махнул рукой Менджеридзе. — Если бы представили, давно прислали бы. За что тебе «За отвагу» давать?

— Значит, было за что, — упрямо сказал Сергеев. — Тебя не спросили...

— Четыре рапорта подавал, — виновато сказал младший лейтенант Пугачев. — Шесть человек из нашего выпуска уже Героев имеют.

Взлетали и садились самолеты. Рев двигателей на аэродроме не замолкал ни на секунду.

— Пугачев! — закричал Хижняк с командного пункта. — Кончай перекур! По машинам!

Все вскочили. Стали надевать парашюты. Застегивая грудной карабин подвесной системы, Чеботарь сплюнул окурок и сказал, ни к кому не обращаясь:

— Не успеть нам до конца войны. Без нас кончат... Без нас...

И все побежали к самолетам.

— Еще раз такой крен заложишь, не знаю, что с тобой сделаю! — на бегу сказал Пугачев Сергееву.

— Все будет в порядке, товарищ младший лейтенант! — крикнул Сергеев.

Несется к земле учебная спарка. Белый крест — цель, на которую пикирует бомбардировщик, — неумолимо растет на глазах у Никольского. Стрелка высотомера бежит против привычного направления.

— Вывод!!! — кричит инструктор.

Никольский включает автомат вывода из пикирования. Помогает штурвалом.

И вот уже машина, описав гигантскую параболу, мчится в горизонтальном полете.

— Ну как?! — восторженно орет Никольский.

— Спокойно, спокойно... Хорош.

— Внимание! — командует инструктор Чеботарю в воздухе.

— Есть внимание! — Глаза у Чеботаря сужены, лицо напряжено.

— Боевой!

— Есть боевой!

— Держи курс, чтобы не шелохнулся! Замри!

Это при скорости-то четыреста километров в час!

— Цель!

— Вижу...

— Сброс!

Чеботарь дергает за рукоять бомбосбрасывателя.

Несутся к земле две бомбы...
— Молодец, Чеботарь!
— Все равно не успеть... — говорит Чеботарь.

— Менджеридзе, — кричит капитан Хижняк, — ты что, сдурел?! Прибери газы. Не на истребителе!.. Ха-а-рашо! И вот только так. И внимательно. И аккуратненько левую ножку! Ма-а-ладец!..
— Жил на свете Джонни-подшкипер, плавал семнадцать лет... — не выдерживает восторга Менджеридзе.
— Отставить! Следи за горизонтом, кукла чертова!.. Распелся!

Страшный, нарастающий вой... Бьет пламя из-под правой полости. Горит двигатель... Несется самолет к земле... Беззвучно кричит Сергеев, сбивает с себя пламя...
— Прыгай, — хрипит младший лейтенант Пугачев и все пытается и пытается вытянуть машину в горизонтальный полет. — Прыгай, сволочь!..
В ужасе, кошмаре, в чудовищной неотвратимости вжимается в кресло Сергеев.
— Прыгай!!!
Земля... и взрыв!

> Жил на свете Джонни-подшкипер,
> Плавал семнадцать лет,
> Знал заливы, моря, лагуны,
> Старый и Новый Свет... —

негромко, врастяжку поет пьяный Никольский.

Он лежит у себя на койке, задрав ноги в сапогах на металлическую спинку, и неумело перебирает струны старенькой гитары, оклеенной вырезанными из бумаги цветными самолетиками.

Около него сидят Менджеридзе, Чеботарь и еще несколько курсантов. Остальные шатаются по казарме, курят в предбаннике, бродят вокруг барака. Полетов нет, занятия отменены.

Между рядами коек идет Кацуба. Курсанты встают, снова садятся.

> Есть Союз, советская страна-а-а,
> Всем примером служит она-а-а...
> Там в заливе, где море сине,
> Где голубая даль... —

поёт пьяный Никольский.

Кацуба остановился у его койки. Встали Чеботарь и Менджеридзе. Встали и остальные курсанты. Никольский даже не шелохнулся.

— Там в заливе, где море сине, где голубая даль... — повторил он и рванул гитарные струны. — Что, товарищ старшина? — Никольский сбросил ноги со спинки койки и сел, злобно глядя на Кацубу. — Что? Три наряда вне очереди?.. А может быть, на губу, суток на пять?! Или сразу в трибунал?! За то, что курсант Никольский днем на коечку свою взгромоздился!.. А?! Ну, давайте, товарищ старшина!

Кацуба смотрел на Никольского спокойно и жалостливо. Молчал, ждал, когда тот выговорится. И то, что Кацуба не отвечал, доводило Никольского до бешенства. Он вскочил, похлопал ладонями по верхней койке и закричал уже в полный голос:

— Вот она, коечка Митьки Сергеева! Вот она!.. В каптерке ведь не убьешься, правда, товарищ старшина?!

Кацуба вздохнул и сказал Никольскому:

— Лежи, дурак... И слюни не распускай.

И пошел дальше по рядам железных курсантских коек...

— Эскадрилья, встать! Смирно! — завопил дневальный при входе.

— Вольно, вольно... — послышался голос генерала Лежнева.

Рядом с дневальным, на стенде «боевых листков» и стенгазеты, висели две увеличенные фотографии в траурных рамочках. А внизу, на куске ватмана, плакатным пером, черной тушью: «Вечная память нашим дорогим товарищам В. Пугачеву и курсанту Д. Сергееву, погибшим при исполнении служебного долга».

Генерал Лежнев держал под руку маленькую худенькую женщину лет тридцати пяти в шляпке и котиковой шубке. С другой стороны женщину поддерживал ее муж, в кожаном реглане со следами споротых погон, в офицерской шапке без звездочки. У мужчины не было ноги, и в казарменной тишине его протез явственно скрипел и пощелкивал при каждом шаге.

Сзади шел капитан Хижняк, остальные командиры звеньев. На мгновение они задержались у фотографий. Здесь, на стенде, Пугачев и Сергеев гляделись молодо — совсем еще мальчишки.

Мужчина на протезе стянул с себя шапку. Женщина сухими глазами посмотрела секунду и двинулась дальше, в казарму.

Медленно, словно похоронная процессия, двигались они в проходе между двухъярусными койками, и теперь уже капитан Хижняк шел впереди, показывая дорогу.

Кашуба стоял у длинного стола в конце казармы. Лежнев кивком подозвал его к себе, пожал ему руку, представил:

— Старшина Кацуба — старшина эскадрильи вашего сына...

Женщина мелко закивала головой в шляпке.

— Покажите койку курсанта Сергеева, — попросил Кацубу генерал.

— Сюда, пожалуйста. — Кацуба пошел вперед.

Чеботарь рывком поднял Никольского с нижней койки, и гитара жалобно и нелепо блямкнула.

— Вот... — сказал Кацуба и наглухо загородил пьяного Никольского ото всех.

— Какая койка? — шепотом спросил генерал у Кацубы.
— Верхняя...

Маленькая худенькая мать Сергеева приподнялась на цыпочках, чтобы увидеть постель, на которой спал ее сын.

Она даже рукой провела по одеялу, словно хотела убедиться, что ее сыну спалось здесь хорошо.

А отец уперся воспаленными глазами в тумбочку и дышал тяжело и прерывисто. Руки у него дрожали.

— Это его товарищи по звену, — сказал капитан Хижняк, чтобы разрядить обстановку. И показал на Менджеридзе и Чеботаря. Поискал глазами Никольского и добавил: — И еще у него один друг был — курсант Никольский.

— Где Никольский?

Кацуба и вовсе вжал Никольского в угол своей широкой спиной.

— Никольский плохо себя чувствует... Перенервничал.

Генерал посмотрел на Кацубу, увидел за его спиной Никольского с гитарой и сказал родителям Сергеева:

— В части, где до нашей школы служил ваш сын Дмитрий, он был представлен к медали «За отвагу»...

— Он писал, — тихо проговорила мать.

— Мы получили его награду. Хотели вручить... и... Вот. — Генерал протянул матери открытую коробочку и удостоверение.

В коробочке тускло поблескивала солдатская награда Митьки Сергеева.

— Спасибо. — Мать снова мелко закивала головой в шляпке.

— Пять тысяч километров от передовой!.. — сказал отец и стал комкать свою шапку, чтобы унять дрожь пальцев. — Пять тысяч километров...

В маленьком дворике дома Ивана Никаноровича Кацуба колол дрова. Был он в одной гимнастерке, без ремня, волосы слиплись от пота.

Наталья брала наколотые полешки и грузила на вытянутые обрубки рук Ивана Никаноровича. Иван Никанорович задирал голову вверх, чтобы побольше уместилось, и лихо покрикивал:

— Грузи, грузи, Наталья! Ложи наверх вон то, сучковатое!

Наталья клала наверх, к самому подбородку Ивана Никаноровича «вон то, сучковатое», и Иван Никанорович, гордый своей полезностью, волок дрова в дом.

А Кацуба все рубил и рубил без остановки...

Наталья смотрела ему в спину. Потом сказала:

— В Ленинград уже можно без пропусков ехать...

Кацуба так и замер с топором над головой.

— Откуда ты знаешь? — спросил он, тупо разглядывая полено на чурбаке.

— Знаю. И люди уже возвращаются.

Кацуба шумно выдохнул и изо всей силы хрястнул топором по полену. Полено разлетелось на две половинки, и топор застрял в чурбаке.

Вышел из дома Иван Никанорович. Кацуба силился выдернуть застрявший топор.

А потом поднял топор вместе с чурбаком над головой и со страшной силой ударил обухом о землю. И развалил чурбак пополам. Повернулся к Наталье и сказал:

— Ты со мной в Феодосию поедешь. В Крым... — Но это показалось ему недостаточно убедительным, и он добавил: — Там море теплее вашего...

И снова стал колоть дрова.

Иван Никанорович сделал вид, что ничего не слышал, и прямо с крыльца крикнул Наталье:

— А ну, давай грузи. Грузи, грузи, Наташка! Ты не гляди на мене! Не гляди! Я ужасть какой здоровый! Иногда даже стыдно!

* * *

Начало мая в Средней Азии — самое лучшее время года. Еще не наступила сухая, изнуряющая жара; бурая, горячая пыль еще не успела изменить нежнейшие оттенки недавно родившейся зелени; ошеломляюще цветет урюк, и вечерами воздух прозрачен и чист...

У раздаточного окна опустевшей столовой Кацуба получал так называемый «стартовый» завтрак для летающих сегодня курсантов.

У столовой стоял «газик» — маялся его водитель. Он заглянул в столовую и крикнул:

— Скоро, товарищ старшина?

Кацуба считал белые буханки и поэтому не ответил водителю, а только кивнул головой.

Двое курсантов в белых куртках кухонного наряда помогали Кацубе. Отставляли в сторону термосы, картонные коробки со сгущенкой, складывали в плетеную корзину буханки.

— Восемнадцать... — удивленно сказал Кацуба.

— Правильно, — ответил ему от окошка хлеборез — мордатый парень с продувной физиономией. В руке он держал огромный сверкающий нож и лениво-нагловато поглядывал на Кацубу.

— А нужно девятнадцать. У меня по рапортичке летают пятьдесят семь человек. А восемнадцать буханок — это только на пятьдесят четыре... — обеспокоенно сказал Кацуба, заглядывая в рапортичку.

— Ну, старшина... — покровительственно улыбаясь, негромко сказал хлеборез, — шо, нельзя восемнадцать разделить на пятьдесят семь? Комиссия какая-то приехала из округа. Мне же ее еще кормить нужно. Иисус Христос пятью хлебами десять тысяч накормил... — Он доверчиво придвинул к Кацубе свою разъевшуюся физиономию.

И в ту же секунду Кацуба молниеносно сгреб его за горло и одной рукой чуть не до половины вытащил этого здоровенного парня из окна хлеборезки.

— Это хорошо, что ты помнишь Священное Писание, — тихо и ласково сказал ему Кацуба. — Там еще одна прибауточка была: «не укради...» Не помнишь, сука?

Хлеборез стал синеть и закатывать глаза. Нож выпал из его руки.

Кацуба отшвырнул его в глубь хлеборезки и так же тихо сказал:

— Девятнадцатую!

И на прилавок раздаточного окна откуда-то снизу вылезла девятнадцатая буханка.

— О, — удовлетворенно сказал Кацуба, — это уже другой разговор.

На КП учебного аэродрома стоял генерал Лежнев в шлемофоне и кожаной куртке. Только что отлетал и теперь покуривал в окружении нескольких офицеров. Тут же стоял и капитан Хижняк.

Офицеры держались с Лежневым свободно, но почтительно.

Садился самолет. Руководитель полетов, подполковник с повязкой на рукаве, что-то говорил в микрофон, не сводя глаз с самолета. И когда самолет приземлился, сказал облегченно:

— Хорошо... Заруливайте на стоянку. Все. — И отложил микрофон в сторону.

— Твой? — спросил генерал у Хижняка и показал на самолет, подруливающий к стоянке.

Хижняк полистал блокнот и посмотрел на часы.

— Мой, — уверенно ответил он.

— Что, мужики? — обратился генерал ко всем остальным. — Лучшая эскадрилья на сегодняшний день! По всем параметрам. Надо бы отметить...

— С тебя причитается, Хижняк! — сказал руководитель полетов.

— Слушаюсь, товарищ подполковник.

— Не, братцы! Это вы меня не так поняли, — протянул генерал. — Это с нас ему причитается... — Он повернулся к Хижняку: — Ну, что тебе — отпуск или звание? Или вольный казак, или майор с двумя просветами?

Хижняк поскреб в затылке:

— А туда, на запад, нельзя?

— Туда уже поздно. Там без тебя обошлись, — сказал генерал. — Ты не торгуйся. Выбирай...

Хижняк поднял хитроватые глаза к небу, что-то вычислил и сказал:

— А нельзя ли так, товарищ генерал? У меня сейчас средняя успеваемость по эскадрилье четыре и три десятых... К выпуску я доведу ее до четырех и пяти. А тогда и отпуск, и майора. Так можно?

— Ну, нахал! — поразился генерал, и все опять захохотали. — Черт с тобой! Нам еще лето предстоит, будь здоров... Вот-вот пополнение весеннего призыва придет. Я посмотрю, как вы Лазаря запоете!..

— А мы на них старшину Кацубу! — сказал кто-то, и всем опять стало весело.

— Это еще неизвестно... — задумчиво сказал генерал. — Я уж так... своей властью его здесь придерживаю.

Припылил на аэродром «газик» со «стартовым» завтраком. Из кабины вылез старшина Кацуба, надел белую куртку поверх гимнастерки и приказал двум курсантам в кузове:

— Ну-ка, давайте... Осторожнее с термосами. Какао не расплещите.

— «Стартовый» завтрак привезли! — завопил кто-то из отдыхающих, и курсанты бросились к «газику».

— Отставить! — рявкнул Кацуба, и все замерли.

Он неторопливо прошел на КП, стал по стойке «смирно».

— Товарищ генерал-майор! Разрешите обратиться к руководителю полетов подполковнику Степанову?

— Обращайтесь.
— Товарищ подполковник! Разрешите выдавать дополнительный «стартовый» завтрак?
— Выдавайте.
— Слушаюсь!
Кацуба повернулся и зашагал обратно к «газику».

Потом курсанты, рассевшись кучками, уминали баранью колбасу, макали куски белого хлеба в сгущенку и запивали какао.

Отдыхали все — и самолеты, и люди.

Старшина Кацуба сидел в сторонке, покуривал в рукав. Наблюдал, как двое из кухонного наряда мыли термосы из-под какао.

Никольский, Менджеридзе, Чеботарь и еще какой-то курсант долизывали сгущенку, о чем-то шушукались, поглядывая на Кацубу.

Долизали, сдали посуду и пустую банку представителям наряда и подошли к Кацубе.

— Разрешите присесть, товарищ старшина? — почтительно спросил Менджеридзе.

— Валяйте, — сказал Кацуба.

К ним подтянулось еще несколько человек.

— Разрешите, товарищ старшина?

— Уже разрешено.

— Товарищ старшина, — проникновенно начал Никольский, — вот мы сейчас смотрели на вас, и нам вас так жалко стало... Ну просто слезы из глаз...

Кацуба удивленно посмотрел на Никольского. Кто-то прыснул.

— Нет, правда! — Никольский честно округлил глаза. — Ведь вам так трудно с нами.

— Ни хрена подобного, — презрительно сказал Кацуба. — Это вам со мной трудно, а не мне с вами.

— Ну что вы, товарищ старшина! — возразил Менджеридзе. — Нам с вами замечательно!

— Какие могут быть счеты! — воскликнул Никольский. — Одна семья. Как пишут в газетах, славное воинское братство. Нет, серьезно, товарищ старшина... Мы как представим себе, что в то время, как мы на полетах или в УЛО, вы, товарищ старшина, в опустевшей казарме, в каптерке... ОВС... ПФС... Так жалко вас! Так жалко...

Кацуба уже ждал подвоха, но пока еще не понимал откуда.

— Неужели вам все это не надоело? — попытался ускорить события Менджеридзе.

— Он, товарищ старшина, не то хотел сказать, — быстро проговорил Никольский и тихонько показал кулак Менджеридзе. — Он, товарищ старшина, хотел предложить вам, как человеку, прожившему с нами бок о бок целый год, разделявшему с нами все тяготы воинской службы, постигнуть еще одну грань нашего существования — воздух!

Патетика Никольского еще более насторожила Кацубу.

— Неужели вам никогда не хотелось полетать с нами? — уже осторожно спросил Менджеридзе.

— Не-а, — сказал неподатливый Кацуба и поплевал на окурок. — Имел я в виду это ваше небо. — Он посмотрел прямо перед собой, что-то представил себе и улыбнулся: — То ли дело... Едешь в танке — девчонки тебе молочко, цветочки подносят... А там, — Кацуба несколько раз ткнул большим пальцем вверх, в яркую майскую синеву, — тоска...

Никольский так и застыл с открытым ртом.

Менджеридзе беспомощно развел руками.

Курсанты онемели.

— Убил!.. — завопил Никольский и повалился на землю. — Убил!

Он тут же вскочил, бухнулся перед Кацубой на колени и стал отбивать ему земные поклоны:

— Кормилец наш и поилец!.. Простите вы, Христа ради, нас, дурачков неученых!.. Простите, батюшка, все наши прегрешения, самоволки и невыходы на зарядки!..

— Прощаю, — сказал Кацуба.

— Не держите злобы против верных рабов своих!

— Не держу.

— Пожалейте, отец родной, своих овечек заблудших!

— Еще чего!.. — сказал Кацуба и встал.

Вокруг стоял такой хохот, что с КП обратили внимание.

— Кончай ночевать! — крикнул капитан Хижняк. — Первое звено — по машинам!..

Над аэродромом стоял слитный гул.

Динамики на командном пункте искажали голоса находящихся в воздухе. Что-то бубнил в микрофон руководитель полетов.

Собрался уезжать «газик» с кухонным нарядом. Кацуба уже влезал в кабину.

— Кацуба! — крикнул ему генерал.

— Слушаю вас, товарищ генерал!

— Не уезжайте. Разговор есть.

— Слушаюсь!

Кацуба захлопнул дверцу и не торопясь направился на КП. Но генерал сам пошел ему навстречу.

«Газик» рыкнул и покатил в расположение школы.

— Чего там курсанты ржали? — спросил генерал.

— Да так, товарищ генерал... Пацаны. Что с них взять?

Генерал открыл перед Кацубой пачку «Казбека». Закурили.

— Скоро пополнение придет, — сказал Лежнев.

Кацуба молчал.

— На сверхсрочную не надумал остаться?

— Никак нет, товарищ генерал.

— В Крым поедешь? В Феодосию?
— Так точно.
— Море... Дамочки, пижоны, командировочные, отдыхающие... — улыбнулся генерал. — И все такие морские волки? И все хотят плавать за волнорез?
— Так точно, — ухмыльнулся Кацуба.
— А ты их спасать будешь?
— Обязательно.
— И целый день в лодочке?
— Так точно.
— Мечта!.. — сказал генерал. — Черт с тобой... Насильно мил не будешь.
— Не в этом дело, товарищ генерал, — уже серьезно сказал Кацуба. — Я тут уже одному человеку обещал...

И в это мгновение со стороны расположения послышались истошные крики:
— Товарищи! Товарищи!..

К аэродрому бежало несколько человек. Это были и курсанты, и офицеры, и техники.
— Товарищи! Товарищи!

Мимо них, обгоняя и поднимая клубы пыли, мчался «виллис». В нем стоял дежурный по школе — молоденький лейтенант с повязкой на рукаве.
— Товарищи! — кричал он. — Товарищ генерал! Товарищ генерал!.. Товарищ генерал-майор!..

«Виллис» затормозил в метре от генерала и Кацубы. Лейтенант выпрыгнул на землю и упал. Вскочил, хотел взять под козырек, но вместо этого схватил себя руками за голову и прошептал:
— Товарищ генерал...
— Все!!! — крикнул генерал Кацубе.

Он метнулся на командный пункт, выхватил микрофон у руководителя полетов и закричал, шаря глазами по небу:

— Всем экипажам, находящимся в воздухе! На связи генерал Лежнев. На связи генерал Лежнев!.. Война окончена!.. Война окончена! Прием!

В ту же секунду из динамиков понеслось:

— Я — «третий»! Я — «третий»! Война окончилась! Нет войны! Вас понял!..

— Я — «седьмой»! Война окончена! Война окончена!..

— Я — «пятый»! Я — «пятый», войну закончил!!! Я закончил войну!.. «Жил на свете Джонни-подшкипер, плавал семнадцать лет!..» Война окончена!!!

— Всем на посадку! — закричал генерал в микрофон. — Всем на посадку!.. Садиться в очередности взлета! На посадку, мальчики! На посадку, пацаны мои!.. Ура-а-а!

И весь аэродром закричал «ура!». В воздух летели шлемофоны, пилотки, фуражки. Рты у всех были раскрыты в истошно-счастливом крике.

Но в это время динамик радиостанции на КП закричал голосом Чеботаря:

— Я — «девятый»! Я не хочу! Я не кончил войну! Я — «девятый» — войну не закончил! Я еще должен... за отца, за всех!..

— «Девятый», «девятый»!.. Спокойно!.. Война окончена!. — крикнул в микрофон генерал Лежнев.

На КП все замерли.

— Война окончена, — повторил Лежнев. — Кто «девятка»? Кто «девятка»? — закрутил головой Лежнев.

— Это Чеботарь! — крикнул капитан Хижняк.

Лежнев нажал кнопку микрофона и, сдерживая волнение, заговорил:

— «Девятый», «девятый»... Чеботарь, сынок... успокойся. Садись. Аккуратненько садись, Чеботарь. Ты же летчик, Чеботарь...

Все на КП смотрели прямо в динамик.

— Не могу... — сказал динамик голосом Чеботаря. — Не могу.

— Можешь, — твердо сказал Лежнев. — Уйди подальше, в сторону Майского... И заходи на посадку. Как понял? И пауза.

— Вас понял... — упавшим голосом сказал динамик.

— Жду тебя, Чеботарь, — сказал Лежнев и положил микрофон.

Аэродром наполнился ревом садящихся машин. Все потонуло в этом страшном и победном звучании. Не было слышно ничего...

Не было слышно и как плакал старшина Кацуба, сидя на пыльной среднеазиатской земле, привалившись к пыльному старому «виллису»...

Эскадрилья чистила сапоги.

Эскадрилья подшивала белоснежные подворотнички.

Эскадрилья гладила гимнастерки и галифе...

Драила пуговицы и пряжки ремней смесью нашатыря с мелом...

Металась в поисках ниток. Клянчила иголки...

Прикрепляла «птички» к погонам...

Сновала в диком возбуждении мимо дневального — то на улицу, то в казарму...

Из громкоговорителей, висевших на столбах у каждого барака, безостановочно лился вальс «Амурские волны».

Все двери были открыты. Офицеры в парадных кителях входили и выходили... Дневальный совсем запарился отдавать честь каждому. Зазуммерил телефон на его тумбочке. Дневальный схватил трубку:

— Первая эскадрилья... Дневальный, курсант Тараскин! Вас понял. — И, отведя трубку в сторону, закричал: — Старшина Кацуба! Товарищ старшина, вас на КПП ожидают!

— Иду! — крикнул Кацуба из каптерки.

— Идет! — крикнул дневальный в трубку и положил ее на рычаг.

Открылась дверь каптерки, и вышел Кацуба.

...Из каптерки вышел Кацуба, какого никто никогда не видел! Он был в офицерском кителе с черными танкистскими погонами, на которых посверкивали маленькие золотые танки. На голове Кацубы сидела приплюснутая танкистская фуражка с черным бархатным околышем. И брюки у него были с красным, а не с голубым кантом!

Но что творилось на груди у Кацубы, потрясло всех, кто увидел его в эту секунду!

Левая сторона начиналась с ордена Боевого Красного Знамени. Потом шли три ордена Славы — полный кавалерский набор! Медали «За отвагу» и «За боевые заслуги». И еще какие-то медали...

Правая сторона кителя сверкала двумя орденами Отечественной войны и орденом Красной Звезды. Внизу, справа, гвардейский знак...

Дневальному Тараскину даже дурно стало.

Бегущие останавливались, как подстреленные. Идущие замирали на месте.

Стоящие — вжимались в стены...

По эскадрилье расползалась тишина. Только вальс «Амурские волны» из репродукторов...

Никольский вбежал в одних трусах с утюгом в руке в казарму, увидел Кацубу и ахнул:

— Мамочка!.. С ума сойти...

— Дежурный! — рявкнул Кацуба.

Дежурный по эскадрилье вытянулся перед Кацубой.

— Слушаю вас, товарищ старшина, — ошалело доложил он, не отрывая глаз от груди Кацубы.

— Чтобы порядок был в эскадрилье. Вернусь — проверю.

И Кацуба вышел из казармы под вальс из репродукторов.

Он шел по территории авиашколы, и «Амурские волны» сопровождали его на всем пути.

Казалось, что его, Кацубу, было видно отовсюду: в этом авиационном царстве голубых погон и голубых околышей черная форма танкиста намертво приковывала к себе внимание.

Ему козыряли и курсанты, и офицеры, провожая его потрясенными взглядами.

Кацуба козырял в ответ и сосредоточенно приближался к КПП...

Проходная контрольно-пропускного пункта авиашколы — это будка с дежурным и телефоном, это большие голубые ворота с огромной железной «птичкой» и красной звездой — эмблемой военной авиации.

У ворот стояла и ждала Кацубу Наталья. Приодетая во все самое лучшее.

Рядом с будкой на деревянной скамеечке сидел выбритый Иван Никанорович — в пиджачке с двумя медалями, широченных галифе и ярко начищенных сапогах. На согнутой в локте руке Ивана Никаноровича висела хозяйственная сумка. Оттуда торчали горлышко бутылки, пакеты.

Иван Никанорович удерживался на скамеечке с большим трудом и мужественностью. Время от времени его начинало клонить в одну сторону, и тогда Наталья подходила к нему и сажала его прямо.

Иван Никанорович сразу приходил в себя и изумленно смотрел вверх, на репродуктор, из которого гремели «Амурские волны».

Через проходную вышел к ним Кацуба.

— Господи! — сказала Наталья. — Слава Богу!..

Иван Никанорович обалдело уставился на Кацубу, наконец признал его и, превозмогая себя, встал со скамейки.

— Ну, ты даешь, старшина!.. — сказал он и обнял Кацубу.

Кацуба притянул к себе Наталью и поцеловал ее как жену.

Неизвестно, сколько бы они так стояли, обнявшись все втроем, если бы не услышали мягкий нестройный топот сотен ног.

По дороге, ведущей к контрольно-пропускному пункту военно-авиационной школы, шел неровный строй бритоголовых военкоматовских мальчиков. Весенний призыв.

Их было человек полтораста. Одеты они были все скудно: ватники, майки, старенькие пиджачки, стираные отцовские гимнастерки, солдатские чиненые ботинки, тапочки, калоши. За плечами — самодельные сидора с остатками домашней провизии.

Впереди строя, с портфелем в руке, гордо шел младший лейтенант авиации.

Открылись ворота КПП, и строй безостановочно стал вливаться на территорию авиашколы.

Кацуба, Наталья и Иван Никанорович молча провожали новобранцев глазами. И когда за последним рядом этого строя ворота закрылись, все трое переглянулись и пошли в город.

Только Кацуба один раз задержался и оглянулся.

...И увидел Кацуба свой танк, плывущий по зеленой российской траве, а из башенного люка по пояс торчал его стрелок — живой и очень веселый парнишка лет семнадцати. Он размахивал черным танкистским шлемофоном и кричал звонким и счастливым голосом: «Старшина-а-а!..»

Кацуба прикрыл глаза, а потом снова открыл... Но ничего больше интересного не увидел — ворота авиашколы были уже закрыты, и перед ним была только одна огромная железная «птичка», выкрашенная желтой масляной краской, да небольшая красная звездочка наверху...

И, больше не оглядываясь, Кацуба догнал Наталью и Ивана Никаноровича.

СОДЕРЖАНИЕ

Хроника пикирующего бомбардировщика 5
Воздухоплаватель 79
Сошедшие с небес 207
Старшина 267

Книги издательской группы АСТ вы сможете заказать и получить по почте в любом уголке России. Пишите:

107140, Москва, а/я 140
ВЫСЫЛАЕТСЯ БЕСПЛАТНЫЙ КАТАЛОГ

Вы также сможете приобрести книги группы АСТ по низким издательским ценам в наших **фирменных магазинах:**

Москва

- м. «Алтуфьево», Алтуфьевское шоссе, д. 86, к. 1
- м. «Алексеевская», Звездный б-р, д. 21, стр. 1, тел. 232-19-05
- м. «Варшавская», Чонгарский б-р, д. 18а, тел. 119-90-89
- м. «Кузьминки», Волгоградский пр., д. 132, тел. 172-18-97
- м. «Павелецкая», ул. Татарская, д. 14, тел. 959-20-95
- м. «Перово», ул. 2-я Владимирская, д. 52, тел. 306-18-91, 306-18-97
- м. «Пушкинская», «Маяковская», ул. Каретный ряд, д. 5/10, тел. 209-66-01, 299-65-84
- м. «Сокольники», ул. Стромынка, д. 14/1, тел. 268-14-55
- м. «Таганская», «Марксистская», Б. Факельный пер., д. 3, стр. 2, тел. 911-21-07
- м. «Царицыно», ул. Луганская, д. 7, корп. 1, тел. 322-28-22
- ТК «Крокус-Сити», 65—66-й км МКАД, тел. 942-94-25
- ТК «Твой Дом», 23-й км Каширского шоссе
- ТК «Метромаркет», м. «Сокол», 3 этаж
- м. «Крылатское», Осенний б-р, д. 18

Регионы

- г. Архангельск, 103-й квартал, ул. Садовая, д.18, тел. (8182) 65-44-26
- г. Белгород, пр. Б. Хмельницкого, д.132а, тел. (0722) 31-48-39
- г. Калининград, пл. Калинина, д.17-21, тел. (0112) 44-10-95
- г. Краснодар, ул. Красная, д. 29
- г. Рыбинск, ул. Ломоносова, д. 1/Волжская наб., д. 107
- г. Оренбург, ул. Туркестанская, д. 23, тел. (3532) 41-18-05
- г. Череповец, Советский пр., д. 88а, тел. (8202) 53-61-22
- г. Н. Новгород, пл. Горького, д. 1/61, тел. (8312) 33-79-80
- г. Воронеж, ул. Лизюкова, д. 38а, тел. (0732) 13-02-44
- г. Самара, пр. Кирова, д. 301, тел. (8462) 56-49-92
- г. Ростов-на-Дону, пр. Космонавтов, д. 15, тел. (8-86-32) 35-99-00
- г. Новороссийск, сквер Чайковского
- г. Орел, Московское ш., д. 17, тел. (08622) 4-48-67
- г. Тула, пр-т. Ленина, д. 18

Издательская группа АСТ
129085, Москва, Звездный бульвар, д. 21, 7-й этаж
Справки по телефону:
(095) 215-01-01, факс 215-51-10
E-mail: astpub@aha.ru http://www.ast.ru

Литературно-художественное издание

Кунин Владимир Владимирович

**Хроника пикирующего бомбардировщика
Воздухоплаватель
Сошедшие с небес
Старшина**

Сборник

Художественный редактор О.Н. Адаскина
Компьютерный дизайн: Н.В. Пашкова
Технический редактор О.В. Панкрашина
Компьютерная верстка: С.Б. Клещёв
Младший редактор Е.А. Лазарева

Общероссийский классификатор продукции
ОК-005-93, том 2; 953000 — книги, брошюры

Гигиеническое заключение
№ 77.99.02.953.Д.008286.12.02 от 09.12.2002 г

ООО «Издательство АСТ»
667000, Республика Тыва,
г. Кызыл, ул. Кочетова, д. 28
Наши электронные адреса:
WWW.AST.RU
E-mail: astpub@aha.ru

ООО «Транзиткнига»
143900, Московская область,
г. Балашиха, шоссе Энтузиастов, д. 7/1

Отпечатано с готовых диапозитивов
в ОАО «Рыбинский Дом печати»
152901, г. Рыбинск, ул. Чкалова, 8.